前言

“人无礼则不立，事无礼则不成。”只有知礼、懂礼、行礼，在客户面前树立了有内涵、有修养的形象，客户才会欣然接受你，给你销售与服务的机会。因此，销售人员应该把礼仪贯穿于销售活动之中，这是销售能否成功的内在因素。

销售可以说是最具挑战性的职业之一，世界上很多富翁都曾从销售员做起。然而，在绝大多数的商品供应都呈多元化、客户的选择余地越来越大的现代社会，销售面临的竞争势必也更加激烈。

“天下难事，必作于易；天下大事，必作于细。”销售工作从和客户见面、交谈、成交到售后，包括了数不清的烦琐细节，介绍、打招呼、握手、递名片、入座等司空见惯的行为中，一个礼仪细节就有可能打动客户、促成交易；一个礼仪细节也有可能惹恼客户、失去订单。因此，销售人员在与客户交往中，不仅要努力提高自己的专业知识水平，还应尽早了解和掌握销售礼仪常识，从细节着手提高自身的礼仪修养，以增进与客户之间的沟通，为日后合作创造良好的氛围。

本书具有如下特点：

一、内容系统、全面、丰富

本书详细阐述了礼仪在销售服务中的作用、如何给客户留下美好的第一印象、怎样让客户为你的风度所折服、通信及电话销售礼仪、专题活动与应酬礼仪、涉外销售礼仪等，内容系统、全面、丰富。

二、案例丰富翔实

本书以大量生动的案例导入，详细介绍了销售人员在与客户交往中需要培养的基本礼节，从服饰仪表到言谈举止，从迎客送礼到闲聊、聚会，从谈判桌到餐桌，从电话沟通到邮件往来，从国内商务到国际商务，巨细靡遗，娓娓道来，让读者如身临其境。

三、实用性强

本书详细介绍了各种销售礼仪的规范、细节和注意要点。这些礼仪看似稀松平常，但倘若活学活用，一定可以帮助广大销售人员在业务拓展中做到举止得体、彬彬有礼，赢得客户的心，从而让销售业绩更上一层楼！

《销售礼仪与沟通技巧培训全书》(第2版）在原书的基础上新增加了等待会见礼仪、致意礼仪、乘车礼仪、电梯礼仪、位次礼仪、礼品接收礼仪、拒绝礼仪、转接电话礼仪、手机铃声礼仪、商务谈判礼仪、娱乐场所应酬礼仪、涉外小费礼仪等新内容，使全书的内容信息量更大，实用性更强。

销售礼仪不是自发形成的，主要是靠后天的交往实践自觉修养得来的。销售人员只要按照本书的礼仪规范要求去做，一定能改造、提高自己的礼仪品质。

本书在编著过程中参考了一批营销学专家、公关专家、语言学专家的理论、观点和指导方法，并参阅了大量的文献资料和案例，在此向各界同仁表示感谢。由于编者水平有限，文中难免存在不足之处，希望读者朋友多提宝贵意见。

编著者

2014年9月

高效签单的礼仪实战宝典

销售礼仪与沟通技巧培训全书

第2版

魏巍◎编著

中国纺织出版社

内容提要

“人无礼则不立，事无礼则不成。”只有知礼、懂礼，用礼貌的方式与客户沟通，客户才会欣然接受你，为接下来的销售与服务铺平道路。因此，销售人员应该把礼仪贯穿于销售活动之中，融会于客户沟通的全过程，这是销售能否成功的关键因素。

《销售礼仪与沟通技巧培训全书》（第2版）详细阐述了礼仪和沟通在销售服务中的作用，包括与客户初次见面的礼仪、通信及电话销售礼仪、专题活动与应酬礼仪、涉外销售礼仪等，内容系统、全面、丰富。

图书在版编目（CIP）数据

销售礼仪与沟通技巧培训全书 / 魏巍编著. —2版. —北京：中国纺织出版社，2015.1
ISBN 978-7-5180-0836-0

Ⅰ. ①销… Ⅱ. ①魏… Ⅲ. ①销售—礼仪—基本知识 ②销售—方法—基本知识 Ⅳ. ①F713.3

中国版本图书馆CIP数据核字（2014）第172796号

策划编辑：于磊岚　特约编辑：俞坚沁　责任印制：周平利

中国纺织出版社出版发行
地址：北京市朝阳区百子湾东里A407号楼　邮政编码：100124
销售电话：010—67004422　传真：010—87155801
http：//www.c-textilep.com
E-mail：faxing @ c-textilep.com
中国纺织出版社天猫旗舰店
官方微博　http://weibo.com/2119887771
三河市宏盛印务有限公司印刷　各地新华书店经销
2012年2月第1版　2015年1月第2版第3次印刷
开本：710×1000　1/16　印张：18.5
字数：319千字　定价：38.00元

目 录

第一章 价值百万：礼仪在销售服务中的作用

第二章 形象宜人：给客户美好的第一印象

第三章　张弛有度：让客户为你的风度所折服

第四章　谈吐得当：说出优雅和风度

第五章 沟通顺畅：电话销售及通信礼仪

第六章 中规中矩：专题活动与应酬礼仪

第七章 走出国门：涉外销售礼仪

第一章

价值百万：礼仪在销售服务中的作用

第一节　什么是销售礼仪

礼仪是在人际交往中，以约定俗成的程序、方式来表现的律己、敬人的过程，涉及穿着、交往、沟通等内容。运用于营销活动中的礼仪则为销售礼仪，也就是销售人员在营销活动中用以维护企业或个人形象，对交往对象表示尊敬、善意、友好等而采取的一系列行为及惯用形式。销售礼仪是一般礼仪在营销活动中的运用和体现。

一、销售礼仪的基本特征

【导入案例】

某公司正在四处寻找物美价廉的劳保用品时，来了一位小伙子，他穿着黑色的西装、白色的衬衣，搭配红色的领带和锃亮的皮鞋，看上去很是讲究。

小伙子自称是某公司的销售人员，说自己的产品比市场价平均低15%，而且绝对保证质量，出了问题由公司负责10倍的赔偿。经理听了他的介绍后，十分满意，示意其坐下细谈。小伙子顿时觉得胸有成竹了，坐下来之后，得意地跷起二郎腿，露出了白色的袜子（正式西装不能与表示休闲颜色的袜子搭配），还随意地摇晃起来。接着小伙子又“弹”出一根烟，旁若无人地吸起来。而经理办公室是个无烟办公室，因此也没有烟灰缸。见状，经理眉头微皱了一下，又迅速归于平静。小伙子开始滔滔不绝地讲起来，一边讲一边打开样品袋，袋内的东西很杂乱，毛巾与劳保手套揉在一起，香皂掉了外包装，洗衣粉袋和白糖袋挤在一起，在袋底还洒了一些白色粉末，分不清是白糖还是洗衣粉……经理的眉头又皱了起来，刚才的满意表情不见了，不动声色地盯着小伙子的一举一动。最要命的是当这个小伙子讲到精彩之处时，那条腿晃动得更厉害了，而且还把烟灰弹了一地……

当小伙子结束他滔滔不绝的讲话后，屋里的人都沉默无语。实在地讲，虽然这小伙子的举止不雅，但是他的货确实无可挑剔，而且还有15%的优惠。最后经理和颜悦色地说："你的产品不错，价格也合理，如果我们需要的话，日后与你联系，好不好？"小伙子脸上露出无法置信的表情，呆呆地站在那里。很明显，他失去了与该公司合作的机会。

【要点总结】

在竞争日趋激烈的今天，推销与我们每个人的关系都很密切。一个人的成功从某种程度上讲就是推销自己，获得社会和他人的接受；而对于一名销售人员来说，要想保持销售业务的持续发展，除了具备良好的业务素质之外，掌握正确的销售礼仪同样不可或缺。销售礼仪是销售人员内在文化素养及精神面貌的外在表现。只有当你树立了有内涵、有修养的形象时，客户才会考虑接受你，给你销售与服务的机会。

一般说来，在推销活动中，销售人员言行应合情合理、优美大方、自然得体，按约定俗成的规矩办事，按大家都可以接受的礼节程序与客户相互往来，这些都是销售礼仪的基本要求。正确运用销售礼仪，对于树立良好的企业形象、个人形象，妥善处理各方面的关系，促进销售工作开展，实现销售目标，取得良好经济效益，都具有非常现实的意义。

由于销售礼仪有其独特的人文环境，因此，销售礼仪与社交礼仪相比存在以下不同：

（1）社交礼仪主要是个体行为人之间的行为礼仪，而销售礼仪属于企业营销活动，是企业行为的组成部分。因此，社交礼仪的主体是行为者个人，而销售礼仪的行为主体是企业或企业化的销售人员。换而言之，销售礼仪是通过企业销售人员所表现出来的企业行为，而不是单纯的个人行为。这些礼仪不仅代表个人，更重要的是代表企业、反映企业形象，是围绕企业销售目标而运转的企业化个人行为。

（2）社交礼仪注重情感的沟通，而信息层次的沟通较少；销售礼仪不仅注重情感沟通，而且注重信息交流，善于利用大众传媒来沟通企业与公众的关系。社交礼仪倾向于感性，满足于彼此情感之间的交流互动，而销售礼仪则旨在实现理性和感性的结合，实现情理、利益的和谐统一。销售礼仪超越情感沟通，讲求策划创意和传播效应，看重公众的评价、态度和反应。

（3）社交礼仪的目的在于通过修身养性、以礼待人来塑造自身完善而良好的形象；销售礼仪的主要目的在于树立和维护企业的良好形象。因此，一套能代表企业的销售礼仪就会带上企业文化的色彩，除了具有一般社交礼仪的特征，还具有企业的特征，包括企业自身多年发展形成的规范性、限定性、传承性、变动性等；社交礼仪则更多的是通过自我修养而形成的礼仪习惯，没有外在的规定约束。

（4）社交礼仪具有地域性和民族局限性；而销售礼仪必须排除地域和民族的局限，既重视礼仪的民族特性，又重视礼仪的普遍性和共同性——诚信待客、热忱服务，处处尊重消费者。在保证产品质量的前提下，企业的销售人员应针对不同的民族和不同信仰的公众，采取适合当地风土人情的令人愉悦的销售礼仪。只有这样，才能实现市场营销的目的，使企业的产品、服务和企业形象为消费者所接受。

销售礼仪并非千篇一律、一成不变的，针对不同的人和不同的行业要做到入乡随俗，要善于学习不同环境下的礼仪习惯，做到恰到好处。

【特别训练】

推销成功的关键就在于与客户交谈的最初十分钟。这种说法虽然有点夸张，但却从侧面说明了第一印象的重要性。心理学上称第一印象为“最初印象”，是指人们初次对他人知觉形成的印象。第一印象主要来源于对一个人的仪容、仪表、言谈、举止、表情、态度以及谈话的声调、姿态等内容的评价。好的礼仪无疑可以为一个人的第一印象加分。

第一印象对于销售人员来说非常重要，它往往决定着交易的成败。完美的第一印象可以打消客户对销售人员的心理戒备。有了客户初步的心理上的接受，才能为你的推销打下坚实的基础。因为只有在这种情况下，你才有机会与客户倾心交谈，否则，即使客户让你介绍，可能也只是敷衍。留下良好的第一印象，即使初次推销不成功，你还有向客户介绍的机会，有在以后拜访中成交的机会。

你能给他人留下好的第一印象吗？试试看，只需回答“是”或“否”。

（1）出门前，是否做到检查整理自己的仪容仪表？

（2）能否做到经常衣衫整洁？

（3）能否主动跟人热情地打招呼？

（4）与人握手是否有力度且有分寸？

（5）与人交谈时，是否能做到先倾听他人说话？

（6）是否经常面带微笑？

（7）能否做到不夸耀自己的成就？

（8）能否做到不打断他人的谈话？

（9）说话时能否克制自己不良的肢体习惯（如左右晃动、手里玩东西、眼睛看别处、边说话边点头）？

（10）能否谦虚礼让（如共餐时，让他人先入座，你后入座；进出门时，让他人先进出）？

（11）拜访他人时，能否做到乐观自信？

（12）与人交谈时，能否做到不卑躬屈膝、点头哈腰？

答案如果均为肯定词，那么你就是一个讨人喜欢的人；肯定词不能达到半数以上的话，你就需要仔细阅读本书，并通过礼仪训练来改变你给人带来的第一印象。

二、销售礼仪的功能

【导入案例】

被誉为“日本推销之神”的原一平，在刚刚进入销售行业时，是一个桀骜不驯、不太注重礼仪的人。

有一天，原一平受公司之托去拜访一家烟酒店。

这家烟酒店是由公司的老业务员促成的新客户，因而原一平的这次拜访应该算是回访。原一平当天打扮得很随便，帽子歪戴着，领带也没有系好。

原一平一边说“早安”，一边没有礼貌地直接拉开烟酒店的玻璃门，应声而出的是烟酒店的老板。

老板一见原一平的模样，就生气地大声说：“喂！你是什么态度？你懂不懂礼貌？还歪戴着帽子跟我讲话，我信任明治保险，所以才投了保，谁知我所信赖的公司的员工，竟然这么随便、无礼！”

客户拒绝了原一平请求其继续投保的要求。

后来，原一平不断地道歉，才勉强留住了这位客户，多年后他对这件事依然记忆犹新。在世界“百万美元圆桌会议”上，有媒体对这位20世纪最伟大的销售员做了专访，当有人问原一平什么才是成功推销的保证时，原一平很认真地道出了两个字——“礼仪”。

【要点总结】

礼仪是销售工作的重要组成部分，关系着其销售环节开展得顺利与否。可以毫不夸张地说，有时候，销售礼仪比销售产品本身更重要。这是因为销售礼仪具有多种重要的功能，既有助于推销活动的开展，又有利于企业形象的塑造。销售礼仪的作用如下：

1. 有助于提高销售人员的自身修养

在人际交往中，礼仪往往是衡量一个人文明程度的准绳。它不仅反映着一个人的交际技巧与应变能力，而且还反映着一个人的气质风度、阅历见识、道德情操、精神风貌。因此，在这个意义上，完全可以说礼仪即教养。也就是说，通过一个人对礼仪运用的程度，可以察知其教养的高低、文明的程度和道德的水准。

子曰：“质胜文则野，文胜质则史。文质彬彬，然后君子。”在礼仪的学习和应用中，我们可以将之理解为：只注重内心品质而不注重礼仪修养，则是粗野；而只注重外表修饰而忽略内心修养，则显虚浮。只有既重视内心修养的提高又重视礼仪修养，这样的人才是真正的君子。由此可见，销售人员学习礼仪、运用礼仪，有助于提高自身的修养。

2. 有助于塑造销售人员的良好形象

礼仪的基本目的就是树立和塑造良好的个人形象。个人形象，是一个人仪容、表情、举止、服饰、谈吐的集中体现，而礼仪对上述诸方面都有详尽的规范。因此，销售人员学习礼仪、运用礼仪，无疑将有益于塑造良好的个人形象。礼仪这种美化自身的功能是任何人都难以否定的。如果销售人员重视礼仪，人际关系将会更加和睦，销售活动的开展将会变得更加顺利。

3. 是塑造企业形象的重要工具，有助于提高企业的经济效益

销售人员在与客户接触时，代表的是企业，因此有责任塑造和维护企业的形象，言谈举止都要对公司的形象负责。企业只有在公众心目中树立起良好的形象，其产品才会被接受。对于企业来说，销售礼仪是企业价值观念、道德观念、员工素质的整体体现，是企业文明程度的重要标志。销售礼仪可以强化企业的道德要求，树立企业的良好形象。让客户满意，为客户提供优质的商品和服务，是树立良好企业形象的基本要求。以礼仪服务为主要内容的优质服务，是企业生存和发展的关键所在。它通过规范销售人员的仪容仪表、服务用语、服务操作程序等，使服务质量具体化、系统化、标准化、制度化，使客户得到满足，给企业带来巨大的经济效益。

【特别训练】

鉴于销售礼仪的重要性，销售人员应该特别重视礼仪训练。一个人的礼仪、风度不是天生的，也不是自发形成的，而主要是后天在人际交往中自觉修养形成的。它不是一蹴而就的，而是在实践中逐渐学习积累而成的。我国早在孔子时代的教育制度中就把“礼”列为必修内容，而且位居六艺（礼、乐、射、御、书、数）之首。

销售人员要严格按照企业的行为准则与礼仪的程式和规范，不断进行学习和实践。在日常的交往中，坚持以礼待人，注意约束自己的行为，从一点一滴做起，不断地积累升华，并抑制和纠正某些不良的习惯，持之以恒，养成良好的礼仪习惯，把礼仪规范转变成个人的自觉行为。

三、销售礼仪的支点

【导入案例】

一天，一位中年妇女走进乔·吉拉德的展销室，说她想在这儿看看汽车，打发一会儿时间。闲谈中，她告诉乔·吉拉德她想买一辆白色的福特车，就像她表姐开的那辆一样，但对面福特车行的销售员让她过一小时后再去，所以她就先来这儿看看。她还说这是她送给自己的生日礼物：“今天是我55岁生日。”

“生日快乐！夫人。”乔·吉拉德一边说一边请她进来随便看看，接着出去向助手交代了一下，然后回来对她说：“夫人，您喜欢白色的汽车，既然您现在有时间，我给您介绍一下我们的双门式轿车，也是白色的。”

他们正谈着，助手走了进来，递给乔·吉拉德一束玫瑰花。乔·吉拉德把花送给那位妇女：“祝您生日快乐！”

显然那位妇女很受感动，眼眶都湿了。“已经很久没有人给我送礼物了。”她说，“刚才那位福特车销售员一定是看我开了部旧车，以为我买不起新车，我刚要看车他却说要去收一笔款，于是我就上这儿来等他。其实我只是想要一辆白色的车而已，只不过表姐的车是福特，所以我也想买福特。现在想想，不买福特也可以。”

最后，中年妇女在乔·吉拉德这里买走了一辆雪佛莱汽车，并写了一张全额支票。其实从头到尾，乔·吉拉德的言语中都没有劝她放弃福特选择雪佛莱。只是因为她在这里感觉自己受到尊重，于是放弃了原来的打算，转而选择了乔·吉拉德所卖的产品。

【要点总结】

销售礼仪是销售人员人格魅力的展示，是美德的感召，是情感的交融。在销售过程中，我们如何体现这种美德和情感，缩短与客户的心理距离呢？销售礼仪有三个支点——包容、赞美与重视，只要做到这三点，便能产生奇妙的效果。

1. 包容

在销售工作中，销售人员需要和形形色色的客户打交道，这些客户有的神气活现、有的傲慢无礼、有的冷酷无情、有的变化无常、有的地位显赫、有的知识渊博、有的沉默寡言、有的爱饶舌……面对这些类型各异的客户，没有一颗包容心是无法与之相处的。

包容是一种双向、互动的情感交流。你善于接纳别人，别人也容易接纳你；你对客户种下的是爱和真诚的种子，你所收获的也是客户对你的爱和真诚。作为一名优秀的销售人员，在与客户交往中千万不要跟着自己的感觉走，千万不要设定标准让客户的行动合乎自己的准则。销售人员要有接受各种类型客户的气度和胸怀，这是推销交往的前提。销售人员只有具备宽以待人的雅量，才能把客户吸引到自己身边来。

在销售界，有一种说法叫“先接受下来”，是指在推销过程中，有时客户说的话、做的事是我们无论如何也不能接受的，但我们仍然要站在客户的角度和立场上思考问题，对他表示理解。在表示理解的前提下，再陈述情况，说出理由，讲明道理，从而使问题得到解决。

2. 赞美

真诚地赞美客户，无论在过去、现在还是将来，都是销售人员与客户缩短距离、获得客户好感最有效的方法之一。法国作家安德烈·莫洛亚说：“美好的语言胜过礼物。”在实际生活中，每个客户都会有一些引以为傲和自豪的事，希望为人所知、受人称赞。一旦我们满足了客户这种渴望被赞美的心理，你会发现，赞美的力量是无穷的。

那么应该怎样赞美客户呢？你只要留心观察一下就会恍然大悟。比如说你到朋友家做客，当你看到客厅墙上一幅色彩明丽的山水画时，你往往情不自禁地赞许道：“这幅画真不错，给这客厅平添了几分神韵。谁买的？真是好眼力！”这句话也许只是你不经意地随口说出的，但你的朋友会感到很欣慰，心中的感觉一定很不错。

当和客户寒暄过后，身旁的一切都可以成为赞美的话题。你可以对接待室的装潢设计赞叹一番，诸如“庄重典雅”或者“堂皇气派”等，你还可以具体地谈及室内的花卉或盆景等。

最后需要说明的是，赞美必须是真诚的、发自内心的，不能给人虚伪的感觉。真正高明的赞美不是阿谀奉承，而是一种语言艺术，它包括了心理、艺术、审美、人情、礼俗诸方面的因素。赞美要自然、大方，使对方能欣然接纳而不负疚、不难堪。也就是说，赞美必须掌握分寸、看准火候、通情达理，好似做一篇文章，需要起承转合，有情景、有描绘、有感想，圆润温和，自然成趣。想达到这种炉火纯青的地步，需要经过日积月累的揣摩印证，反复实践。

3. 重视

对客户的重视是赢得客户最好的方法之一，也是最有效的推销工具之一。希望受到他人的重视，是人们的共同特征。威廉·詹姆斯说：“人类所有的情绪中，最强烈的莫过于渴望被人重视。”这种愿望与食欲、睡眠一样必需和顽强，但它却不如后者这样容易获得和满足。在生活中，能够满足别人心理愿望的人，必定也能掌握别人的心理。

乔·吉拉德说：“我们的客户也是有血有肉的人，也是一样有感情的，他也有受到重视的需要。因此，你如果一心只想着增加销售额，赚取销售利润，却冷淡地对待你的客户，那很抱歉，成交免谈了。”

乔·吉拉德说的这番话是他用代价换来的。下面是他亲身经历的一件事：

一次，一位客户来找乔·吉拉德商谈购车事宜。乔·吉拉德向他推荐一款新型车，一切进展顺利，眼看就要成交，但对方却突然决定不买了。

夜已深，乔·吉拉德辗转反侧，百思不得其解，这位客户明明很中意这款新车，为何又突然变卦了呢？他忍不住拨通了对方的电话。

“您好！今天我向您介绍那辆新车，眼看您就要签字了，为什么却突然走了呢？”

“喂，你知道现在几点钟了？”

“真抱歉，我知道是晚上11点钟了。但我检讨了一整天，实在想不出自己到底错在哪里，因此冒昧地打电话来请教您。”

“真的？”

“肺腑之言。”

“很好！你是在用心听我说话吗？”

“非常用心。”

“可是，今天下午你并没有用心听我说话。就在签字前，我提到我的儿子即将进入密歇根大学就读，我还跟你说到他的运动成绩和将来的抱负，我以他为荣，可你根本没有听我说这些话！”

听得出，对方似乎余怒未消。但乔·吉拉德对这件事却毫无印象，因为当时他确实没有注意听。话筒里的声音继续响着：“你宁愿听另一名销售员说笑话，根本不在乎我说什么，而我也不愿意从一个不重视我的人手里买东西！”

这次销售失败的经历让乔·吉拉德发现了人性的奥秘，也明白了重视客户是最好的销售技巧。从此，他彻底改变了。

轻视、怠慢是无礼，重视、热情是有礼。销售人员要打动客户的心，就要懂得重视的价值，掌握重视客户的艺术。

总之，包容、赞美与重视是销售礼仪的三个支点，也是销售人员人性真善美的展示与注解。

【特别训练】

为了表示我们对客户的重视，下面四种方法可以试用。

（1）不要怠慢客户。

（2）积极与客户保持联络。

（3）懂得感谢客户。

（4）对客户“特殊”对待。

其中的（4）尤为重要。

对人最消沉、轻视的态度就是“平等接待”。每个人都认为自己是个独特的个体，所以我们要注意这一点，承认每个客户的独特价值。

比恩·P.布鲁斯说："我以前打算开分店时，曾对客户作过问卷调查。刚开始时卷单上写着'各位主顾'，结果回音很少。后来，改变了一下称呼，称'××先生''××小姐'，就改变了窘境，回信的数量就多了。"

客户都讨厌被列入"各位主顾""大众""诸位"等概括性的范围内。每个人都希望自己能作为并被当成一个独立的个体来对待。比如，我们都喜欢去对待我们特别殷勤、周到的餐厅用餐。餐厅不一定是豪华的，只要侍者们叫着我们的名字说："王先生，今晚为你准备了烤羊肉。"这就够了。

我们对待每一位客户都要像见重要人物一样保持尊重的态度，这样，我们才会广结善缘。

第二节　销售礼仪的基本原则

销售礼仪本质上是企业市场营销活动的一部分，是企业形象的一种宣传形式、传播手段，是建立在平等、诚信和互惠基础上的现代礼仪方式。销售礼仪是在企业营销活动和日常工作中体现出来的，包括企业及销售人员的行为或程序礼仪、公众的反应和反馈礼仪等，是企业和公众之间的一种良性的情感互动和交流。销售礼仪在实施过程中必须遵守平等原则、诚信原则和互利互惠原则，此外，销售人员个人还要坚守谦虚和自信的原则。

一、平等原则

【导入案例】

刚步入推销业的小王本是一个很自信的人，而且比较健谈。可是当他向别人推销时，却完全变了一个人，面对客户，他总觉得自己低人一等。特别是去见那些老总级别的客户，他无形之中就觉得自己比对方矮了半截。可是要想推销成功，就必须多接近这些大人物。

小王所面对的第一个重要客户是一家合资公司的董事长。经过多次预约才得到那位董事长的同意，小王一走进那装饰豪华的办公室，就紧张得不得了，浑身打战，甚至连说话的声音都发起抖来。他好不容易控制自己不再发抖，但仍然紧张得不能把一句话说完整。

董事长看着他，感到很惊讶。小王佝偻着背，结结巴巴地说："董事长……啊……我早想来见您了……啊……我是来推销……啊……"他那副点头哈腰、低三下四的样子让董事长以为他有什么不良企图。可想而知这次推销有多么失败了。

【要点总结】

销售礼仪的施行必须讲究平等原则，平等是销售人员与客户交往时建立情感的基础，是保持良好客户关系的诀窍。销售活动中，销售人员与客户相互平等、相互尊重，是销售礼仪最深刻的内涵。离开平等这一元素，任何形式上的"礼仪"都会显得苍白而虚伪。

心理学家证明：人都有友爱和受人尊敬的心理需求。人们渴望自立，成为家庭和社会中真正的一员，平等地同他人沟通。与人交往，只有既不盛气凌人、高人一等，又不卑躬屈膝、低人一头，才能愉悦地沟通，建立起和谐的人际关系。英国著名戏剧家、诺贝尔文学奖获得者萧伯纳有一次访问苏联，他在莫斯科街头散步时，遇到了一位聪明伶俐的小女孩，便与她玩了很长一段时间。分手时，萧伯纳对小姑娘说："回去告诉你妈妈，今天和你一起玩的是世界有名的萧伯纳。"小姑娘望了望萧伯纳，学着大人的口气说："回去告诉你妈妈，今天同你一起玩的是苏联小姑娘安妮娜。"这使萧伯纳大吃一惊，立刻意识到自己太傲慢了。后来，他常回忆起这件事，并感慨地说："一个人不论有多大的成就，对任何人都应该平等相待，要永远谦虚。这就是苏联小姑娘给我的教训，我一辈子也忘不了她！"

在实践中贯彻平等原则，不仅需要平等观念，而且还要讲究艺术。一位教授回忆在延安见到毛泽东时的情景说："我去见主席，主席拿出纸烟招待我，可是不巧纸烟只剩下一支了。我想，主席怎么办？他自己吸不请客人吸，当然不好；请客人吸，自己不吸，客人肯定不同意。而主席将这支烟分成两半，给我半支，他自己半支。从这件事可以看出主席的随和、诚恳、平等和亲切，这使我很感动，终生难忘。"毛泽东就是这样把别人看似非常尴尬的事情艺术地处理好，既礼貌、不摆架子，又给人亲切、诚恳的感觉。

平等原则是礼仪的基础，也是礼仪最根本的原则之一。但平等又是相对的，不是绝对的。由于现实生活中，人们之间存在着经济条件、政治地位、尊卑长幼、男女性别方面的差异，反映到礼仪上来，必然产生礼仪形式上的某种差异。比如，按照中国人的习惯，长者对年幼者可以直呼其名，而年幼者对长者直呼其名则被视为无礼；在同时介绍几位客人时，介绍者应先将社会地位高者、年龄较大者或女士介绍给相应的人；拍照合影，辈分高或年龄大者应安排在中间；待客时，主人应首先征询客人的意见。这些礼仪形式的差异，以及礼宾过程中的先后顺序，并非“看人下菜碟”，而是平等原则的必要补充。

销售人员在销售活动中贯彻平等原则，就要以礼待人，与客户有来往，既不能盛气凌人，也不能觉得自己比人家矮一截而卑躬屈膝。销售是一个通过发掘和满足客户需要，并说服其购买的过程。在此过程中，销售人员与客户是平等买卖关系，没有尊卑之分。销售人员一方面要尊重客户的人格、意愿，同时也要充满自信、不卑不亢；另一方面，要以平等的态度对待各类客户，并真诚坦白、实事求是地与他们分享信息。

即使是面对财大气粗或是身世显赫的大客户，作为销售人员也要牢记：他只是你的客户，你们之间的关系是平等的。千万不要因为对方的身份地位显赫而感到压力，或者是为了能达到成交而将自己放在比客户低的位置。其实，这样做并不能为成交带来任何的益处，反而会带来相反的效果，后果就像案例中的小王那样一无所成。

销售人员最大的忌讳就是在客户面前低三下四，过于谦卑。有些销售人员还未到正式谈判就已经矮人三分了，认为自己低客户一等。自己看不起自己，你就休想让别人看得起你。表现得懦弱、唯唯诺诺，根本不可能得到客户好感，反而会让客户对你非常失望，甚至对你的缩手缩脚很反感，因为你的表现证明你不是一个光明正大的可信赖的人，那么他对你所销售的产品就更不会相信了。

所以，销售人员在与客户交往中应适度把握平等原则，根据具体情况而行使相应的礼仪。在与客户交往时，既要彬彬有礼，又不能低三下四；既要热情大方，又不能轻浮谄谀；要自尊却不能自负，要坦诚但不能粗鲁，要信人但不能轻信，要活泼但不能轻浮，要谦虚但不能拘谨，要老练持重又不能圆滑世故。唯有如此，才能结交更多的客户。

【特别训练】

销售人员在与客户交往中最容易犯的错误之一是往往自降身份，把自己放在与客户不对等的位置上。如何改变这种心理状态呢，销售新手可从以下三方面入手修正自己。

1. 正确评价自我价值

卑微的想法源自对自我价值的忽视。一些销售人员，在从事销售工作时，常为自卑而感到苦恼。站在客户面前时，总会变得局促不安，结结巴巴地不知道自己在说什么，总觉得在客户面前自己非常渺小。这是你自己的心理在作怪，只有充分肯定自己的价值才可以改变这种心理。一个人的最高仲裁者不是别人，而是自己，为什么要把评价自我价值的权利交给别人？

2. 克服对大人物的恐惧

你有没有向大人物推销的经历？你有没有想过把你和你所推销的产品介绍给那些有实力的大人物？如果没有，这说明你缺乏勇气与信心。

恐惧是因为勇气不足，你不妨承认自己没有足够的勇气面对那些功成名就的大人物，并把这点牢记在心中。以后见得多了，你心中的勇气自然就增加了，恐惧也就慢慢消失了。

马克思十分欣赏这样一句格言：“你所以感到巨人高不可攀，只是因为自己跪着。只要你站起来，自己并不一定比别人矮一截。超越了自卑，你一定会超越你自己。”当你消除了对大人物的恐惧时，你的销售生涯才能真正走上一个新台阶。

其实，那些老板级别的大人物并非是不可以接近，实际上，平易近人也是他们可以成功的原因之一。只有少数人看上去比较高傲。他们中的很多人是愿意听取建议的，而且也喜欢和普通的销售人员相互沟通。

所以，你不要仅仅因为恐惧这个理由而不敢去争取与那些可以成为你准客户的大人物结识的机会。要知道，这类人物都是决策者，他们能让你在销售工作上更上一层楼。

3. 正确认识销售工作

说到推销，马上就会想到推销产品，其实产品的概念很广泛，除了日常理解的牙刷、化妆品、汽车、楼盘等物质产品以外，还有信息产品：你的见解、理念、建议、计划、设计等。甚至你本人都是产品，你必须把自己的功能和价值推销给别人，你才能真正融入这个社会之中。

推销，是我们熟悉的一种工作，其实它更是一种人生状态。推销员推销的是产品，而我们每个人都需要在人生的道路上去推销自己。其实，每个人都是自己人生中的推销员，无论你做什么工作，无论你地位的高低。

所以，销售人员要正确认识自己的工作，不要认为自己是卖物质的产品就低人一等。

人人都是推销员，任何事情归根结底都与推销有关，只是你是“专职”的，他们是“兼职”的而已。

4. 保持平等

科学研究证明，交流双方位置的不同对人的心理是有很大影响的，所以，销售人员在销售工作过程中，只有与客户站坐平等，才能心平气和地开展销售工作。如果你的位置相对较低，就会影响你情绪的稳定，会感到强烈的不安，好像对方高高在上，而你自己则“位卑屈尊”。

因此销售人员与客户面谈时，起坐要尽量与对方保持一致。对方站着，你也站着，若对方坐着，你也要坐下来，与他保持同一水平线。

二、诚信原则

【导入案例】

岛村芳雄年轻时背井离乡到东京谋生，仅仅几年的时间他就迅速富起来，成为日本赫赫有名的富商。当人们问他能在短时间内成为富商的秘诀时，他骄傲地说：“诚信，我是从 0.1 日元的诚信起家的。”

岛村芳雄原来是一个做小规模批发生意的普通商人，干了几年以后，他看到周围的很多商人都因为诚信博得了同行们的尊敬，渐渐体会到诚信在商业交往中的作用，于是就想出了一个赢得信誉的好方法。

日本的渔民很多，麻绳是他们必不可少的生产工具，如果能够做麻绳生意，一定会很快富起来，于是他就决定做批发麻绳的生意。首先，他前往麻绳产地冈山找到麻绳厂商，以单价 0.5 日元的价格大量购进 45 厘米长的麻绳，然后按原价卖给客户。这样做，不但无利，反而损失了若干运输费、保管费和搬运费。亏本生意做了一年之后，“岛村芳雄的绳索确实便宜”的名声远播，订货单从各地像雪片一样飞来。之后，岛村按部就班地采取行动。他拿进货单据到订货客户处诉苦：“到现在为止，我是 0.1 日元的钱也没赚你们的。如果让我继续为你们这么服务的话，我便只有破产一条路可走了。”

客户为他的诚实做法所感动，心甘情愿地把每条麻绳的订货价格提高为 0.55 日元。之后，他又到冈山找麻绳厂商商量：“您卖给我一条绳索 0.5 日元，我是一直照原价卖给别人的，因此才得到现在这么多的订单，如果这种无利而赔本的生意继续做下去的话，我只有关门倒闭了。”冈山的厂商也大为惊讶和感动，考虑到现在向岛村订货的客户很多，于是就决定让0.05日元，同意以每根麻绳以0.45日元的价格卖给岛村。

这样，岛村每卖出一条绳索可赚0.10日元，按当时他每天的交货量1000万条算，一天的利润就有100万日元。创业两年后，岛村芳雄已名满天下，成为东京横山町有名的岛村大楼业主，并兼有岛村产业公司和丸芳物产公司，成为国内外知名的大老板。

【要点总结】

实事求是地做人处事，是礼仪的基本要求之一。岛村芳雄用真诚感动了客户，也赢得了客户。俗语说“以诚相待，金石为开”，这句话对销售人员来说尤其重要。销售人员在与客户的接触中，如能表现出诚实坦荡的品格，必然为客户所称道和信任，从而更加放心地与你做生意。事实上，现代人的知识水平和实践经验普遍提高，一般都有一定程度的判断力，靠花言巧语是蒙骗不了客户的。

正如加拿大著名企业家金诺克·伍德在一封信里所说：企业界是个相当狭窄的世界，骗了这个人则不能再骗那个人，不诚实的行为必定会招致其他不良后果。一个诚实的人，必定具有正确的生活态度。这种人在日常生活中表现出认真、正直和坦率。对企业界而言，这种品质就是使你永久性成功的生命力。

销售人员唯有靠诚实取胜，这不仅仅是销售的成功法则，更重要的是，诚实为销售人员做人之根本。为人处世之道，大概没有什么比诚实守信、取信于人更重要的了。你的言行举止，时刻不可丢弃这个根本。

与人交往时，只要有这个根本存在，只要别人还信任你，其他方面的缺陷或许还有弥补的机会。若失去了这个根本，别人不相信你了，别人不愿再与你共事，不愿再与你打交道，那么，你只能去孤军奋战。当今社会，孤军奋战者，没有几个不失败的。

【特别训练】

开发市场，面对客户，我们要以诚相待。真诚待人能够缩短你与客户之间的心理距离，能够架起你与客户相互沟通的桥梁，从而促使销售工作的完美与成功。诚信如此重要，销售人员应该怎样展现出自己的诚信呢？

1. 不浮夸产品

作为一名销售人员，虽然有些事不是自己能够决定的，但在向客户推销产品时，一定要讲诚信，绝不能信口开河，自吹自擂。销售人员应注意，“夸”和“吹”是两个不同的概念。夸是为了让客户知道自己的产品好在哪里，能为客户提供哪些便利；而吹，则是指言过其实，是虚张声势。造成销售的失败往往是因为不该吹的吹得神乎其神，而该夸的却又没有夸。关于“夸”，让我们来看看英国一家餐馆在菜肴推销上是怎样设计菜单的：

咖喱肉汤——印度汤——用春天的小鸡脯肉、瘦火腿、洋葱、苹果，加上东方的调料和丁香、肉豆蔻干皮、月桂树叶烹调而成。

韭菜鸡肉汤——一种苏格兰传统汤。用韭菜、黄油鸡肉片、月桂树叶和鸡肉原汁慢炖而成。

格林尼治鱼沙司——17世纪海军军官非常喜欢的菜。采用当地的制法，用海鱼、蟹、对虾和西红柿、洋葱、柠檬、少量大蒜、大量香草和藏红花烹制而成。

这样的菜单当然比常见的那种仅仅写着菜名的菜单更能打动人心。它带给我们意味深长的启发：在清楚了解所销售商品的前提下，去认真研究一下究竟怎么去夸商品该夸的地方。但销售人员在想方设法去夸自己的商品的同时，绝不要越雷池半步，一定要牢记，绝不能把“夸”变成“吹”。

世界著名推销大师乔·吉拉德说：“任何一个头脑清醒的人都不会卖给客户一辆六汽缸的车，而告诉对方他买的车有八个汽缸。客户只要一掀开车盖，数数配电线，你就死定了。”

销售过程中需要说实话，一是一，二是二。说实话往往对销售人员有好处，尤其所说的是客户事后可以查证的事，这样就可“诚招天下客”。

2. 不说谎

真诚、老实是绝对必要的。推销中，千万别说谎，即使只说了一次，也可能使你信誉扫地。有的时候，即使是最专业的推销员也不可能回答客户所有的问题。遇到这种情况，你可以直率地说：“对不起，我现在还无法回答你，但我回去后会马上查找答案，很快就给你回电话。”记住，要是你总是这样解释，那就说明你并没有准备充分。不过，这种坦率的回答倒是体现了你的诚恳，这总比说假话、敷衍你的客户要好得多。

若是时间允许的话，你最好立刻着手查找答案。比如，当客户问起你不熟悉的汽车挡速时，你可以说："咱们现在就去请教专家。"然后，你把他带到一位汽车技师那儿去，让他当面提出问题并得到答案。

3. 不轻易许诺

不轻易许诺是守信的重要保证。在与他人的合作中，许诺要慎重。无论是答应客户所提出的要求，还是向客户许诺，都要量力而行，一切从自己的实际能力以及客观可能性出发；同时，还应考虑是否符合法律和道德的要求，切勿信口开河。不守承诺的人是不受欢迎的，尽管你可能得到了一次好处，但这无异于杀鸡取卵、竭泽而渔。

如果已经答应了客户某些事情，就一定要想办法做到、做好。这既是对客户负责，也是对自己负责。随便夸海口、拍胸脯，这样极不利于树立良好的信誉。如果推销员答应客户的事情无法做到，那就要诚恳地向客户道歉。而且，这样的事情千万不要再次发生，否则再多的道歉和解释都无法挽回客户的信任。

总之，学习如何以真诚的态度面对你的客户，是一个优秀的推销员所不可或缺的能力。有人做过调查，世界上最伟大的销售人员之所以取得成功，并不是依靠巧舌如簧的嘴，而是他们的诚实。当我们还在努力地去争取他人信任的时候，他们却已经以自己的人格魅力征服他的客户了，并与其成为朋友。所以，做人做事应该以真诚为本，这是我们敲开成功大门的魔杖。

三、互利互惠原则

【导入案例】

有一名汽车销售员，刚开始卖车时，老板给了他一个月的试用期。29 天过去了，他一部车也没卖出去。最后一天，老板准备收回他的车钥匙，请他明天不要再来公司了。然而，这名销售员却不肯放弃，并坚持说："还没有到晚上 12 点，我还有机会！"

于是，这名销售员坐在车里继续等。午夜时分，传来了敲门声。是一位卖锅者，身上挂满了锅，冻得浑身发抖。卖锅者是看见车里有灯光，想问问车主要不要买一口锅。销售员看到这个家伙比自己还落魄，就忘掉了烦恼，请他坐到自己的车里来取暖，并递上热咖啡。两个人开始聊天，销售员问："如果我买了你的锅，接下来你会怎么做？"卖锅者说："继续赶路，卖掉下一个。"销售员又问："全部卖完以后呢？"卖锅者说："回家再背几十口锅出来卖。"销售员继续问："如果你想使自己的锅越卖越多，越卖越远，你该怎么办？"卖锅者说："那就得考虑买部车，不过现在买不起……"

两人越聊越起劲，天亮时，这位卖锅者订了一部车，提货时间是五个月以后，订金是一口锅钱。因为有了这张订单，销售员被老板留下来了。他一边卖车一边帮助卖锅者寻找市场，卖锅者的生意越做越大，三个月以后，提前提走了车。销售员从说服卖锅者签下订单起，就坚定了信心，相信自己一定能找到更多的用户。同时，从第一份订单中，他也悟到了一个道理：销售是一门双赢的艺术，如果只想到为自己赚钱，是很难打动用户的心的。只有设身处地地为客户着想，帮助客户成长或解决客户的烦恼，才能赢得订单。秉持这种推销理念，15年间，这名销售员卖掉了一万多部汽车。

【要点总结】

在与客户的交往中，销售人员必须遵循互利互惠原则。互利互惠原则是指在销售过程中，销售人员要以交易能为双方都带来较大的利益或者能够为双方都减少损失为出发点，不能从事伤害一方或给一方带来损失的销售活动。上述案例中那名汽车销售员能取得成功，就是因为他把销售建立在了与客户双赢的互利互惠基础上。"付出总有回报"，当客户懂得了你的良苦用心，并感受到从购买中得到的好处时，他们一定会投桃报李的。

销售工作中，掌握互利互惠原则的意义如下：

1. 互利互惠是双方达成交易的基础

在商品交易中，买卖双方的目的是非常明确的。双方共同的利益和好处是交易的支撑点，只有在双方都感受到这种利益时，才有可能自觉地去实现交易。

2. 互利互惠能增强销售人员的工作信心

因为社会对销售存在的一些成见，销售人员或多或少地有一种共同的心理障碍，就是对自己的工作信心不足，总是担心客户可能对自己的态度不满意，怕留给客户唯利是图的印象。产生这种心态的重要原因，在于他们或者没有遵循互利互惠的原则，或者没有认识到交易的互利互惠性。销售人员应该认识到，正是由于自己的劳动，当客户付出金钱时也获得了一份美好的生活。从这种意义来说，销售人员是客户生活的导师。如此有意义的工作，获得利润和报酬是理所当然的。

3. 互利互惠能形成良好的交易气氛

由于买卖双方各自的立场和利益不同，双方的对立情绪总是存在的。其实，客户对销售人员的敌对情绪，是因为不能确知自己将会获得的利益。所以，销售人员要以稳定、乐观的情绪，耐心、细致的态度，把交易能为客户带来的利益告知对方。

4. 互利互惠有利于推销业务的发展

互利互惠的交易，不仅能将新客户发展成为老客户，长久地保持业务关系，而且老客户还会不断地以自己的影响带来新的客户，使你的业务日益发展、事业蒸蒸日上。

【特别训练】

实现“双赢”是培养长久客户之计，是客户不断购买的基础和条件，也是取得客户口碑的基础和条件。要想成为受欢迎、被期待的销售人员，就必须遵循互利互惠原则。

互利互惠是商品交易的一项基本原则，但在具体执行中没有明确的利益分割点。双方利益的分配，也并非是简单地一分为二。优秀的销售人员，总是既能使客户的需求得到最大限度的满足，又能使自己获得最大的利益。

一般来说，客户最大的利益点就在于省钱，只要销售人员在销售时为客户提供省钱的产品，往往能打动客户的心。有一位销售培训师对学生们说：“能够把冰箱卖给爱斯基摩人的推销员不是一个好的推销员。因为这个爱斯基摩人在发觉上当后就再也不愿见到他了，推销员也不要想再回到那里卖其他任何东西了。因为别人已经对他失去了信任。”

积极地为客户着想，“以诚相待，以心换心”，是销售人员对待客户的基本原则，也是销售人员成功的基本要素。

有一名机械设备推销员，费了九牛二虎之力谈成了一笔价值40多万元的生意。但在即将签单的时候，发现另一家公司的设备更适合于客户，而且价格更低。本着为客户着想的原则，他毅然决定把这一切都告诉客户，并建议客户购买另一家公司的产品，因此客户非常感动。结果虽然这名推销员少拿了上万元的提成，还受到公司的责难，但他在后来的一年时间内，仅通过该客户介绍的生意就达上百万元，而且为自己赢得了很高的声誉。

当你本着互利互惠原则为客户着想的同时，可能也会遇到上面事例中所提到的问题，这时你该怎么办呢？最明智的办法就是放弃眼前利益，以使自己获得更加长远的利益。

曾经有一位客户对原一平说："我目前买了几份保险，我想听听你的意见，也许我应该放弃这几份，然后重新向你买一些划算的。"

原一平告诉他："已经买了的保险最好不要放弃。想想看，你在这几份保险上已经花了不少钱，而保费是越付越少，好处是越来越多，经过这么多年，放弃这几份保险非常可惜！"

"如果您觉得有必要，"原一平接着说，"我可以就您的需要和您现有的保险合约，特别为您设计一套；如果您不需要买更多的保险，我劝您不要浪费那些钱。"

原一平自始至终只想着如何诚实地做生意。如果他觉得对方的确要再投保，他会坦白地告诉对方，并替他计划一个最合适的方案；如果没必要，他会直截了当地告诉对方，不需要再多投一元钱了。"您不需要再买保险啦！我看不出您有什么理由需要再买那么多的保险！"

正是这种为客户打算，处处想着客户需要的销售心态，使原一平成为创造日本保险业神话的"销售之神"。

四、谦虚原则

【导入案例】

世界最大的香皂制造商莫利威·皮托公司董事长赖托尔，年轻时是一个微不足道的香皂推销员。

他不是一个能言善道的人，而且不被人注意，平凡得不能再平凡。如果非要说和其他推销员有什么不同之处，那就是他有着一种真诚的谦虚好学态度，仅此而已。

"我这一次并不是来推销香皂的，我只是想请教您刚才我进贵店推销香皂时，我的动作、言辞以及态度等有什么不妥当的地方，请您指点好不好？您比我有着更丰富的经验，在商界您是一位成功人士，我恳求您的教导，以作为晚辈改进的借鉴。"

这个立志要成为财界大亨的小伙子，每当进入一家商店推销失败之后，沮丧地从店内走出来，马上又会走回去，再进刚才拒他于千里之外的店里，以非常认真的口气讨教。

这种虚心坦诚求教的态度，不仅得到了宝贵的忠言和批评，而且被他拜访的商店老板个个都很乐意和他建立友谊，也很乐意成为他的新主顾。

这位饱受风吹日晒雨淋、走街串巷、到处请教的推销员，2 年后升为销售部主任，5 年后就与朋友合伙开了自己的香皂工厂。

【要点总结】

人都是需要被人尊重的，无论是你的上级还是下属，无论是合作关系还是供需关系。而与人交往时你所表现的谦虚态度，本身就是对他人的一种尊重。尤其在与你的客户交往中，谦虚的态度会赢取客户的高度配合与认可。

谦虚常常伴着微笑，微笑是人生的一种战略，也是营销的一种非常有效的手段；微笑是赢得客户良好印象的直接因素，也是拉近彼此间距离的有效手段。在为客户服务时，微笑是销售人员必备的一项基本素质，也是赢得客户的前提条件和最好语言。真诚的微笑能够打动人、感染人，令客户感到满意和愉快。

如何微笑？保证你面前三米内的客户看到你的笑容，让电话中的客户听到你的微笑。

记住，千万不要整天一副苦瓜脸，试想如果你是客户，你愿意看到客服人员板着脸吗？

销售人员不仅要保证向客户微笑，更重要的是使微笑成为一种习惯，成为自己生活的一部分。仁厚无敌，笑到成功！

可以说，现代社会从事任何职业都要懂得营销。就是做人，也要懂得为自己做营销，懂得谦虚使人进步，骄傲使人落后。但过分谦虚，就是懦弱；适度骄傲，则是果敢。因此，面对人生的各种抉择，你就要知道何时应该谦虚、何时应该张扬，从而灵活应对，游刃有余，促使自己快速达到个人职业发展的巅峰。

【特别训练】

谦虚不是一味地奉承，销售新手要虚心学习前辈的销售经验，争取超越有经验的销售人员。学习的最大好处就是：通过学习别人的经验和知识，可以减少犯错，缩短摸索时间，使我们更快速地走向成功。

别人成功和失败的经验是我们最好的老师，成功本身是一种能力的表现，能力是需要培养的。成功的销售人员都有注重培养学习成长的好习惯。销售是一个不断摸索的过程，销售新手难免在此过程中不断地犯错误。反省，就是认识错误、改正错误的前提。

成功的销售人员总是能与他的客户有许多共识。这与销售人员本身的见识和知识分不开。有多大的见识和胆识，才有多大的知识，才有多大的格局。

顶尖的销售人员都是注重学习的高手，他们不仅向销售前辈学习，还向客户虚心请教。通过学习培养自己的能力，让学习成为自己的习惯，因为，成功本身是一种思考和行为习惯。所以，销售新手要有强烈的学习欲望，有选择地学习销售高手的技巧和方法，有目的地向客户学习：了解什么是合同，什么是合同的商务条件和技术条件；了解什么是账期，什么是公司的财务成本和现金流；了解客户的需求和公司的意图等。

懂得谦虚是一个人成熟的表现，自信与谦虚也正是辩证的统一，IBM 总裁送给他儿子的座右铭恰当地把两者结合了起来——“心灵像上帝，行动如乞丐。”心灵要永远高傲，但行动上却要像乞丐一样，去珍惜，去把握一切有助于我们人生幸福与成功的机会。“宽阔的河流平静，学识渊博的人谦虚。”凡是对人类发展作出巨大贡献的人物都有谦虚的美德。

五、自信原则

【导入案例】

2001 年 5 月 20 日，美国一位名叫乔治·赫伯特的推销员，成功地把一把斧子推销给了小布什总统。布鲁金斯学会得知这一消息后，把刻有“最伟大的推销员”的一只金靴子授予了他。他是自 1975 年该学会的一名学员成功地把一台微型录音机卖给尼克松以来，又一名获此殊荣的学员。

布鲁金斯学会以培养世界上最杰出的推销员著称于世。它有一个传统，就是在每期学员毕业时，设计一道能考验推销员能力的实习题，让学生去完成。在克林顿做美国总统期间，他们出了这样一个题目：请把一条三角裤推销给现任总统。八年间，无数学员为此绞尽脑汁，但最后都无功而返。克林顿卸任后，布鲁金斯学会把题目换成：请将一把斧子推销给小布什总统。鉴于八年间的失败与教训，许多学员都知难而退，甚至有个别学员认为这道毕业实习题会和克林顿时期一样毫无结果。然而，乔治·赫伯特却做到了，并且没有花多少工夫。在接受一位记者的采访时，他是这样说的："我认为，将一把斧子推销给小布什总统是完全可能的。布什总统在得克萨斯州有一个农场，里面长着许多树。于是我就给他写了一封信，说：有一次，我有幸参观您的农场，发现里面长着许多矢菊树，有些已经死掉，所以我想，您一定需要一把小斧头来砍伐枯树。但是从您现在的体质来看，这种小斧头显然太轻，因此您更需要一把不甚锋利的老斧头。现在我这儿正好有一把这样的斧头，很适合砍伐枯树。假如您有兴趣的话，请按这封信所留的信箱给予回复……最后他就给我汇来了 15 美元。"

乔治·赫伯特成功后，布鲁金斯学会表示："金靴子"奖已空置了 26 年，这 26 年间，布鲁金斯学会培养了数以万计的推销员，造就了数以百计的百万富翁，但这只"金靴子"之所以没有授予他们，是因为我们一直在寻找这么一个人，这个人不因有人说某一目标不能实现而放弃，不因某件事情难以办到而失去自信。

【要点总结】

人类的一个弱点就是人们特别熟悉"不可能"一词，这个词显示出一切规则都不起作用，任何事都干不成。这个世界上不可能的事太多了。"我不可能在一夜之间成为总统""我永远不可能拥有一百万元"，人们常常被这种消极的心态支配着，才导致大部分人一生碌碌无为地度过。

几千年来，人们坚信不疑地认为要让一个人在 4 分钟内跑完 1609 米（1 英里）的路程是不可能的。自古希腊开始，人们就一直在试图达到这个目标。传说中，古希腊人让狮子在奔跑者后面追逐，人们尝试着喝真正的老虎奶，但这些办法都没有成功。人们坚信在 4 分钟内跑完 1609 米是生理上办不到的，人体的骨骼结构不符合要求，肺活量不能达到所需程度。而当罗杰·班尼斯特打破了 4 分钟 1609 米这一极限后，奇迹便出现了，一年之内竟然有 300 名运动员突破这一极限。我们怎么解释这一现象呢？可以看到，训练技术并没有多大突破，而人体的骨骼也不会在短期内有很大改善以利于奔跑，所改变的只是人们的态度。人们不再认为那是一件生理上不允许的事情，恰恰相反，那是可以达到的。相信自己的力量，这是多么不可思议的力量的源泉！

心存疑惑，就会失败；相信成功，必定成功。

相信自己能移山的人，会成就事业；认为自己不能的人，一辈子一事无成。

自信是销售成功的第一秘诀。相信自己能够取得成功，这是销售人员取得成功的绝对条件。一位成交上千万元广告业务的销售人员在谈到自信对于成功的作用时说："人最难突破的是自己，每个人身上都有潜在的能力和蕴藏的价值，只是释放和体现的程度不同，原因之一就是自信心的差异，只要多一点自信，多一点决心，多一点牺牲，任何事情都能做好。"

想要攻克客户的心理防线拿到订单不是一件容易的事。因为销售不像工厂里的生产，只要开动机器，就能制造出产品。有时销售人员忙忙碌碌，四处奔波，费尽千辛万苦，说尽千言万语，也难以取得成效。看到其他销售人员成绩斐然而自己成绩不佳，就会对销售失去信心。

因此，这就更需要销售人员树立强烈的自信心。首先，应该让客户感觉到你的清新、自然、优雅、专业，这样客户才会对你销售的产品及服务有信心，你才有可能进行成功的销售。如果你的行为不专业，没有自信，不热情，那么客户必然也会对你没有信心。

销售是与人交往的工作。在销售过程中，销售人员要与形形色色的人打交道。有财大气粗、权位显赫的人物，也有博学多才、经验丰富的客户。销售人员要与在某些方面胜过自己的人打交道，并且要能够说服他们，赢得他们的信任和欣赏，就必须坚信自己的能力，相信自己能够说服他们，然后信心百倍地去敲客户的门。如果销售人员缺乏自信，害怕与他们打交道，胆怯了，退却了，最终会一无所获。

销售是容易遭受拒绝的工作。如果一名销售人员不敢面对客户的拒绝，那么，他就根本没有希望取得好成绩。面对客户的拒绝，销售人员只有抱着"一定会成功"的坚定信念——即使客户冷眼相对，表示厌烦，也信心不减，坚持不懈地拜访客户，才能"精诚所至，金石为开"，最终取得成功。

销售是向客户提供利益的工作。销售人员必须坚信自己产品能够给客户带来利益，坚信自己销售是为了服务客户，你就会说服客户。反之，销售人员对自己的工作和产品缺乏自信，把销售理解为求人办事，看客户的脸色，听客户说难听话，那么，销售人员将一事无成。

相信自己的产品，相信自己的企业，相信自己的销售能力，相信自己肯定能取得成功。这种自信，能使销售人员发挥出才能，战胜各种困难，获得成功。

【特别训练】

坚信自己能成功，这是销售人员取得成功不可或缺的信念。销售大师乔·吉拉德说："信心是推销员胜利的法宝。"乔·坎多尔弗也曾说过："在销售过程的每一个环节中，自信心都是必要的成分。”

人们通常喜欢与才能出众的人交往。客户也一样，他们不希望与毫无自信的销售人员打交道，因为他们也希望在别人面前自我表现一番。只有信得过自己的人，别人才会把责任放心地托付到他的身上。当你和客户洽谈时，言谈举止若能流露出充分的自信，肯定会赢得客户的信任，客户信任了你，才会相信你的商品，从而放心购买。只有销售人员自信，才能使客户产生信任，而信任，则是客户购买你的商品的关键因素。

客户对于商品，经常都怀有不满和疑问，因此，在面对客户时，自己不可以认为无法销售，或表现出面有难色。你如能精心计划，自我训练，相信你一定能卖出商品。那么应该如何树立自己的销售信心？

1. 早晨上班，充满自信

销售人员从早晨醒来开始，就要舒舒服服、快快乐乐的。不要赖床，要果敢、快速地起来，起床时间6:30分最适当。可以做适量的运动来激发身体的活力；详细阅读报纸或收听电视、电台新闻；准备、充实与客户见面时谈话话题；整理仪容、服装，高高兴兴地准备上班。出门前再检查一下推销必备的用品，亲切地与家人打招呼，精力充沛地往外走。

2. 上下班途中，充分利用

上班途中，遇到认识的人，要亲切地打招呼，这也是自我训练的有效手段。偶然改变一下上下班的路途，也许会碰到意想不到的好机会。

3. 准备妥当，然后出发

到公司的第一件事，是向公司同事打招呼。好的销售人员最好在上班前20分钟到达，以便做好准备。主动参加保洁活动，跟大家打成一片。

4. 精神饱满，领头出发

先与约定的访问对象电话联络好，拟定访问路线和访问次序。向上司或有关人员说明自己的去处。好的销售人员要比任何人都早出公司大门。

5. 意气风发，返回公司

事情办妥，心情轻松，回公司的途中正是增广见闻的好机会。可以偶尔改变回公司的道路，以遇到不同机会；要注意观察最近的流行动向。反省今天拜访的成绩，信心十足地回公司，如果自己认为成绩不够好，不妨再拜访一两家客户。

第二章

形象宜人：给客户美好的第一印象

第一节　仪容修饰：展现积极与健康

一、面部的美化与修饰

【导入案例】

推销员小李喜欢留胡子，他认为这样才能显得自己成熟稳重，因而对于同事劝说自己刮干净胡子的建议不以为然。他认为，只要销售的产品质量好，价格有竞争优势，就可以把产品销售出去，而与自己是否留胡子没有丝毫关系。可是当他去拜访客户时，却被客户拒之门外，理由竟然是："我不与胡子拉碴的人谈交易。"

【要点总结】

见面时"先入为主"的现象很常见，初次见面时形成的对个人的整体看法很难改变。如果不注意个人仪容仪表方面的礼仪，因此形成负面影响，势必会给销售谈判带来不必要的麻烦，甚至使整个谈判计划失败。

作为直接面对客户群体的销售人员，面部修饰的第一原则是洁净，同时要保持卫生和自然，给客户以朝气蓬勃、诚实可信的感觉。而案例中的小李身为年轻人却胡子拉碴，会给客户留下生活懒散、没有责任心、为人轻佻的感觉，于是无论他怎样磨破嘴皮，客户也无心倾听，更不要说赢得客户的信任和尊重了。试想，有谁愿意和一个看上去邋遢、持有游戏人生态度的人合作呢？

美国推销大王乔·吉拉德说："推销产品前先推销自己。"第一印象的好坏在很大程度上影响着以后人们对你的评价。因此，作为销售人员，要想给客户留下良好的第一印象，使他们对你好感倍增的话，就必须要注重面部修饰，必须在尊重客户的基础上，突出自己的职业性、服务性，力求给客户留下一种积极、健康的感觉。

积极健康的仪容包括以下要求：

1. 利用天生条件并加以修饰

天生丽质令人羡慕，但人不可能十全十美，容貌客观上存在着差别。然而，容貌具有可塑性，每个人都可以经过化妆、美容等方式为容貌加分，趋于完美。即使容貌姣好，也必须通过得体的打扮才能更好地得以呈现，显示出不同的韵味和个性。因此，销售人员应充分利用现代美容、化妆的技巧，来展现优雅的气质和迷人的风采。

2. 保持积极的心态

神态和表情是仪容重要构成因素，是精神状态的自然流露。热情开朗、乐观向上的情绪占主导地位时，可以使人心旷神怡、满面生辉；终日悲哀苦闷，自然会容颜不佳。面部是心灵的镜子，它表现出人的学识、教养和心情，积极的情感比涂脂抹粉更重要。护肤化妆为表，保持积极的心态是本，销售人员应表本兼顾，力求使自己始终保持积极的心态，从而具有健康的仪容。

【特别训练】

在工作中，销售人员应善于进行面部修饰，使自己容光焕发、神采奕奕，给客户留下深刻的印象。销售人员在进行面部修饰时，总体来说，应以洁净、健康、自然为重。

洁净就是要保持脸部干净、清爽。其标准就是：无灰尘、无油垢、无汗渍、无分泌物及其他一切杂质。要做到这一点，要求销售人员养成勤于洗脸的良好习惯。

健康就是精神要饱满。如果销售人员脸部受伤或涂抹了药品，不宜直接与客户进行正面接触，而应暂时休息或从事其他工作。

自然就是脸部表情要自然，不要带任何个人情绪。也可以进行适度的美化，着淡妆，但切忌标新立异，追求前卫。

销售人员对面部进行修饰时，应根据本人面部特点进行恰当的修饰，扬长避短，保持整体上的协调感。下面具体介绍一下在进行面部修饰时，须特别重视的局部修饰。

1. 斑点与痣的修饰

如果不能完美地遮盖斑点或痣，干脆不要遮盖。应更强调一下非常有自信的部位，以此分散视线。如果嘴角边和眼角边上长有痣，还是强调一下嘴部的妆容。

如果没有笔状遮瑕膏，用细刷涂抹一般遮瑕膏也可以。涂抹时要像画圆圈一样，要大于小斑点部位的范围，然后再用棉棒轻轻铺开，以防止和其他部位产生界线。不必遮盖所有斑点，只重点遮盖凸出的几个点，就会显得比较自然。

2. 耳部的修饰

在人的面部，双耳算不上是抢眼之处，但仍然处在他人的注意之中。修饰耳部时，需注意两点：

（1）耳部的除垢。对不少人而言，在清洁面部时，耳部特别是耳孔之内往往会被忽略。想想看，作为销售人员的你，工作中，耳孔里的分泌物映入客户的视野，那该是一种怎样的尴尬？因此，销售人员务必每天进行耳部除垢，但一定要注意此举不宜在工作岗位上进行。

（2）耳毛的修剪。人到了一定的岁数，耳孔周围便会长出一些浓密的耳毛。销售人员一旦发现此种情况出现在自己身上，应及时对其进行修剪，否则会很不美观。

3. 眼部的修饰

眼睛是心灵的窗口。在与客户进行交流时，客户很可能会注视你的眼睛，所以对眼部的修饰也不能掉以轻心。销售人员可以根据你双眼的形状和大小选择合适的化妆术，让你的眼睛发射出迷人的光彩。

（1）眼影的修饰。眼影粉一般有两种，即带亮光的和不带亮光的。带亮光的眼影粉，历史较久远，用的人也很多，但始终难于掌握，现在多用于专业化妆。近几年流行的眼影粉、膏或霜，都盛行珠光的质感，在上的时候应该尽量避免涂满整个眼窝，尤其是眼睛较肿的情况，只需涂在眼皮褶缝内；单眼皮则可以缩小上色的范围，选择单一色，就能展现眼睛的魅力了，实在不需要过多的色彩。

化妆时自眼中至眼角，并与眼睑、眉骨色调配合协调统一，掌握好分寸，用得恰到好处。柔软丰富的刷毛一次可以蘸很多眼影粉，所以它最适合需要在整个眼上涂眼影时使用。当然，还要考虑时尚流行，与穿着服装匹配和谐，突出清丽自然的感觉。

人的眼部十分容易患病，眼部一旦生病，往往既会传染于人，而且看起来有损尊容，如沙眼便是这样一种令人生畏的眼病。所以销售人员要特别注意眼病的预防和治疗。如患有传染性的眼病，就应及时治疗、休息，绝不可与服务对象直接接触。

（2）眼镜的佩戴。镜片的清洁与否，尤其要引起每一位戴眼镜销售人员高度的重视。如有必要，还应定期对镜架进行清洗。要注意太阳镜的戴法，它主要适合人们在室外活动时佩戴，以防止紫外线损伤眼睛。销售人员在工作时如果佩戴墨镜，好似存心让他人“不识庐山真面目”，因而是不适当的。

4. 眉部修饰

眉毛之美，在人的面部仪容中仅次于眼睛。眉毛作为一种生理结构，它在销售工作中也扮演着一个角色。透过眉毛，客户可以捕捉到众多信息。如眉飞色舞、眉开眼笑、眉清目秀、愁眉苦脸、扬眉吐气、贼眉鼠眼、慈眉善目等，都向客户无声无息地传递着内部信息。销售人员在进行眉毛修饰时应当注意下列三个问题：

（1）眉形的美观。眉形的美观与否，对任何人都很重要。大凡美观的眉形，不仅形态正常而优美，而且还应当又黑又浓。怎样描出眉毛的风采？方法之一就是增大眉骨和眼睛上眼睑之间的距离，一定要保持眉毛的干净和整洁。对于那些不够美观的眉形，诸如残眉、断眉、竖眉、八字眉或者过淡、过稀的眉毛，必要时应采取措施，进行修饰。

（2）眉毛的梳理。梳理眉毛可使用眉笔和眉粉。眉笔属于传统化妆品，使用年代甚久，效果也很理想，很受职业女性欢迎。灰色眉笔很适宜黑发女性，而褐色眉笔适合金发、棕发或红发女性。描眉最好用灰褐色眉笔，不是直接往眉毛上画，而是用眉笔的笔芯轻轻向眉尾处扫，这样描出的眉真实而自然，否则就会盖住眼睛的神采。

（3）眉部的清洁。在洗脸、化妆以及其他可能的情况下，销售人员都要特别留意一下自己的眉部是否清洁。注意尽量保持自然的原有眉型，只需拔除四周散乱的眉毛。特别应当注意，要防止在自己的眉部出现诸如灰尘、死皮或是掉下的眉毛等异物。

5. 鼻部的修饰

鼻子在脸上占有重要的地位，却也是人们最容易忽略的部分。鼻子位于整张脸庞的正中央，其形象对容貌的影响不容小视。鼻子既突出又醒目，所以要想获得理想的化妆效果，重点应当关注以下两个问题：

（1）“黑头”的清理。鼻子上的黑头是由于油脂分泌过旺引起的，如果不把鼻子清洗干净，油脂等就会越来越多，时间久了，便会在此处积存一些脂肪或泥垢，这就是人们平常所说的“黑头”。明智的做法，一是平时对此处要认真进行清洗；二是可用专门对付它们的鼻贴，将其处理掉。

（2）加强鼻部立体感。其实，只要将带有银白色闪亮效果的化妆品涂于合适的位置，即可透过光线反射的原理，加强鼻部的立体感。涂抹粉底后，于鼻梁位置以化妆刷垂直扫上银白色闪粉。

（3）鼻毛的修剪。要注意修剪鼻毛，不要让它露在鼻孔外面。还有就是注意清洁鼻子内外，起码不要让人看到黑黑的鼻孔。平时还要对鼻部的周围认真清洗，切勿乱挤乱抠，以免造成局部感染。

6. 嘴部的修饰

销售人员最主要的工作就是与客户沟通，所以要重视对嘴部的修饰。具体来说，要勤刷牙，切勿在牙缝中留有污垢，更不要有口臭；不要吸烟，以免影响牙齿的美感。除了口腔之外，嘴巴的“周边地带”也应被包含在内。销售人员在进行嘴部修饰时，应当注意以下五个主要问题：

（1）刷牙。刷牙是保持口腔清洁的主要方法，它能消除口腔内软白污物、食物碎片和部分牙面菌斑，而且有按摩牙龈作用，从而减少口腔异味。销售人员要搞好口腔卫生，防止嘴中产生异味。

（2）洗牙。逢人见面，牙必外露，最能体现人之风采的莫过于牙齿。洗牙能使你的牙齿洁白美观，还你自信笑容。维护牙齿，除了要使之无异物、无异味之外，还要注意使之保持洁白，并且及时地去除有碍于口腔卫生的牙石。

（3）口红。亮光口红含有一定量油脂，可以滋润口唇，涂后显得自然。亮光口红宜选择优质的，涂口红前最好先勾画唇线轮廓，然后在线的范围内涂匀。应仔细涂，不要涂出线外，避免唇膏淡化。注意唇纹，以浅而淡为度，不要又深又浓，看不出唇纹。通常涂一次最好，不宜涂两次。

（4）禁食。这里所说的禁食，主要是指销售人员在工作岗位上，为了防止自己的口中因为饮食方面的原因而产生异味，故此应当暂时避免食用一些气味过于刺鼻的饮食。它们主要包括葱、蒜、韭菜、腐乳、虾酱、烈酒等。

（5）护唇。当一个人闭口不言时，其嘴唇通常极为惹人注目。因此，销售人员平时应有意识地呵护自己的嘴唇。晚妆可用珠光唇膏，选择鲜红色，在灯光下显得艳丽。日妆可用稍暗红色，以轻淡柔和为佳，突显自然纯美。要想方设法不使自己的唇部开裂、掉皮。另外，还应避免嘴角残留异物。男性嘴唇的修饰与女性不同，只能涂上薄薄的油色，而不能有明显的边缘线，也不要用唇膏来改变嘴唇的轮廓和形状。

（6）剃须。若无特殊的宗教信仰或民族习惯，男性销售人员一定要坚持每日上班之前剃须，切忌胡子拉碴地在工作岗位上抛头露面。

二、发型的修护与选择

【导入案例】

华盛集团公司的卫董事长有一次要接受电视台的采访，郑重起见，事前卫董事长特意向公司为自己特聘的个人形象顾问咨询，有无特别需要注意的事项。对方专程赶来之后，仅仅向卫董事长提了一项建议：换一个较为儒雅而精神的发型，并且一定要剃去鬓角。对方的理由是：发型对一个人的上镜效果至关重要。果不其然，改换了发型之后的卫董事长在电视上亮相时，形象确实焕然一新。他的发型使他显得精明强干，他的谈吐使他显得深刻稳健，二者相辅相成，令电视观众们纷纷为之倾倒。

【要点总结】

美发的礼仪是销售礼仪中不可或缺的一个重要组成部分。在正常情况下，人们观察一个人往往是“从头开始”的，位居于头顶之处的头发自然不会被错过。销售人员应依据自己的审美习惯、工作性质和自身特点，对头发进行清洁、修剪、保养和美化。一个人具有动人的容貌、漂亮的服饰和相称的发型，才会产生和谐的美。不注意头发的保养和发型的选择会直接破坏人的整体美。上一实例就说明，发型对个人形象发挥着重要的、不可替代的作用。有鉴于此，系统地学习一些美发的礼仪，是极为必要的。

1. 确保头发的整洁

为了确保自己头发整洁，维护本人的完美形象，销售人员必须适时清洗、修剪和梳理自己的头发。

（1）清洗头发。销售人员要选择适合自己的洗发水，养成勤洗头发的习惯，每周至少应当对自己的头发清洗两三次。洗发时，水温不宜过高，动作应轻柔，洗发后最好自然晾干。

（2）修剪头发。与清洗头发一样，修剪头发同样需要定期进行，以便使之呈现一定的造型。在正常情况之下，销售人员尤其是男性推销员通常应当每半个月左右修剪一次自己的头发，至少也要确保每个月修剪头发一次。

（3）经常梳理。销售人员在上班前、拜访客户前和下班回家时，都应自觉梳理头发，这样既可以保养头发，又有助于保持美好的仪容。

销售人员在梳理自己的头发时，还有三点应予注意：一是梳理头发不宜当众进行。二是梳理头发不宜直接使用手指抓挠。你最好随身携带一把发梳，以备不时之用。三是断发、头屑不宜随手乱扔。梳理头发时，难免会产生少许断发、头屑等，信手乱扔，是缺乏教养的表现。

2. 慎选发型

美的发型给人一种整洁、庄重、洒脱、文雅的感觉。销售人员应根据自己的发质、脸型、年龄、身材、气质等选择合适的发型。如：发质软者，应避免作平直的发型；方形脸者刘海可遮额，两边遮颊；年少者以自然美为主，不宜烫发；脖颈短粗者不宜选择低发型和长发型等。当然，选择时最重要的还是要以自己的工作性质为重。这是销售礼仪对销售人员的基本要求之一。

销售人员应该从工作性质来考虑自己的发型，具体说来，主要应当强调的有两个方面的问题。

（1）长短适当。按照销售行业的工作性质的要求，销售人员在为自己选择具体发型时，不允许自由放任其长度。在头发的长度方面，对于销售人员总的要求是：长度适中，以短为主。具体而言，对于男性与女性，则分别又有着各自不同的要求。

对于男性销售人员来讲，长发披肩或者梳起发辫是绝对不允许的。不仅如此，就是剪短发，也必须做到“前发不覆额，侧发不掩耳，后发不触领”。

对于女性销售人员来讲，则可以保留长发，但不宜长于肩部，不宜挡住眼睛，而且不允许随意将其披散开来，建议将过肩长发扎束于脑后，或者盘起来。女性销售人员不准理板寸或剃光头，女性销售人员若是以板寸或光头面对客户，必定会显得不伦不类，难以给对方留下好感。总之，女性销售人员不宜留怪发型，最好有意识地留短发。这样做，既有利于梳理，又能给人以精明强干的感觉。

（2）简约明快。一般来讲，推销员在为自己选择一款具体的发型时，必须有意识地使之以简约、明快而见长，而不宜使自己的发型过分时髦，尤其是不要为了标新立异，而有意选择极端前卫的发型。

3. 谨慎染发和烫发

在染发方面，销售人员重点要考虑的首先是本人染发有无必要。中国人历来以一头黑发为美。假定自己的头发不够黑亮，特别是早生白发或有一头杂色的头发，将其染黑，通常是必要的。若是为了追随时尚，有意将自己的一头黑发染成其他颜色，甚至将其染得五色斑斓，则是不适合销售人员的。

女性销售人员可以烫发，但在选择烫发的具体造型时，应当切记，不要将头发烫得过于繁乱花哨。

【特别训练】

在交际频繁的现代社会，人们越来越讲究发型的美观，借助富有个性的发型来渲染个性魅力与风度。在选择发型时，男性销售人员要重点体现刚毅有力、自然大方的男子气概，而女性销售人员则应重点体现温柔妩媚、典雅端庄的女子风韵。

不管销售人员为自己选择了何种发型，在工作岗位上都绝对不允许在头发上滥加装饰之物。在一般情况下，不宜使用彩色发胶、发膏。男性销售人员不宜使用任何发饰。女性销售人员在有必要使用发卡、发绳、发带或发箍时，应使之朴实无华，宜为蓝、灰、棕、黑色，并且不带任何花饰，绝不要在工作岗位上佩戴彩色或带有卡通、动物、花卉图案的发饰。

若非与公司制服配套，销售人员在工作岗位上是不允许戴帽子的。各种意在装饰的帽子，如贝雷帽、公主帽、学士帽、棒球帽、发卡帽，或是用于装饰的裹头巾，戴在销售人员的头上，与其身份都是不协调、不相称的。

三、化妆的礼仪规范

【导入案例】

小王是某知名公司的一名化妆品推销员，每天挎着一个大背包，里面装满了各种眉笔、唇膏、粉饼等化妆品，她挨个敲着陌生客户的门。可是能开门见她的人很少，多数人只是在门镜看了看，就很不客气地在门里说："我不需要。快走吧！"这样的拒绝使小王寒彻骨髓。

请教过业内的老推销员后，小王开始审视镜中的自己：干燥而毫无生气的头发随便地挽在脑后，白皙的皮肤上长着两粒刺眼的痘痘，平平的眉毛配着大而黑的眼睛，眼中尽是无奈的神情，厚厚的嘴唇紧抿着，活脱脱一副倒霉相。"这副模样，的确没人会相信我卖的化妆品！”小王终于认识到，客户拒绝的原因出在自己身上。

于是小王报名参加了一个美容学习班，系统地学习各种化妆品的知识和化妆技巧，并在美容院实习了整整一个月，将保养皮肤的各种技法烂熟于心。然后小王把学到的美容化妆知识先在自己身上实践，巧施粉黛的她容光焕发，再配上一身职业套装，重新开始了自己的推销之旅。

【要点总结】

化妆既为自尊，也为尊重他人。作为从事销售工作的职业人员，适当化妆是必不可少的。化妆，是一种通过对美容用品的使用，来修饰自己的仪容、美化自我形象的行为，简单地说，化妆就是有意识、有步骤地来为自己美容。

对于一般人来讲，化妆的最实际的目的，是为了对自己的容貌上的某些缺陷加以弥补，扬长避短，使自己更加美丽，更加光彩照人。经过化妆之后，人们大都可以拥有良好的自我感觉，身心愉快，精神振奋，缓解来自外界的种种压力，而且可以在人际交往中表现得更为自信，更为潇洒自如。或许正因为如此，有一位哲人曾经发表高论说：“化妆是使人放弃自卑，与憔悴无缘的一味最好的良药。它可以让人们表现得更加自爱，更加光彩夺目。”

不过，对于销售人员而言，化妆虽然可以使人自尊、自信、自爱，但它却并不是用来要求销售人员必须重视化妆的根本原因。否则，化妆就可以完全被理解为仅与个人相关的一己私事，而不必由企业出面来作为统一的要求。

对销售人员来说，化妆的最重要的功能有两个：一是要求销售人员化妆上岗，有助于使企业形象更为鲜明、更具特色；二是要求职员化妆上岗，意在向客户表示尊重之意。也就是说，在销售活动中化妆与否，绝非个人私事，而是被客户作为一个尺度，来判定销售人员对其尊重的程度。在对外销售活动中，这一点表现得更为明显。在国外许多地方，参加商务活动而不化妆，就会被客户不由分说地理解为蔑视对方，或是一种侮辱。

由于在销售活动中，化妆与维护企业形象和对客户尊重与否这两桩大事有关，因此每一名销售人员对于化妆问题都不可掉以轻心。

也有人认为：销售人员东奔西跑，来去匆匆，哪有那些闲情逸致去考虑美容化妆呢？再说，因为自己辛苦，无暇他顾，容貌上脏一些、乱一些、差一些，实在不足为怪。何况，这样子没准儿还会让自己更显得平易近人呢。这种想法危害性极大。这种做法，不但会使企业整体形象受损，而且还会使自己被视为不思进取、自由散漫、又懒又脏。

以下就来介绍一下销售人员所必须了解并认真遵守的有关化妆的基本礼仪和规范。

1. 化妆守则

销售人员在化妆时，必须从总体上了解一些有关化妆的指导性原则。这些原则大致而言共有如下五点：

（1）淡雅。“淡妆上岗”乃是对销售人员化妆的基本规范之一。所谓淡雅，就是要求销售人员在工作时一般都应当化淡妆。淡妆，即人们平时所说的自然妆。化妆的最高境界，是没有人工美化的痕迹，好似天然的美丽。

（2）简洁。销售人员的化妆，应当是一种简妆。在一般情况下，销售人员化妆修饰的重点，主要是嘴唇、面颊和眼部。对于其他部位，化妆时不予考虑是允许的。

（3）适度。销售人员的工作妆，必须适合自己本职工作的实际需要，而且一定要切记化妆的程度要适当。要根据自己具体的工作性质，来决定应该如何化妆。

（4）庄重。销售人员应该了解，客户所希望看到的销售人员的化妆应以庄重为主要特征。一些社会上正在流行的化妆方式，如金粉妆、日晒妆、印花妆、颓废妆、鬼魅妆、舞台妆、宴会妆、烟熏妆等，都不宜为销售人员在上班时所采用。否则，就会使人觉得轻浮随便，甚至是不务正业。

（5）避短。销售人员化妆，当然有美化自身形象的目的。在化妆时美化自身形象，既要适当地展示自己的优点，更要认真地掩饰自己所短，并弥补自己的不足。不过销售人员必须清醒地认识到：化妆时扬长避短，重在避短，而不在于扬长。

2. 化妆方法

销售人员要认真掌握化妆的方法。销售人员在进行化妆时，必须强调的是，切莫随意而为。要学会化妆，才有可能使自己的化妆达到预期的目的。

一般情况，销售人员在工作岗位之上维护自我形象所进行的化妆，大体上应当分为打粉底、画眼线、施眼影、描眉形、上腮红、涂唇膏、喷香水等几个步骤。

（1）打粉底。销售人员在打粉底时，有四点特别应予注意：一是事先要清洗好面部，并且拍上适量的化妆水、乳液；二是选择粉底霜时要选择好色彩；三是打粉底时一定要借助于海绵，并且要做到取用适量、涂抹细致、薄厚均匀；四是切勿忘记脖颈部位，在那里打上一点儿粉底，才不会使自己面部与颈部“泾渭分明”。

（2）画眼线。在化妆时，画眼线这一步骤最好不要省掉。在画眼线时，一般应当把它画得紧贴眼睫毛。具体而言，画上眼线时，应当从内眼角朝外眼角方向画；画下眼线时，则应当从外眼角朝内眼角画，并且在距内眼角约1/3处收笔。应予重点强调的是，在画外眼线时，特别要重视笔法，最好是先粗后细，由浓而淡，要注意避免眼线画得呆板、锐利、曲里拐弯。画完之后的上下眼线，一般在外眼角处不应当交合。上眼线看上去要稍长一些，这样才会使双眼显得大而充满活力。

（3）施眼影。销售人员施眼影时有两大问题应予以注意：

①要选对眼影的颜色。过分鲜艳的眼影，一般仅适用于晚妆，而不适用于销售人员的工作妆。对中国人来说，化工作妆时选用浅咖啡色的眼影，往往收效较好。

②要施出眼影的层次之感。施眼影时，最忌没有厚薄深浅之分。若注意使之由浅而深，层次分明，将有助于强化化妆者眼部的轮廓。

（4）描眉形。销售人员在描眉时，有四点需要注意：

①要先进行修眉，以专用的镊子拔除那些杂乱无序的眉毛。

②描出的整个眉形必须要兼顾本人的性别、年龄与脸型。

③在描眉形时，要对眉毛逐根进行细描，而忌讳一画而过。

④描眉之后应使眉形具有立体感，所以在描眉时通常都要在具体手法上注意两头淡、中间浓，上边浅、下边深。

（5）上腮红。销售人员在化工作妆时上腮红，需要注意以下四点：

①要选择优质的腮红。若其质地不佳，便难有良好的化妆效果。

②要使腮红与唇膏或眼影属于同一色系，以体现妆面的和谐之美。

③要使腮红与面部肤色过渡自然，正确的做法应是：以小刷蘸取腮红，先上在颧骨下方，即高不及眼睛、低不过嘴角、长不到眼长的1/2处，然后才略作延展晕染。

④要扑粉进行定妆，在上好腮红后，即应以定妆粉定妆，以便吸收汗粉、皮脂，并避免脱妆。扑粉时不要用量过多，并且不要忘记在颈部也要扑上一些。

（6）涂唇膏。销售人员涂唇膏时应注意：

①要先以唇线笔描好唇线，确定好理想的唇形。唇线笔的颜色要略深于唇膏的颜色。描唇形时，嘴应自然放松张开，先描上唇，后描下唇。在描唇形时，应从左右两侧分别沿着唇部的轮廓线向中间画。上唇嘴角要描细，下唇嘴角则要略去。

②要涂好唇膏。以唇线笔描好唇形后，才能涂唇膏。选择唇膏时，既可以选择彩色，也可以选择无色，但要求其安全无害，并要避免选用鲜艳古怪之色。女性一般宜选棕色、橙色或紫色，男性则宜选无色唇膏。涂唇膏时，应从两侧涂向中间，并要使之均匀而又不超出已用唇线笔画定的唇形。

③要仔细检查。涂毕唇膏后，要用纸巾吸去多余的唇膏，并细心检查一下牙齿上有无唇膏的痕迹。

（7）喷香水。销售人员在工作岗位上喷香水，主要是为了掩盖不雅的体味，而不是为了使自己香气袭人，这一点很重要。销售人员喷香水要注意的问题：

①不应使之影响本职工作，或是有碍于人。

②宜选气味淡雅清新的香水，并应使之与自己同时使用的其他化妆品香型大体上一致，而不是彼此“窜味”。

③切勿使用过量，以免产生适得其反的效果。

④应当将其喷在或涂抹于适当之处，如腕部、耳后、颌下、膝后等，而千万不要将它直接喷在衣物上、头发上或身上其他容易出汗之处。

3. 化妆禁忌

销售人员在进行个人化妆时，一定要避免某些不应当出现的错误做法。

一般说来，销售人员化妆的禁忌主要包括以下三个方面：

（1）离奇出众。禁止销售人员在化工作妆时表现得离奇出众，是指那些在化妆时有意脱离自己的角色定位，而专门追求荒诞、怪异、神秘的妆容，或者是有意使自己的化妆出格，从而产生令人咋舌的效果。

（2）技法出错。假定一位销售人员不谙化妆之道的话，那么她即使不化妆，往往也要比自己贸然化妆，在化妆时出错，从而贻笑大方好得多。

（3）残妆示人。补妆，是指发现残妆时，适时地对其进行局部性的修补。销售人员要避免在此问题上犯忌，主要需要注意四点：

①要在化妆后进行检查，以防止自己的妆容出现了残缺而自己毫无察觉。出汗、休息、用餐之后，尤其应当及时自察妆容。

②发现妆面出现残缺后，即刻抽身补妆，切莫长时间地以残妆示人，否则会让别人觉得自己懒惰之至。

③补妆时要回避他人。补妆之时，宜选择无人在场的角落，而不可当众进行操作。

④要采用正确的补妆方法。补妆，既非全部重新化妆，也不同于在原先的基础上重描一次，使化妆成为化“脏”。而是以补为主，重在弥补妆容残缺之处。

【特别训练】

谈起化妆，它实在不是简简单单的举手之劳，而是一种艺术性、技巧性很强的系统工程。若是不理解这一点，自以为化妆是一学就会，只是随便化化而已，将是徒劳无益的。

要学会化妆，并且在这方面具有一定的造诣，首先必须对化妆品的种类、化妆品的用法、化妆的程序和化妆的重点有一定程度的正确认识。否则，自认为化妆水平甚佳，却会贻笑大方。

从理论上来讲，化妆品可以分为四种类型，它们各有独特的功能，而不可混淆滥用。

（1）润肤型化妆品。它的主要功能是：护理面部、手部以及身体其他部位的皮肤，使之更为细腻、柔嫩、滋润。这类化妆品常见的品种有香脂、乳液、洁面霜、润肤蜜、雪花膏等。

（2）美发型化妆品。它的主要功能是：保护头发，止痒去屑，为头发塑造出种种美丽动人的造型。香波、发蜡、发乳、发油、焗油、发胶、摩丝、冷烫液、染发水、生发水等，都属于这一类型。

（3）芳香型化妆品。它的主要功能是：溢香祛臭、芬芳宜人，有的还兼有护肤、护发和防止蚊虫叮咬等作用。香水、香粉、香粉蜜、花露水、爽肤水等，都是这一类型的以芳香为主要特征的化妆品。

（4）修饰型化妆品。它的主要功能是：通过在面部适当部位的着色来为人们扬长避短，使化妆者看起来更加美丽。最常见的修饰型化妆品有粉饼、油彩、唇膏、眉笔、眼影、睫毛膏、化妆水等。

由于绝大多数这一类型的化妆品都以其“特色”见长，所以它又被人们叫作色型化妆品或彩妆型化妆品。既然不同类型的化妆品有其各不相同的功能和特定的使用范围，那么销售人员在使用化妆品之前了解一下各种化妆品的具体用法，是很有必要的。否则，如果“张冠李戴”，胡乱使用，则会让他人见笑，甚至会破坏自己的个人形象。

各种化妆品都有自己独特的用途。例如，作为油脂性润肤膏的一种，香脂因为含有大量油脂，适合人们在冬季使用。将它擦于面部、手背与耳朵后面，不仅可以滋润皮肤、预防皲裂，而且还可以在一定程度上起到御寒防冻的作用。但是，若将其使用于烈日当空的夏季，非但于化妆者毫无帮助，反而会堵塞皮肤毛孔，妨碍其排污、排汗，甚至会让化妆者生疮、生疖，看上去“油头滑脑”。又如，花露水的主要作用是可以替化妆者被动除汗味，并可以防止蚊虫叮咬。如果把它当成香水而用于正式场合，显然是不合适的。再如，男女皆宜的香水实际上也是种类繁多，不得乱用。根据香水自身的香型来区分，香水可以分为五大系列：第一个系列是植物香型，其特点是气味爽朗、清新、自然，适合早晨使用；第二个系列为花香型，它的气味浓郁、温馨、甜美，适合白天使用；第三个系列为西普莱香型，它以橡树上寄生的青苔与玫瑰花、茉莉花、麝香等调配而成，气味优雅、甜蜜、幽深，女性气息十足，适合于成熟女性在正式场合使用；第四个系列为东方香型，它以产自东方的动植物香料配制而成，气味馥郁独特，香气经久不散，适用于社交场合；第五个系列为合成香型，它用人工香料与天然香料调配而成，气味浪漫、温柔、迷人，适合于女性在晚间使用。

第二节　服装配饰：别小看仪表的作用

一、销售人员着装原则

【导入案例】

班·费得文是美国保险界的传奇人物，被誉为世界上最有创意的推销员。

刚入行搞推销时，班·费得文的着装打扮非常不得体，他的业绩也很不好，公司计划开除他。班·费得文急了，就去问他公司的一位成功人士，那位成功人士说：“那是因为你头发修剪得不像个推销员，你衣服搭配也不协调，颜色看上去非常老土。要有好的业绩，首先要把自己打扮成一位优秀推销员的样子。”

“可你知道我没有多余的钱去打扮！”班·费得文说。

“但你要了解那是在帮你赚钱，你不会多花一分钱的。我建议你去找一个专营男装的老板，他会明白地告诉你如何打扮。你这么做又省时又省钱，干吗不去呢？这样更容易赢得别人的信任，赚钱也就更容易了。”这位成功人士说。

班·费得文于是马上去一家高级美发厅，特别剪了一个适合推销员的发型。然后又去了那位成功人士所说的男装店，请老板帮他打扮一下。老板认认真真地教班·费得文打领带，又帮班·费得文挑西服，并且告诉他如何选择与之相配的衬衫、袜子、领带等。老板每挑一样，就解说为什么要挑选这种颜色、式样，还特别送班·费得文一本如何着装打扮的书。不仅如此，他又为班·费得文讲解了一年中什么时候该买什么样的衣服，买什么衣服最划算。

从此，班·费得文焕然一新，他的穿着打扮有了专业销售人员的样子，他推销起来也更有自信了，一年后他的业绩增加了2倍。

【要点总结】

销售是与人打交道的工作，销售人员的职业形象更加重要。客户对产品的第一印象多半来自他们对销售人员本人的印象，如果销售人员服装不符合基本职业标准，举止粗俗、不懂礼仪，很难给客户留下良好的第一印象，更别说让客户相信销售人员所在的公司是一个有规模、上档次的公司，相信销售人员销售的产品是优质产品了。所以，销售人员必须着装得体，懂得基本的礼仪，才能给客户留下完美的第一印象。

当代很多服装设计大师认为，着装造不出完人，但是第一印象的90%来自于着装。中国古代也有“先看罗衣后看人”的说法。另外，营销界有一句颠扑不破的箴言：“销售的成功在于先成功地销售出自己。”可见，对于销售人员来说，要有效地销售自己，进而成功地销售产品，首先应该从着装修饰开始。

不了解销售行业特点的人总是把“雪白的衬衣，配上笔挺的裤子，外加一条系得整整齐齐的领带”这样一身体面的装扮，看作是所有销售人员的着装策略。事实上，这种想法已经过时了，销售人员应该根据商品的特点、销售的场合、客户的特点、自身的条件等因素随时变换自己的着装。这也就是我们所说的TPOAF着装原则。

1. T（Time）——时间原则

时间原则就是指着装应该随时间变化而变化。这里的时间主要包括三方面内容：白天与晚上、季节交替、潮流变更。

（1）白天与晚上。销售人员如果在白天与刚结识不久的客户会面，应该穿比较正式的职业装，这样能显示自己的专业水准。而晚上、周末或休闲时间与客户会面，则可以穿得休闲一些，如便装、运动装等。因为工作之余，客户也会放松自己，这时如果你穿得太正式，就会给客户留下刻板的印象。

（2）季节交替。随着四季的更替变换着装是最普通的常识，不外乎冬暖夏凉、春秋适宜而已。总之，美的着装是和实用功能相一致的，反之则必然不美。

①春。这一季的着装颜色可以是光谱中的任意一组，如米黄、葱绿等；面料质地以紧密而有弹性的精纺面料为主；可以选择协调搭配的套装、两件套加风衣。

②夏。中性色、白与黑对比色、纯度和明度相对较弱的颜色会受欢迎，如本白、象牙黄、浅米灰；棉、麻、丝是这一季着装的首选面料；式样简单而裁剪恰当、做工精致的套装可以用于工作中或晚会上。

③秋。由暖色构成的服装比较适宜，如咖啡色、芥末黄等；秋季最能体现“整体着装”的方式，如两件套的套装、带马甲的三件套或者是外套；面料的选择可以多样化，蓬松和柔软的质地值得考虑。

④冬。常规的着装可以选择藏蓝、混灰、姜黄、深蓝、褐色；冬季可以以整齐、精致的搭配形象出现，这需要技巧；面料可以羊毛、羊绒、驼绒为原料；可精纺，也可粗纺。

（3）潮流变更。着装除了随时段和季节而变化外，还应该顺应时代的潮流。比如，“萝卜裤”曾经在20世纪80年代初风行神州大地，但如果现在还有男性销售人员穿这样的裤子接待客户的话，就会让人觉得很滑稽。

2. P（Point）——地点原则

地点原则就是指着装必须考虑要去的目的地，不同的地点需要不同的着装。

一次，从事汽车零件批发的Y公司在推销会议上向销售员们提问：“在一个企业，拥有购买决定权的主要是谁？”

“当然是老板，老板本人是压倒一切的。”

“你们的推销对象中，是不是有许多修理厂？”

“是的，有很多小修理厂。”

“这些老板恐怕都是街道工厂、小企业的经营者吧。他们平时穿的是不是西服？”

“不是，几乎都是工作服。他们也是第一线的指挥者呀。”

“工作服？即使是在较大规模的工厂，穿的也都是那种上下连在一起的工作服吧？”

“是的，是这样。”

三天后，该公司做出了这样一个决定：Y公司推销员的推销对象中，99%都是小企业、街道工厂的经理，他们往往身穿蓝色工作服在第一线指挥生产。因此，今后Y公司销售员的标准服装应为蓝色服装。

事实证明，该企业的做法是非常明智的。蓝色服装大大增进了销售人员与客户之间的认同感和亲切感，该公司的业绩也因此得到了显著提高。

根据地点着装，就是要入乡随俗、因地制宜。无论如何，唤起客户对你的好感与共鸣，乐意与你交谈，增加彼此的认同感和亲切感，这是着装的最根本目的与准则。

3. O（Occasion）——场合原则

场合原则就是指着装要随场合变化而变化。一般来说，在与顾客会谈、参加正式会议等公务场合要求穿着正统、端庄、规范，着装以制服、西装、套裙或者长袖衬衫配以长裤、长裙，而各式各样的时装、便装，尤其是标新立异的前卫服装则一律不适宜。而在社交场合，即聚会、宴会、舞会或者音乐会等场合，销售员穿着要求时尚、典雅、个性，以时装、礼服、民族服装以及个人制作的服装为主要选择。需要穿着礼服的场合则要穿着礼服，需要穿着职业装的场合则不宜穿着过于随意的便装。在休闲场合，如健身、旅游等场合，穿着要求舒适、自然、方便，以家居装、运动装、牛仔装为宜，尽量不要选择制服、套裙、礼服等适用于正式场合的服装，否则就会显得与休闲场合不协调。

4. A（Age）——年龄原则

汤姆是一家煤油公司的推销员，只有18岁。为了照顾多病的母亲，维持家庭的生计，他不得不辍学当了一名推销员。

起初，汤姆像其他推销员一样，穿着西装，打着领带去推销。只是他的西装还是20年前父亲结婚时穿的旧西装，颜色已经泛白，而且十分宽大，穿在汤姆身上就像个大布袋一样。汤姆的领带也是从隔壁邻居的垃圾箱里捡来的。

汤姆以这样一身装扮去推销，他的工作业绩可想而知。

后来，汤姆的西装实在坏得不能再穿了，于是他不得不拾起了上学时穿的学生装。虽然，学生装使汤姆看上去根本不像个推销员，而更像个中学生，但正是这样的装扮，使汤姆博得了客户的同情。凡是知道汤姆身世的客户，也都乐意从汤姆那里购买煤油。

上面案例表明了穿着关键要与年龄相符。年轻的销售人员应该穿着高雅、朴素，如果强扮老成、庄重未必会提高销售业绩，就像案例中的汤姆一样，说不定一套清纯、干净的学生装也会给你带来好运气。而年纪大一点儿的男性销售人员则穿深色的中山装显得沉稳；年纪大的女性销售人员，衣服的款式可以新颖一点，颜色可以鲜艳一些。

5. F（Figure）——体型原则

服装最重要的是合体。“衣如其人”，合体的服装，会使你看上去更加踏实、诚恳，值得信赖。作为销售人员，应该了解自己的体型特点并穿出得体的服装，在着装时扬长避短，展现自己的最佳外形。

（1）肥胖体型：不宜穿浅色、带格的西服，最好穿单色且颜色较深的西服，面料若有条纹应选择宽条纹面料；肥胖的人不宜穿双排扣西服。

（2）身材矮小型：衣着要简洁明快，适合穿肩部较宽的上衣，可使身材显得高一些，简单、纯色的服装也能在视觉上增加人的高度。

（3）消瘦体型：不宜穿深色的西服，最好穿浅颜色或是带花格的西服，面料若有条纹应选择窄条纹面料。

除了以上五项原则外，销售人员着装还要遵循职业原则，即着装要符合个人职业特点。如果你销售的是服装，就不应该穿着皱皱巴巴的不讲究的衣服面对客户；如果你推销的是汽车，就该穿一身质地优良的衣服，不应该穿得花里胡哨。从心理学的角度来看，高档奢侈品的客户希望自己花大价钱买的东西在方方面面都可以彰显一种地位、一种档次。可是，如果你卖的是平民保险，却穿着一身价值 8000 元的西装，那么，你昂贵的西装就会让你的产品无人问津，因为客户会认为：一个销售员都穿得这么好，那么他们的产品一定非常昂贵。因为你档次过高的衣着会使你的客户主观地认为你卖的产品是昂贵的。

【特别训练】

除了以上原则外，着装其实还有一个颜色搭配的问题。任何一种颜色都是由三原色调配而来，不同颜色代表不同的意义，不同颜色的服装穿在不同的人身上会产生不同的效果。

1. 颜色的象征

黑色：象征神秘、静寂、富有理性。

白色：象征纯洁、明亮、高雅。

大红：象征富有激情、炽热、奔放、活跃。

粉红：象征柔和，显得娇嫩、温存、热情。

紫色：象征高贵、华丽、稳重。

橙色：象征快乐、热情、活泼。

黄色：象征希望、明丽、轻快而富有朝气。

褐色：象征谦和、平静而亲切。

绿色：象征生命、新鲜、充满青春活力。

深蓝：象征自信、沉静而平稳。

浅蓝：象征纯洁、清爽、文静。

2. 服装配色

在服装颜色搭配时，同类色搭配，简而易行。使用较多的是不同的颜色进行组合，称为衬托配色。它要求服装的色彩是上深下浅，外深内浅或相反。

理想的配色是：

绿色—黄色	黄褐色—白色	粉红色—浅蓝色
宝蓝色—鲜绿色	鲜粉红色—亮绿色	炭灰色—浅灰色
深蓝色—红色	原色组合（红、黄、蓝）	深蓝色—浅灰色
酒红色—森林绿色	淡紫色—红褐色	酒红色—杏色（黄红色）
橄榄绿色—红色	棕色—中蓝色	暗灰褐色—蓝色
深棕色—深紫色	骆驼灰色—橄榄绿色	黑色—浅绿色

一般来说，黑、白、灰是最安全的配色，它们最容易与其他色彩搭配并取得良好的效果。从客观上说，如果两种或更多色彩混合则产生一种中性色彩，给人以愉快的和谐效果。

呼应配色的方法是整套服装的色彩上下呼应或内呼外应。比如，上身穿黑底红花纹上衣，下身着黑色裙子，内衣采用红色，配上黑色帽子、黑色手提包，红与黑呼应给人美感。

色彩对比强烈的服装需采用衔接配色的方法。比如，上穿黄色衬衣，下着蓝色裙子，腰间采用黑色、白色或金色皮带，会产生美的效果。

身穿黑色服装，仅仅用红色的胸花来装饰，可起到画龙点睛的作用，这叫做点缀配色。

红色适宜与金黄色、银灰色、灰棕色、黄色、黑色搭配，效果最佳。

粉红色与灰色、黑色、蓝色、褐色搭配也协调。橙色与褐色很搭配，在冷色调服装中，配上小面积的橙色，效果也不错。而与黑色搭配效果最佳。

黄色与暗色调如黑色、褐色、灰色、紫色搭配效果显著。它与蓝色搭配产生的效果是辉煌的，但不宜做服装。

褐色的配色范围很广，含有褐色调的褐绿色、褐黄色、褐红色以及白色都能与它搭配。但不宜与黑色搭配，否则会显混浊、灰暗。

绿色是介于黄色和蓝色之间的中间色。它可与灰、褐、灰棕、黑色搭配，与白色搭配也美。

深蓝色与白色搭配效果极好。除褐色外的其他颜色都能与深蓝色搭配。

紫色是日本人喜爱的颜色。深紫色对白皙肤色的女性较适合。淡紫色适用年轻女子的服装。

灰色适合与暖色系列的颜色搭配，如红色、粉红色、桃红色、褐色等。它与鲜绿色、蓝色也很相配。灰棕色几乎跟任何颜色都搭配，尤其是深暗色。

黑色基本上与其他颜色都搭配，尤其适宜与暖色搭配。金黄色是它的最佳配色，比如在一套黑色裙服上佩戴一串长长的金项链，效果会很奇妙。而深暗色调的海军蓝色、炭灰色如与黑色搭配则产生混浊之感。

此外，肤色较白者服装的颜色可自由选择，深浅皆宜。肤色较黑者不宜穿浅色的西服，适宜穿颜色较深的西服。皮肤粗糙者不宜穿质地特别精细的衣服，否则会衬托得面部皮肤更加粗糙。

二、男性销售人员着装礼仪

【导入案例】

沈阳的刘女士去开一个供货商会议，对方参加会议的是三男一女，除了一位男性销售经理着装还算得体之外，其他三位销售员的着装让刘女士大跌眼镜。

当天沈阳的最低气温已经到了零下15摄氏度，其中一位男性销售员穿了一件看起来很时尚的长款风衣。刘女士以为他坐下前会把风衣脱掉，但是，该销售员竟穿着长款风衣坐下来开会，大概是他以为这样看起来比较“有型”。在刘女士眼里，他像是一位扮演香港黑社会的三流演员。另外一位男性销售员则穿了一套浅米黄色的西服，不知道他是不是只有这么一套西服，那显然是一套适合夏天穿的西服，面料薄如纸，与沈阳严冬的天气十分不协调，而且他穿了一件深橙色的衬衫配上一条黑色的细条纹领带，没有体现出一点儿职业性。至于那位女销售员，更让刘女士惊愕不已，她的上身服装还比较职业化，白色的衬衫配黑色的西式外套，但是下身竟然穿了一条黑色皮质超短裙，脚上穿着一双黑色的长靴子，还可以清楚地看到大腿上带有花纹的黑色丝袜，好像刚从夜总会出来。只有他们的经理穿蓝色西服套装、白色衬衫，打蓝色花纹领带，搭配得还算和谐。

吃惊之余，刘女士匆匆结束了会谈。因为她有点恍惚，弄不清是在与供货商开会还是在看一次蹩脚的时装表演。

显然销售经理只做到了独善其身，而让团队其他成员的衣着看起来像杂技团的小丑，最终因为穿着问题，让客户对他们团队的专业性产生了怀疑，从而对他们失去了信任。

【要点总结】

在男性销售人员的所有服装中，西装无疑是最重要的一种。一套合体的西装，会让销售人员在客户眼中变得风度翩翩、光彩照人，对销售的推动作用是不容小觑的。那么销售人员怎样穿西装才能符合礼仪要求呢？

1. 西装的样式

西装主要分为三个流派：美国型、欧洲型和英国型。美国型的特点在于重视功能性，肩部不用过高的垫肩，胸部也不过分收紧，形态自然。欧洲型与美国型相比，更重视服装的优雅性。肩膀垫得很高，胸部也较突出，多使用较厚的面料，通常为全里。英国型与欧洲型类似，但肩部与胸部不那么突出，穿起来有一种绅士派头。

西装可分为工作用的西装、礼服用的西装、休闲用的西装等，对一般人来说，同样一套西装搭配不同的衬衫、领带，差不多就可以每天穿着并应付多数的交际活动了。

2. 男性西装的正确穿法

（1）西装款式与场合。现在男性常穿的西装有两大类，一类是平驳领、圆角下摆的单排扣西装；另一类是戗驳领、方角下摆的双排扣西装。西装面料的选择应力求高档。藏蓝色西装是首选，灰色或棕色也可以，而黑色的适合在庄严、肃穆的礼仪性活动中穿着。另外，西装还有套装（正装）和单件上装（简装）的区别。套装要求上下装面料、色彩一致，这种两件套西装再加上同色同料的马甲（背心）就成为三件套西装。套装如作正式交际场合的礼服用，色调应比较深，最好用毛料制作。按照惯例，越是正规的场合，越讲究穿单色西装。

（2）西装穿着要领。穿双排扣西装一般要将全部纽扣扣好，有时可不扣下面一粒纽扣。穿单排扣的西装，可不扣下面一粒纽扣或全部不扣，不得将纽扣全部扣上。

在一些非正式场合，可选择色调明朗轻快、式样华美的西服，可以不扣纽扣，衬衫可任意搭配，也可不穿衬衫，穿T恤衫。

（3）西装与衬衫。穿西装时，衬衫袖应比西装袖长出1～2厘米，衬衫领应高出西装领1厘米左右。衬衫下摆必须扎进裤内。若不系领带，衬衫的领口应敞开。在正式交际场合，衬衫的颜色最好是白色的。穿西装时衬衫袖口一定要扣上袖扣。

（4）西装与领带。领带是西装的灵魂，凡是参加正式交际活动，穿西装就应系领带。领带的长度一般为130～150厘米，系好后大箭头垂到裤腰处为最标准。如穿马甲或毛衣时，领带应放在它们里面。领带夹一般夹在衬衫的第四和第五个纽扣之间。

（5）西装与鞋袜。穿西装时不宜穿布鞋、凉鞋或旅游鞋。庄重的西装要配深褐色或黑色的皮鞋。袜子的颜色应比西装深一些，花色要尽可能朴素大方。

【特别训练】

穿西装应注意：

1. 要配好衬衫

衬衫的领头要硬扎、挺括，不能太软或有油迹斑点，否则，再好的西装也会被糟蹋。衬衫的下摆要塞在裤子里，衬衫衣袖要长于西装上装的衣袖，以显出穿着的层次。

2. 内衣要单薄

衬衫里面一般不要穿棉毛衫；如果穿着的话，不宜把领口和袖口露在外面。如果天气较冷，衬衫外面可以穿羊毛衫，但以一件为宜，不要一件又一件，显得过分臃肿，以致破坏西装的线条美。

3. 搭配领带

西装翻领的丫字区最显眼，领带处于这个部位的中心，因此，领带不可太细，过细显得小气。领带的色彩、图纹可以根据西装的色彩配置，以达到相映生辉的效果。但切忌使用鲜红和朱红色领带。系领带时，衬衫的第一个纽扣要扣好。

4. 穿皮鞋

穿西装一定要穿皮鞋，而不能穿旅游鞋、轻便鞋或布鞋，否则会令人发笑。皮鞋要上油擦亮，不能蒙满灰尘。

5. 西装口袋

西装的衣袋和裤袋里不宜放太多的东西，最好将东西放在西装左右两侧的内袋里。西装左胸外面的口袋是用来插手帕用的，起装饰作用，在此胸袋里不宜插钢笔或放置其他东西。不要把两手随意插在衣袋和裤袋里，这是有失风度的。

另外，应注意西装的袖口和裤边都不能卷起来。

三、女性销售人员着装礼仪

【导入案例】

王小姐在国内的一家公司工作，有一次她代表公司前往南方的某城市参加一个大型的外贸商品洽谈会。为了给外商留下美好的印象，王小姐为自己的行头做了一番精心的准备。洽谈会上，她特意穿了一件粉色的上衣和一条蓝色的西裤。然而，让她感到诧异和不解的是：不少外商对她敬而远之，甚至不情愿与她正面接触一下，这是为何呢?

原来问题出在这位王小姐对国际上商界女士的着装规范了解不全，国外商界人士的着装，向来讲究男女有别。传统的商界人士一直坚持认为：在正式场合身穿裤装的女性，大都缺乏商界职业女性个性魅力。他们认为，商界女士在正式场合身着裙装为最佳，凡裤装都是不宜选择的。不仅如此，商界人士还约定俗成地认为：在所有适合于商界女士正式场合穿着的裙式服装中，套裙又是最佳的选择，套裙就是商界职业女装的代表。

【要点总结】

与男性销售人员相比，女性销售人员的着装相对丰富一点，如西装套裙、连衣裙、百褶裙、旗袍裙等。但在比较正式的场合，西装套裙是首选。

1. 西装套裙着装规范

西装套裙，简称套裙，其上身为一件女式西装，下身是一条半截式裙子。它把潇洒、刚健的西装上衣与柔美、雅致的富有女性化风格的裙子组合在一起，刚柔相济、相得益彰，顿显白领丽人所独具的韵味。女性销售人员着西装套裙需遵守以下规范：

（1）大小适度，穿着到位。套裙中的上衣最短可以齐腰，裙子最长可以达到小腿中部。袖长以盖住着装者的手腕为宜。无论上衣和裙子，都不可过于肥大或过于紧身。

着裙装时，应将衬衫下摆掖入衬裙裙腰与套裙裙腰之间，切不可将其掖入衬裙裙腰之内。

上衣的纽扣必须全部系上，不要将其部分或全部解开，更不要当着别人的面随便将上衣脱下。上衣的领子要完全翻好，口袋有袋盖的盖子要拉出来盖住口袋。不要将上衣披在身上或者搭在身上。

（2）搭配适当，装饰协调。着装需要考虑年龄、体型、气质、职业等特点。年纪较大或较胖的女性可穿一般款式，颜色可略深些；肤色较深的人不适宜穿蓝、绿色或黑色。

与套裙配套的衬衫，面料要轻薄柔软，色彩应雅致端庄，以单色为宜。衬衫的色彩与所穿套裙的色彩要互相搭配，形成深浅对比，或外深内浅，或外浅内深。

高层次的穿着打扮，讲究的是服装、化妆与佩饰风格的统一。白领丽人以淡妆为宜。佩饰以少为佳，合乎身份，少至不戴，至多不超过两件。浓妆艳抹、珠光宝气就破坏了整体和谐。

（3）内衣忌露，鞋袜得体。女士内衣包括胸罩、内裤、腹带、连体衣、衬裙等。按服饰礼仪要求，内衣的轮廓最好不要从外面显露出来；衬裙应以白色或肉色为主，不宜有任何图案，裙腰不可高于套裙裙腰而暴露于外。

女性销售人员所穿的与套裙配套的鞋子以黑色或棕色皮鞋为佳，袜子以肉色、浅棕色、浅灰色的尼龙丝袜或羊毛袜为宜。鞋袜应大小相宜，完好无损，袜口不可暴露于外。女性销售人员应该随身带一双备用丝袜，以便当丝袜被弄脏或破损时可以及时更换，避免尴尬。

此外，还应注意，宽臀的女性应该确保上衣可以遮住臀部，以显得苗条一些；臀部窄的女性不可穿短上衣；长外套适合腿型修长的高个女性。

2. 异彩纷呈的其他裙装

除套裙之外，还有异彩纷呈的各式裙装，如连衣裙、百褶裙、旗袍裙、开衩裙、A 字裙、喇叭裙、一步裙、围裹裙、直筒裙等。其中连衣裙由于合体，能展现女性婀娜多姿的体态，具有显美藏拙的功能，被誉为女夏装的“皇后”，深受女性的欢迎。

连衣裙有直身裙、春秋裙、衬衫裙、旗袍式连衣裙等多种款式，不仅可作为商务场合的正式服装，也可作为社交场合的礼服。不管着哪种裙装，从着装礼节上讲，都要把握着装文雅的原则，即忌透、忌露、忌短。

（1）忌透。要注意服装布料的厚薄、色彩与质地。薄纱型服装，因其透光性较强，穿着时尤应慎重，须有内衬，不然会显得十分不雅。对外国朋友来说“透”比“露”更难以接受。因为在他们看来这不仅有碍观瞻，而且还说明穿着者有不自爱之嫌。

（2）忌露。夏季，有些女士的衣裙以薄、露、透为新潮，穿着过于暴露的服饰，这些服饰虽然为城市增添了不少色彩，但如果女性销售人员穿着它们去会见客户，很容易分散客户注意力，同时也会使客户怀疑销售员的专业度。所以，女性销售人员不要穿过分暴露的服饰。还要注意领口、肩头、袖口，坐下时，不使内衣“走光”。

（3）忌短。出入社交场合的裙装应长及膝或过膝10厘米左右。直筒裙刚刚过膝，效果最好；宽松的裙子和褶裙长度可接近脚踝。迷你裙、背心裙、牛仔裤、透视装、吊带衫和露脐装等，只适合作休闲装或居家穿用，不能作社交或商务场合的正装。

当然，在一般社交场合，女性在夏季还可穿长、短袖衬衫配长裙或过膝裙（在国内可配穿长裤。在国外正式场合一般搭配裙子，而不搭配长裤）。

女士套裙应当以冷色调为主，借以体现出着装者的典雅、端庄与稳重。还须注意与正在风行一时的各种“流行色”保持一定距离，以示自己的传统与稳重。一套套裙的全部色彩不要超过两种，不然就会显得杂乱无章。

【特别训练】

脸上的五官可借助化妆来修饰，但是脸型的长短宽窄却不是那么容易用化妆来改变的。最好的办法，就是用衣领来美化。领子对脸型的影响最大，更左右着一袭服装的实际效果。

现就将脸型约略分类，并提供几个适合的衣领式样。

1. 椭圆形脸

这是最完美理想的脸型。通常称为瓜子脸或蛋形脸。因为没有什么缺陷，不需加以掩饰，所以任何领子都适合。

2. 逆三角形脸

类似心形，上额宽大、下颚狭小，是属于理想的短形脸之一，所有的领子都适合。

3. 三角形脸

好像梨形，下颚宽大、上额狭小，适合穿V字形领子的衣服。

4. 四方形脸

这种脸大多属于宽大形，给人很强的角度感，如穿圆形衣领，反而突出了宽大的感觉。用U字形领口可缓和这种脸型。方形而不显大的脸，很富有个性，应该强调个性美。

5. 长方形脸

此种脸梳刘海可减少其长度感，船形领、方领、水平领都适合。

6. 菱形脸

这种脸尖锐狭长。其下颚、上额皆显狭小，利用刘海将上额遮盖住，而且两鬓的头发要梳得较蓬松。如此就可增加上额的宽度，使脸成逆三角形，衣领的选择也就没有限制了。

7. 圆形脸

圆形脸，显得宽大、饱满，宜增加长度感，减少圆的感觉。以V字形的领口来缓和最为恰当。穿圆领口时，领口需大于脸，这样脸会显得较小。就好像有两个大小相同的圆形，其中一个四周围绕着无数个小圆，中心那个圆，当然就被衬托得显大了。另一个圆四周配置了差不多大的几个圆，就感觉不到中间这个圆有多大了，这就是视觉上的错觉。所以大的方形脸、大圆脸一定避免穿紧贴颈子的衣领，领子要低些，且不能太狭小。矮瘦娇小的人，衣领不能太过于宽大。

四、领带的搭配技巧

【导入案例】

有一次，原一平和一位资深的同事去拜访客户。在访问一家百货店之后，那位同事觉得很累，好在计划的访问任务完成得不错，只剩下有限的几处。原一平决定自己单独前往，留那位同事在百货店休息。完成了剩下的几处拜访之后，原一平已累得东倒西歪，连步子都迈不稳了。

那天恰好比较热，原一平不由自主地放松了自己，将领带、衣扣松开，敞着领口。他匆匆忙忙赶回那家百货店会合同事。在原一平心里，和那百货店的老板已经很熟了，便把应该有的礼仪全都抛在一边。百货店的老板见了原一平这副模样大为不满，愤怒地说："早知道你们是这副模样，我压根儿不会投你们明治的保险。我信任明治保险，没想到明治的员工却是这么无礼和随便……”

一席话把原一平骂醒了，他完全没有料到自己一时的不修边幅，竟然会带来这么严重的后果，不仅损害了公司的信誉，没准还会使已经达成的协议前功尽弃，甚至还会影响附近其他的准客户。想到这里，原一平大汗淋漓。原一平立即跪倒在老板面前，伏地向他道歉。

这个动作有些夸张，一下子把那位老板震住了，但也充分地表达了原一平的诚意。这件事的结果是，原一平和老板不仅消除了不愉快，反而比以前更亲近了。老板主动要求把保险金额提高，比已商定的数额高了好几倍。

虽然最终原一平通过自己的诚恳挽回了客户，而且还取得了出乎意料的结果，但原一平的心里并不轻松，好多天都被自责和羞愧缠绕着。从此以后，原一平时刻注意保持自己的风度和礼仪，再也不敢有一丝懈怠。

【要点总结】

男士的领带比其他外观更能左右人们对他身份、地位、信用、个性及能力的观感。领带是搭配西装的重要装饰物，由于西装款式变化少，颜色也较为单调，而作为装饰物的领带却色彩丰富，花型变化万千，点缀着色调单一的西装，为其增添光彩。领带对于男人正如化妆对于女性一样重要，所以，男士要懂得领带的搭配。那么男性销售人员应该如何选配领带呢？

1. 领带的选择

领带由图案、颜色、大小（包括长短）、材质这几部分构成。领带款式的选择，只能因人而异，因时而异。

（1）领带的图案和颜色。领带的图案、颜色有很多，最常见也是最实用的一种款式，是完全没有图案或花样的领带，即单色领带。一条单色的领带，能够与任何款式的西装或衬衫搭配。而且有时候，某些衬衫或西装，只能搭配单色的领带。单色的领带因其简便、适用范围广而受欢迎。如灰色西装搭配浅蓝色或暗红色的领带；一套做工及质料上乘的西装搭配单色领带，更能强调高档的面料与精巧的剪裁，给人一种整体美。

印有大小均衡的图案或几何图案的领带也十分普遍，它与单色领带一样，用途广泛，容易搭配西装。这种领带的底色为主色，应该选择与西装同色系或对比色系配搭；领带上的圆点、网纹或斜条的颜色应选择与衬衫相同的颜色。例如，宝蓝色的底色搭配纯白的点子图案的领带，应配白色的衬衣，因为衬衣的白更能映衬领带上的白，西装则可选择与领带底色一致的宝蓝色；较花哨的衬衫最好避免图案规则的领带，因为领带上的花样会破坏整体的图案秩序。通常，有图案和颜色较鲜艳的衬衫，也不适合搭配保守的领带。

（2）领带的长短。领带过长或过短都不雅观，适宜的长度应以领带的尖端恰好触及皮带扣为准。领带长度完全根据个人身高状况以及打领带的方法不同，从而选择最适合的领带。

领带的宽度也很重要，虽然到目前为止并无一定的规则，但基本上，领带的宽度应该与西装翻领的宽度配合得十分和谐。目前，标准的领带宽，是指领带末端最宽的地方为 10 ~ 11.5 厘米。

（3）领带的材质。领带最好的材质是丝质领带，虽然有光泽，但是不耀眼，使用这种领带几乎不受时、地、人的限制。还有类似丝质的化学纤维或化学纤维与丝混合材料，它较丝质领带硬挺，也有丝质领带的华丽感，且比前者便宜又耐用。

2. 领带的搭配

领带的颜色应与西装、衬衫和谐相配。按照西服—衬衫—领带这三者的顺序，目前大多数男性采用的配色法是深—浅—深，也有人采用浅—中—浅或深—中—浅的配色方法。不管选择哪种配色法，只要色彩搭配和谐统一，均能收到美的效果。身着黑色西服配上白色或浅色衬衫，系上紫红色或银灰色领带，既高雅气派又庄重洒脱；深蓝色西服，可搭配蓝色、深玫瑰色或橙黄色领带和白色或淡蓝色衬衫，浓淡相间，显得既稳重又活泼；若穿乳白色西服，最好选用红色为主，略带黑色或砖红色、黄褐色的领带，可给人以华贵典雅之感。

3. 系领带六忌

系领带也有严格的规范，请男士记住以下“六忌”：

（1）忌衬衫衣领不扣。过去，不少男士穿衬衫习惯敞开领口，最上边的纽扣不扣。系领带时，务必扣好衬衫最上边的纽扣。

（2）忌衬衣领口留有污迹。系领带对领口的要求很高，领围大小要适中，尤其要保持领口的洁净、平整、无皱褶。

（3）忌衬衣不束裤内。在不穿西装外套时，可以只穿衬衫系领带，但需注意衬衫的下摆应束在裤腰里面。

（4）忌领带置于马甲之外。天冷需穿马甲或羊绒衫时，应将领带置于这些衣服的里面，不可放在外面。羊绒衫等应是鸡心领或前开襟。

（5）忌卷起长袖衬衣袖口。长袖衬衫的袖口扣必须扣上，切莫挽起来袖子。

（6）忌领带松开挂在颈项。由于天热或运动后感到不适，不妨将领带拿开并解开领扣，但千万不要将领带松开挂在脖子上。

【特别训练】

领带，从表面看只是领上的带子，如果你有创意的话，想怎样系都无所谓。不过出席正式场合，还是不要太标新立异。这里给大家介绍两种常见的系法。

1. 法式结

（1）将领带围于颈上，领带宽端留得比窄端长，让宽端绕过窄端并环绕到领口的环形部，从上面穿过。

（2）将宽端再绕过窄端，并环绕到领口的环形处，从下面穿过。

（3）宽端再穿过其环绕的环形孔拉紧、拉直。

这是最快捷的系法，由宽端的三次缠绕系结而成，手法简单明快，通常会使领带的宽端余长，风度潇洒；系好的领结松弛有度，体贴。此种系法非常适合气氛轻松的场合与半休闲式服装搭配时使用。

2. 英式结

（1）将领带围于颈上，领带宽端留得要比窄端长，让宽端绕过窄端，并从领口环形部下面穿过绕回。

（2）接着从后绕到前面并从领口环形部下面穿过。

（3）穿过后，宽端穿过其环绕的环形孔并拉紧、拉直。

这是最严谨的系法，宽端与窄端的留长需特别用心掌握，手法略繁复，但系好后的领结紧致而有弹性，是具有传统色彩的领带系法。此种系法适合比较正统的社交场合与正统的礼服搭配时使用。

系领带还有个小细节需要注意。法式结，由于其较复杂的系法和饱满的造型，所以最好选择丝质或是轻薄面料的领带；英式结秀气的系法则适合任何面料的领带。

五、饰品佩戴的法则

【导入案例】

某经销商听说A公司的服装产品款式和质量不错，一直想和他们联系。

有一天，经销商在办公室时听见有人敲门，就说请进。门开了，进来一个人，自称是A公司的推销员。经销商打量着来人：他身穿羊毛衫，打一条领带；领带飘在羊毛衫的外面，而且有些脏；手指上竟然戴着两个硕大无比的黄金戒指。有好大一会儿，经销商都在打量他，注意力放在他这一身不协调的穿戴上，根本听不清他在说什么，只隐约看见他的嘴巴在动，还不停地放些资料在办公桌上。等这位推销员介绍完，经销商对他说："把资料放在这里，我看一看，你回去吧！"以后就再也没有和A公司联系了。

【要点总结】

社交场合，佩饰尤为引人注目。饰品佩戴不仅有装饰、美化功能，也是一种无声语言，表达着佩戴者的审美、涵养，一定程度上也传递着佩戴者的地位、身份和婚恋等信息。饰品的佩戴是很有讲究的，它属于装扮的细节，与服装搭配一样重要，可谓画龙点睛之笔。

1. 女士佩戴

（1）帽子。一顶合适的帽子，加上得体的戴法，能够衬托出人的身份、地位、礼仪修养，也能掩盖不尽如人意的头形、脸型的缺陷。销售人员在休闲场合戴帽子，要选择与自己的服装相般配的款式。帽子可正戴也可斜戴，正戴显得庄重、正派，斜戴有活泼、妩媚的感觉。在公共场合，如礼堂、剧院，进入室内，通常不宜戴帽子，应把帽子摘下。

（2）手套。手套不仅具有防晒、防寒功能，其装饰功能也很强。在西方，手套被称作"手的时装"。销售人员戴什么样的手套，要注意与自己当时的衣着相匹配。无论戴哪种手套，在与客户握手和进入室内时都应摘去，以示礼貌。

（3）眼镜。眼镜的作用当然是矫正视力、保护眼睛，但其装饰性也毋庸讳言。一副选戴得当的眼镜，能使人平添儒雅的风度，明显改善人脸部的整体形象。选戴眼镜时，除了合适的度数外，还要根据自己的脸型、年龄、肤色、鼻型乃至气质来选择款式。眼镜是"常备饰品"，经常出现于公共场合，要注意保持眼镜的清洁，经常用专用镜布擦拭眼镜，不要让镜片上有斑点或灰尘。销售人员尽量不戴太阳镜或变色镜，只有让顾客看见你的眼睛，才能使他们相信你。

（4）坤包。坤包是女士生活中的必备品，不仅实用，还可以为女士们平添无限风韵，是女性社交场合不可缺少的配件。坤包的款式有手提式、肩背式等。参加社交活动，如宴会、舞会等，以小巧精致的皮坤包或工艺坤包为好。正式场合，不要背大坤包入场，这与气氛不协调。经常参加社交活动的女士，可多备几个不同款式、颜色、质地的坤包，根据服饰搭配不同的配包，以达到整体的和谐与完美。坤包的颜色应与服装的色彩相协调。现在流行的是由皮坤包、皮鞋、皮带组合的系列配套装饰。坤包的色彩同服饰的色彩相一致是一种常用的搭配方法，但选用对比色也不失为一种好的点缀方法。

（5）首饰。首饰是宝石、戒指、耳环、项链、胸针等饰物的总称，它本身是服饰美的一种延伸。穿着一套美观、新颖、得体的服装，再适当佩戴符合身份、雅而不俗的项链、耳环，能使人倍增风采。

①项链。销售人员佩戴项链应与自己的年龄、体型、脸型、服饰等相协调。一般而言，体型偏胖、脖颈较短者宜佩戴长而细的项链，在视觉上有拉伸感；相反，脖颈细长的人则宜佩戴宽、短些的项链。

衣着较薄时，以金银项链为佳；穿单色或素色服装，宜戴色泽鲜艳的项链。黑色衣服，佩以一条金项链，会显得耀眼光辉。通常，所戴的项链不应多于一条，但可将一条长项链折成数圈佩戴。

②耳饰。耳饰的佩戴应与发型、脸型、肤色、服装、场合等相协调。销售人员可佩戴简洁的耳饰搭配套装，既具女性美，又显端庄稳重。长发与狭长的耳坠搭配，可显示淑女的风采；短发与精巧的耳钉搭配，可衬托女性的精明；古典的发髻搭配吊坠式耳饰，使人优雅高贵。

耳饰必须同整体服饰协调一致，服装色彩鲜艳的选择的耳环应色泽淡雅或同色调，以映衬服装的色彩。如身穿暖色调的米黄或浅棕色服装，宜佩戴黄色、象牙白的耳环；身穿冷色调，如蓝、白、灰等服装，宜佩戴银或铂金耳环。

③戒指。佩戴戒指暗示着佩戴者的婚姻和择偶状况。戒指一般戴在左手，而且最好仅戴一枚，最多可戴两枚。戒指戴在不同的手指表达不同的含义。

④手镯。可以只戴一只，也可以同时戴两只，但不宜在一只手上戴多只手镯。

⑤手链。在通常情况下，应戴在左手上。在一只手上戴多条手链、双手同时戴手链、手链与手表同时佩戴在一只手上，是不符合礼仪的。

⑥胸针。适宜别在西装左侧领上；穿无领上衣时，则宜别在左侧胸前。

首饰一般不宜过多，以免使人觉得俗不可耐。此外，销售人员可适当佩戴公司标志或与推销品相关的饰物，以使顾客了解企业及推销品。

2. 男士佩戴

男性销售人员饰品主要包括手表、公文包、皮带等，在英文中被称为“附件”或“修饰物”。英国商务咨询师英格丽认为，一个成功的男士，应懂得身上的任何修饰物。

（1）手表。正式场合所戴的手表，在造型方面应当庄重、保守，一般而言，正圆形、椭圆形、正方形、长方形手表比较适合在正式场合佩戴。在色彩方面应力戒繁杂凌乱，一般宜选择单色手表、双色手表，不应选择三色或三种颜色以上的手表。不论是单色手表还是双色手表，其色彩都要清晰、高贵、典雅。金色表、银色表、黑色表，即表盘、表壳、表带均有金色、银色、黑色的手表，是最理想的选择。

（2）公文包。男士公文包以黑色、棕色为主，也可以根据服饰选择与之相配的其他颜色。面料以真皮为宜，如牛皮、羊皮。标准公文包是手提式的长方形公文包，箱式、夹式、挎式、背式等其他类型的皮包，均不能在正式场合使用。

（3）皮带。黑色、栗色或棕色的皮带配以金质、钢质或银质的皮带扣，简单大方，既适合各种衣物和场合，又可以很好地表现职业气质。皮带的搭配应该考虑“皮带与皮鞋相配”的原则。皮带也有尺寸要求。皮带的尺寸应该大于裤子的腰围。其长度应介于第一和第二裤扣之间，宽度应保持在 3 厘米左右。

（4）首饰。可供男士选用的首饰有项链、手链、戒指、胸针、领带夹等。选择和佩戴时，一定要突出男性特征，才能显示出男士粗犷、好动和无拘无束的潇洒风度。一般来说，男性选择饰品，款式以粗重为宜、有棱有角，项坠和戒指上的图案也应具有男性特征。男性的项链一定要贴身戴，胸针应选戴抽象的图形或代表雄性之美的龙、虎、豹、鹰等动物图案，别在西服翻领上，雄性十足。如果穿西服打领带时，领带夹应与领带的颜色相配，线条要简洁明快。

选择戒指的要领上，其实男士可尝试较具冷凝质感的质材，像钯金、钛金属等具有未来性的特质，皆能增显气质，同时历久弥新。至于款型设计上，要选择极简而且干净切割的镶钻，这样不仅耐看许多，而且释放着高度的设计性与低调的前卫风格。

【特别训练】

身为销售人员，在较为正规的场合佩戴首饰，务必遵守其使用规则。这样做的好处是，既能让首饰发挥其应有的美化、装饰功能，又能合乎常规，在选择、搭配、使用之中不至于出洋相，被人耻笑。销售人员在使用首饰时，通常应当无一例外地恪守如下七条规则：

1. 数量规则

佩戴首饰应以少为宜。在工作中，要少戴或不戴首饰，这不仅是销售人员自爱，也是为了维护公司的形象。若想同时佩戴多种首饰，其上限一般为三，即不应在总量上超过三种。除了耳环、手镯外，最好佩戴的同类首饰不要超过一件。

2. 色彩规则

佩戴首饰应同色。在佩戴两种或两种以上首饰时，只有质地和色彩相一致，才能相呼应，相映衬。千万不要出现所戴的几种首饰色彩斑斓的情形，否则会对客户的视觉造成一定的压力。

3. 质地规则

佩戴首饰应讲究同质。若同时佩戴两件或两件以上首饰，应使其质地相同。戴镶嵌首饰时，与被镶嵌物质地应保持一致，托架也应力求一致。这样做能令总体上显得协调一致。另外还须注意，高档饰物多适用于隆重的社交场合，但不适合在平时工作中佩戴。

4. 身份规则

佩戴首饰应符合身份。佩戴前，不仅要照顾个人爱好，更要考虑自己的年龄、性别、职业以及工作环境等。要使其保持大体一致，而不宜使之相去甚远。

5. 体型规则

佩戴首饰应与自己的体型相协调。选择首饰时，应充分正视自身的体型特色，努力使首饰为自己扬长避短。避短是其中的重点，扬长则须适时而定。

6. 季节规则

佩戴首饰应与季节相吻合。春秋季节可选戴耳环、别针；夏季可选择项链、手链和手镯；冬季则不宜佩戴太多饰品，因为冬季衣服比较臃肿，饰品过多反而不佳。季节不同，选择饰品的颜色也要有所不同，金色、深色首饰适于冬季佩戴，银色、艳色首饰则适合夏季佩戴。

7. 搭配规则

首饰的佩戴应尽量与服饰相协调。首饰应视为服装整体上的一个环节。要同时兼顾服装的质地、色彩、款式，并努力使之在风格上搭配一致。

第三节　仪态万千：活用肢体语言

在销售人员与客户的交往过程中，约有80%的信息是通过举止这种无声的语言来传递的。销售人员的姿态包括站姿、坐姿、表情以及身体所展示的各种动作。一个眼神、一个表情、一个微小的手势或体态都可以传达出重要的信息。销售人员的行为举止一方面可以反映出其修养水平、受教育程度和可信任程度。在与潜在客户的交流过程中，它是塑造个人良好形象的起点。更重要的一方面，它在体现个人形象的同时，也向外界展示了公司整体的文化精神。

一、走出风度

【导入案例】

刚学走步的儿童在走路过程中失足跌倒是件平常之事，但如果在成人身上出现走路失足跌倒情况的话，是很不雅观的。

在一次与客户的销售谈判后，推销员小李走出会馆下台阶时，不小心跌倒了，一旁的同事连忙把她扶起。尽管很疼，但由于已经失礼，小李只能装作若无其事的样子，礼貌地与客户握手告别。

【要点总结】

古语说，“行如风”，意为走起路来应像风一样轻盈稳健。潇洒优美的走姿能体现出人体的动态美，让人显得体态轻盈，朝气蓬勃。那么销售人员如何走出“行如风”的优美走姿呢？

1．身子要直立，昂首挺胸

行走时，要面朝前方，应上身直立，头部端正，胸部挺起，背部、腰部要避免弯曲，使全身看上去形成一条直线。

2．起步要前倾，重心在前

起步行走时，以站姿为基础，上身略微前倾，身体重心要有意识地落在前脚掌上。当前脚落地、后脚离地时，膝盖一定要伸直，放下脚时再稍为松弛。大腿动作幅度要小，主要以向前弹出小腿带出步伐。

3．脚尖要前伸，步幅适中

在行走时，向前伸出的那只脚应保持脚尖向前，不要向内或向外，走出内八或外八字。同时，还要跨步均匀，步幅适当。步幅即行进中一步的长度，即前脚脚跟距后脚脚尖之间的距离。一般而言，步幅与本人一只脚的长度相近。通常情况下，男性的步幅约 25 厘米，女性的步幅约 20 厘米。

当然，女性销售人员的步幅和服装与鞋也有一定关系。一般来讲，女士穿旗袍时，就要求身体挺拔，走路的步幅不宜大；穿长裙行走时，步幅可稍大些，但要平稳，并注意调整头、胸、髋的角度，强调整体造型美；穿短裙走路时，要表现出轻盈、敏捷、活泼、洒脱的特点，步幅不宜大，但步速可稍快些；穿长裤行走时要强调臂部曲线美，可迈出较大而快的步子，展示出穿着长裤时所流露出的潇洒和轻便。

女性穿高跟鞋后，脚跟提高了，身体重心自然前移，为了保持身体平衡，膝关节、踝关节要绷直，胸部自然挺起，且要收腹、提臀、直腰，使走姿更显挺拔，平添魅力。穿高跟鞋行走，步幅要小，脚跟先着地，两脚脚跟要落在一条直线上，像一枝柳条上的柳叶一样，即所谓“柳叶步”。当然，高跟鞋的高度应以穿着舒服、行走方便、符合脚的生理结构为宜。一般瘦而长的脚型，鞋跟可适当高一些；肥而短的脚型，鞋跟应该低一点。

4. 步速稳健，直线前行

销售人员行进的速度应保持均匀平稳，不能过快过慢、忽快忽慢。在正常情况下，应自然舒缓，显得成熟、自信。当然，男女在步速上亦有差别。一般来说，男性步伐矫健、稳重、刚毅、洒脱，具有阳刚之美；女性步伐轻盈、柔软、玲珑、贤淑，具有阴柔之美。脚步要干净利索，有鲜明的节奏感，不可拖泥带水，也不可重如马蹄声。

在行走时，应收腹挺胸，提胯，屈大腿带动小腿向前迈。双脚内侧行走的轨迹应当呈现一条直线。与此同时，要避免身体在行进时左右摇摆。

5. 要双肩平稳，两臂摆动

在行走时，双肩、双臂不可过于僵硬呆板。双肩应当平稳，力戒摇晃；双臂则应自然地、有节奏地摆动。摆动时，以肩关节为轴，上臂带动前臂，双臂前后自然摆动，摆幅以30度左右为宜，肘关节略弯曲，前臂不要向上甩动；手腕要进行配合，掌心向内，手指向下自然弯曲。

6. 全身协调，匀速前进

在行走时，要全身协调，保持节奏感。膝盖和脚踝要富于弹性，腰部应成为身体重心移动的轴线，双臂应自然放松一前一后地摆动，保持身体各部位之间动作的和谐，有一定的韵律，自然优美。

【特别训练】

销售人员在行走时，一定要注意其行进的方向、步幅、速度、重心和协调性，同时，应注意以下事项：

1. 不要并排走

在走廊、楼梯等公共通道行走时，销售人员应靠右边而行，不宜走中间；几人同行时，不要并排走，以免影响客户或他人通行；如确需并排走时，不要超过三人，并随时注意主动为他人让路，切忌横冲直撞。

2. 不要抢行

推销人员要养成“礼让三分”、让道于人的良好习惯。在单人通行的门口，不可两人挤出挤进。遇到客户或同事对面擦过时，应主动侧身退后，并微笑着做出手势：“您先请”。在走廊行走时，一般不要随便超过前行的客人，如需超过时，应先说“对不起”，待客人闪开时说声“谢谢”，再轻轻穿过。

3. 不要奔来跑去

销售人员需牢记，不到万不得已，不要在客户面前奔来跑去，以免让不明真相的人猜测和怀疑，引起混乱。

4. 不要与客户距离太近

在行进时，要选择合适的路线，保持一定的行进速度，并与客户保持一定距离。给客户做向导时，要走在客户前三步远的右前方或左前方，保持两三步距离，以便随时向客户解说和照顾客户。送别客户时，则应走在客户的左后方，距离约半步。

5. 不要制造噪声

噪声会令人心烦意乱、心神不定。销售人员在行走过程中要轻手轻脚，不要在落脚时过分用力，以免发出太响的声音。

二、站姿：男女有别

【导入案例】

一名销售员几乎已经成功地说服了他的客户，可是当他到客户办公室里谈具体事宜时，他的站姿却坏了事：他歪歪斜斜地站在那里，一只脚不停地点地，好像打拍子一样。客户觉得销售员在表示不耐烦和催促，于是，他就用“下一次再说吧”将这名销售员打发走了。销售员的不雅站姿，使得本该成功的交易气氛一下子凝固下来，这就是举止无礼的后果。

【要点总结】

有些销售人员对站姿等身体语言不以为然，不是东倚西靠、身躯歪斜，就是低头、弓背、弯腰，要么就晃动身体，摆弄头发。其实，这些销售人员都忽视了站姿是身体的无声语言这一重要事实。站姿能衬托出一个人风度和气质，它传递信息，表明销售人员是否对客户、对工作有兴趣，是否尊重客户、热爱工作，是否在意客户对你的看法。

1. 标准的站姿

标准站姿的要求是“站如松”，其基本要领是抬头，挺胸，下颏微收，双目平视前方，嘴唇微闭，面带微笑；双肩放松向后展并向下压；双臂放松，两手自然下垂于体侧，虎口向前，手指自然弯曲；两腿并拢立直，女性双膝和两脚跟靠紧，脚尖分开 45 度到 60 度，成 V 字形，男性可两脚分开，与肩同宽；身体的重心应放在两脚中间，从正面看，重心线应在两腿中间向上穿过脊柱及头部。标准的站姿给人以挺拔、精神的感觉。

与客户站立谈话时间较长时，销售人员可以以一腿支撑，即身体重心偏移到左脚或右脚上，但上身始终要保持挺直。

2. 站立姿态

销售人员在工作中，为客户提供服务时的站姿一定要合乎规范，严格按照要求去做。以下是销售人员在工作中的站姿规范，分别适合于不同的场合。

（1）前腹式。男性在立正站姿的基础上，左脚向左横迈一小步，两脚打开约 20 厘米，两脚尖与脚跟距离相等；两手交叉放在小腹部；身体立直，身体重心放在两脚上。女性在立正站姿的基础上，两脚脚尖略展开，左脚在前，将左脚跟靠于右脚内侧前端，成左丁字步；两手在腹前交叉，身体重心置于两脚上，也可以置于一脚上，通过两脚重心的转移减轻疲劳。

（2）后背式。身体立直，挺胸立腰，两手在身后交叉，右手搭在左手上，双手后置于腰臀之间。男性两脚跟并拢，脚尖展开 60 度至 70 度；而女性则脚呈丁字步。

（3）单臂式。两脚尖展开 90 度，左脚向前，将脚跟靠于右脚内侧中间位置，呈左丁字步；左手单臂后背，右手下垂；身体重心置于两脚上。两脚尖展开 90 度，右脚向前，将脚跟靠于左脚内侧中间位置，成右丁字步；右手单臂后背，左手下垂；身体重心置于两脚上。两脚尖展开 90 度，右脚向后，将右脚内侧贴于左脚跟处，左手手臂下垂，右臂肘关节屈，右前臂抬至横膈膜处，右手心向里，手指自然弯曲。两脚尖展开 90 度，左脚向后，将左脚内侧贴于右脚跟处，右手手臂下垂，左臂肘关节屈，左前臂抬至横膈膜处，左手心向里，手指自然弯曲。

3. 站姿禁忌

（1）忌两腿交叉站立。

（2）忌双手或单手叉腰，这会给客户大大咧咧、傲慢无礼的感觉。

（3）忌将手交叉在胸前或将手插入衣袋或裤袋中，显得拘谨、小气或者装腔作势。

（4）忌弯腰驼背、东倒西歪、耸肩勾背或撅起臀部等，给客户懒惰、轻薄、不健康的印象。

（5）忌无精打采，身体倚门、靠墙，看起来懒散、缺乏活力。

（6）忌身体抖动或晃动，会给人留下漫不经心、轻浮或没有教养的印象。

（7）忌站立时做下意识的小动作，这样会让客户认为销售人员缺乏自信和经验，而且也显得仪表不端。

在与客户交往中，销售人员应随时注意纠正以上不良站姿，以防形象受损，影响销售工作的顺利开展。

【特别训练】

培养良好的站姿要掌握以下四个要点：

（1）腿直、腰直、背直、颈直，两肩平。立正姿势，两脚自然开立，做到腿、腰、背、颈形成一条直线，使全身骨骼、肌肉伸展，经络血脉畅通。

（2）两肩下压，两臂垂直，尽力下伸，并紧贴两体侧，但手腕、手指要自然放松。

（3）颈椎向上伸，抬高下颌，闭嘴，舌尖轻抵上齿龈。挺胸能扩大胸腔，激活胸腺，增强抗体功能和免疫力。收腹和提臀对减肥和健身都具有重要作用。

（4）头正颈直，集中意念，双目平视或微闭，做深呼吸 12 次（以后可慢慢增加到 24 次、36 次），使你全身氧气充裕，还能刺激循环系统，给你带来轻松的感觉。

三、坐姿有讲究

【导入案例】

先秦时期的思想家、政治家和教育家孟子，是继孔子之后儒家学派的主要代表人物，被后世尊奉为仅次于孔子的“亚圣”。

孟子一生的成就，与他的母亲从小对他的教育是分不开的。孟母是一位集慈爱、严格、智慧于一身的伟大的母亲，“孟母三迁”“孟母断织”等富有深刻教育意义的故事流传至今。孟子成年娶妻后，孟母仍不断利用处理家庭生活的琐事等去启发、教育他，帮助他从各方面进一步完善人格。

有一次，孟子的妻子在房间里休息，因为是独自一个人，便无所顾忌地将两腿叉开坐着。这时，孟子推门进来，一看见妻子这样坐着，非常生气。原来，古人称这种双腿向前叉开坐为箕踞，箕踞向人是非常不礼貌的。

孟子一声不吭就走出去，看到孟母，便说：“我要把妻子休回娘家去。”孟母问他：“这是为什么？”孟子说：“她既不懂礼貌，又没有仪态。”孟母又问：“因为什么认为她没礼貌呢？”“她双腿叉开坐着，箕踞向人，”孟子回道，“所以要休她。”“那你又是如何知道的呢？”孟母问。

孟子便把刚才的一幕说给孟母听，孟母听完后说：“那么没礼貌的人应该是你，而不是你妻子。难道你忘了《礼记》上是怎么教人的？进屋前，要先问一下里面是谁；上厅堂时，要高声说话；为避免看见别人的隐私，进房后，眼睛应向下看。你想想，卧室是休息的地方，你不出声、不低头就闯了进去，已经先失了礼，怎么能责备别人没礼貌呢？没礼貌的人是你自己呀！”

一席话说得孟子心服口服，再也不提什么休妻的话了。

【要点总结】

孟妻因“箕踞向人”而差点被休的故事告诉我们，中国古代对坐姿是十分讲究的。所谓“站有站相，坐有坐相”。其实，不只是古代，就是现代，人们对销售人员的坐姿要求也是非常严格的。现代礼仪要求，销售人员的坐姿应符合端庄、文雅、得体、大方的整体要求。

1. 端坐坐姿礼仪

端坐姿态的基本要求：端正稳重、自然亲切、文雅自如。

端坐的具体要领：上半身挺直，双肩放松，下巴向内微收，脖子挺直，挺胸收腹，并使背部和臀部成一直角，两腿自然弯曲，小腿与地面基本垂直，两脚平落地面。两膝间的距离，男士以不超过肩宽为宜，女士则以不开为好。有扶手时，双手轻搭在扶手上，或者一手搭在扶手上、一手轻放在腿上；无扶手时，两手相交或轻握或呈八字形置于腿上，或者左手放在左腿上、右手搭在左手背上。

2. 男性销售人员坐姿礼仪规范

（1）标准式。上身挺直，双肩正平，两手放在两腿或扶手上，双膝并拢，小腿垂直地落于地面，两脚自然分开呈 45 度。

（2）前伸式。在标准式的基础上，两小腿前伸一脚的长度，左脚向前半脚，脚尖不要翘起。

（3）前交叉式。小腿前伸，两脚在脚踝部交叉。

（4）屈直式。左小腿后屈，前脚掌着地，右脚前伸，双膝并拢。

（5）重叠式。右腿叠放在左腿膝上部，右小腿内收、贴向左腿，脚尖自然地向下垂。

3. 女性销售人员坐姿礼仪规范

（1）标准式。轻缓地走到座位前，转身后两脚保持小丁字步，左前右后，两膝并拢的同时上身前倾，向下落座。坐下后，两臂自然弯曲，两手交叉叠放在两腿中部，并靠近小腹。

（2）前伸式。在标准坐姿的基础上，两小腿向前伸出一脚的距离，脚尖不要翘起。

（3）前交叉式。在前伸式坐姿的基础上，右脚后缩，与左脚交叉，两踝关节重叠，两脚尖着地。

（4）屈直式。右脚前伸，左小腿后屈，大腿靠紧，两脚前脚掌着地，并在一条直线上。

（5）后点式。两小腿后屈，脚尖着地，双膝并拢。

（6）侧点式。两小腿向左斜出，两膝并拢，右脚跟靠拢左脚内侧，右脚掌着地，左脚尖着地，头和身躯向左斜。注意大腿小腿要呈 90 度，小腿要充分伸直，尽量显示小腿长度。

（7）侧挂式。在侧点式基础上，左小腿后屈，脚绷直，脚掌内侧着地，右脚提起，用脚面贴住左踝，膝和小腿并拢，上身右转。

（8）重叠式。重叠式也叫“二郎腿”或“标准式架腿”等。在标准式坐姿的基础上，两腿向前，一条腿提起，腘窝落在另一腿的膝关节上边。要注意上边的腿向里收，贴住另一腿，脚尖向下。重叠式还有正身、侧身之分，手部也可交叉、扶把手等多种变化。

“二郎腿”一般被认为是一种不严肃、不庄重的坐姿，尤其是女性不宜采用。其实，这种坐姿常常被采用，因为只要注意上边的小腿往回收，脚尖向下这两个要求，不仅外观优美文雅，大方自然，富有亲近感，而且还可以充分展示女性的风采和魅力。

4. 入座、离座时注意事项

（1）入座。入座时，走到座位前，转身后右脚向后撤半步，两脚呈小丁字步，左前右后，从容不迫地慢慢落座。女性入座要娴雅，如果穿的是裙装，在落座前要用双手在后边从上往下把裙子拢一下，以防坐出皱褶或因裙子被打褶坐住而使腿部裸露过多。入座时应注意以下几点：

①不抢先入座。出于礼貌，销售人员在和客户一起入座时，先请对方入座，自己不要抢先入座。

②从左侧入座。如果条件允许，最好从坐椅的左侧入座。这样做，不仅是礼貌的要求，而且也容易就座。

③向周围人致意。在就座时，如果附近坐着熟人，应该主动跟对方打招呼。即使不认识，也应该先点点头。在社交场合，要想坐在别人身旁，应先征得对方的允许。得到允许后，就座时要放轻动作，不应使坐椅乱响。

④以背部接近坐椅。在客户面前就座，最好背对着自己的坐椅，这样就不至于背对着对方。得体的做法是：先侧身走近坐椅，背对着站立，右腿后退一点，以小腿确认一下坐椅的位置，然后随势坐下。必要时，用一只手扶着坐椅的把手。

（2）离座。在社交场合，入座要轻柔和缓，离座时要端庄稳重，不可猛起猛坐，制造紧张气氛。起立时，右脚先向后收半步，立起，向前走一步离开座位。离座时要注意以下几点：

①事先声明。离开坐椅时，身边如果有人在座，应该用语言或动作向对方先示意，随后再站起身来。

②注意次序。和别人同时离座，要注意起身的先后次序。地位低于对方时，应该稍后离座；地位高于对方时，可以先离座；双方身份平等时，可以同时起身离座。

③起身缓慢。起身离座时，最好动作轻缓，不要弄响坐椅或将椅垫、椅罩碰掉在地上。

5. 坐姿禁忌

销售人员在就座时应有所禁忌，否则不良的坐姿可能给客户留下漫不经心、狂妄自大、缺乏涵养、耐心不够、心理素质差等种种不良印象。这些不良坐姿包括：

（1）蜷缩一团。坐下之后，弯腰曲背，佝偻成团，这种姿势不但会影响销售人员在他人心中的形象，也会影响颈椎和脊柱的健康。

（2）半坐半躺。坐在较靠椅边缘的位置，背向后靠在靠背上，形成半坐半躺的姿势。这种坐姿也是容易引起腰痛的不良姿势。

（3）单腿踩凳。就座后缩起一条腿，踩在椅子上，或坐得歪歪扭扭的，这种坐姿是一种非常不礼貌的行为，必须避免。

【特别训练】

座位有上座、下座之分，所以对于你应坐在哪里的问题必须要注意。

在会客室内，通常摆设全套的沙发座椅（有长条形沙发和单座式沙发），这时，距离长条形沙发入口最远的一端就是上座。如果是在等待接见的时候，就应该坐在长条沙发的下座。听到有人进来，就应该马上站起来打招呼。接着只要依照对方的指示坐就可以了。

如果所进入的房间摆有办公桌和接待客人的桌椅，则离办公桌最远处就是接待处。若不知道该如何坐时，就先坐在面向对方进来的座位。因为这样可以马上看到对方的到来，以便做出各种必要的反应和招呼。

如果房间内设有表演台，则舞台的正面就是最上座的地方。

和别人一起搭计程车时，驾驶员的正后方是主位，而且应该请对方先上车。三个人一起乘车时，销售人员要坐在驾驶旁边的助手席的位置。

销售人员自己开车时，可以请客人坐在助手席。若对方是异性时，则可请她（他）坐在后座，这样可避免彼此尴尬或产生不必要的压力。

四、蹲姿要优雅

【导入案例】

销售员小吴在第一次与客户合影时闹了个大笑话，让她至今回想起来都羞愧难当。

那时，她刚参加工作不久。一个多年的老客户刚刚与公司签订了一个大单，为了表示庆贺，客户与公司全体销售人员合影留念。由于人较多，摄影师要求女性销售人员一律在前排下蹲。

也许是突然大幅度下蹲，伤及了腿部肌肉，小吴竟然当众摔倒了。虽然她很快在同事的搀扶下站了起来，但还是被客户看到了。尽管当时大家也只是善意地笑笑，并没有嘲笑的意思，但当众失仪还是让小吴至今耿耿于怀。

【要点总结】

一般而言，蹲姿销售人员用得不多，但却最容易犯错误。销售人员在公共场所拿取低处的物品或拾起落在地上的东西时，不妨使用下蹲和屈膝的动作，这样可以避免弯上身和翘臀部。尤其是女性销售人员在穿裙装时，如不注意背后的上衣自然上提，露出臀部皮肤或内衣是很不雅观的。

蹲姿的基本要领是：站在所取物品的旁边，蹲下屈膝去拿，不要低头，也不要弓背，要慢慢地把腰部低下；两腿合力支撑身体，掌握好身体的重心，臀部向下。

讲究优雅的蹲姿礼仪，一般有以下两种方法：

1. 高低式蹲姿

下蹲时一般是右脚在前，左脚稍后。右脚全脚着地，小腿基本上垂直于地面；左脚则应脚掌着地，脚跟提起。左膝应低于右膝，左膝内侧可靠于右小腿的内侧，形成右膝高左膝低的姿态。女性应并紧两腿，男性则可以适度分开。这种蹲姿的特征就是双膝一高一低，销售人员选用这种蹲姿既方便又优雅。

2. 交叉式蹲姿

交叉式造型优美典雅且不易走光，多用于女性，尤其是身着短裙的女性销售人员。首先双腿交叉站立，右脚在前，左脚在后。然后上半身重心下移，稳稳地蹲下，双手相叠置于腿上。下蹲时，右小腿垂直于地面，全脚着地。右腿在上，左腿在下，两者交叉重叠。左膝由后下方伸向右侧，左脚脚跟抬起，并且脚前掌着地。两腿前后靠紧，合力支撑身体。上身稍向前倾，臀部向下。交叉式蹲姿因略有难度，销售人员应多多练习，以避免因突然大幅度动作伤及腿部肌肉或关节而摔倒。

【特别训练】

下蹲应注意：

（1）下蹲时，速度不要太快，并注意与他人保持一定的距离，避免彼此迎头相撞。

（2）下蹲时，不要离人太近，应与身边的客户保持一定的距离。

（3）下蹲时，方位不要失当，不要在客户身体正前方或正后方下蹲，最好选择与客户侧身相向。

（4）在大庭广众之前下蹲时，身着裙装的女性一定要避免隐私暴露在外。

五、用手势表达心意

【导入案例】

一位美国工程师被总公司派到德国分公司，和一位德国工程师共同改进一部机器。当这位美国工程师提出建议改善新机器时，那位德国工程师表示同意，并问美国工程师自己这样做是否正确。这位美国工程师用美国的“OK”手势给以回答。不料那位德国工程师却放下工具走开了，并拒绝和这位美国工程师进一步交流。后来这个美国人从他的一位主管那里了解到，自己做的这个手势对德国人来说意味着侮辱，是不能随便使用的。

【要点总结】

手势是与客户交流必要的辅助手段，适当地运用手势，可以增强感情的表达。但是由于不同国家和地区的民族传统、文化背景以及礼仪习俗的不同，即使相同的手势，含义也千差万别，有的甚至大相径庭。因此，销售人员要特别注意手势的规范和含义，适度、准确地运用。

1．手势语的种类

在交往中，说话者为了增强语言感染力，一般可考虑使用一定的手势，这些手势主要包括举手致意、挥手告别、鼓掌、指示方向等。

（1）举手致意。当销售人员在一些场合中看见相熟的客户，而自己正在忙碌无暇分身相迎时，通常会举手招呼致意。举手致意的正确做法是：

①全身直立，面带微笑，目视对方，略略点头。

②手臂轻缓地由下而上，向侧上方伸出，手臂可全部伸直，也可稍有弯曲。

③致意时伸开手掌，掌心向外对着对方，指尖指向上方。

④手臂不左右来回摆动。

（2）挥手告别。即我们通常所谓的挥手道别。挥手道别是人际交往中的常规手势，采用这一手势的正确做法是：

①身体站直，不要摇晃和走动。

②目视对方，不要东张西望或眼看别处。

③可用右手，也可双手并用，不要只用左手挥动。

④手臂尽力向上前伸，不要伸得太低或过分弯曲。

⑤掌心向外，指尖朝上，手臂向左右挥动；用双手道别，两手同时由外侧向内侧挥动，不要上下摇动或举而不动。

（3）鼓掌。鼓掌是表示欢迎、祝贺、赞许、致谢等含义的礼貌举止。鼓掌并不是双掌一拍就可以的，其实里面也有一定的学问。鼓掌的标准动作应该是用右手掌轻拍左手掌的掌心，鼓掌时不应戴手套，宜自然。销售人员在运用鼓掌手势语时要注意以下几点：

①根据情况不同，运用不同程度的鼓掌。一般来说，有三种程度的鼓掌：第一种是应酬式的，动作不大，声音也较轻，时间不长，仅仅是一种礼貌的表现；第二种是比较激动的，这种发自内心的掌声，一般动作比较大，声音也很响亮，感觉比较热烈；第三种是比较狂热的，心情难以抑制。鼓掌程度要看当时的情况区别运用。

②要把握时机，在该鼓掌的时候鼓掌。销售人员要根据场合和对象，决定鼓掌还是不鼓掌。

③注意鼓掌时尽量不要用语言配合，那是无修养的表现。

（4）指示方向。一般认为，掌心向上的手势有诚恳、尊重他人的含义；掌心向下的手势意味着不够坦率、缺乏诚意等；攥紧拳头暗示进攻和自卫，也表示愤怒；伸出手指来指点，是要引起他人的注意，含有教训人的意味。因此，在向客户指示方向或人物时，应该五指并拢，掌心向上，以肘关节为轴，上身稍向前倾，以示尊敬。这种手势被认为是诚恳、恭敬、有礼貌的。此时，应用手掌，切不可只用单个指头，如食指指着他人，更不要用拇指指自己。

手势语是一种很有表现力的体态语言，但要切记手势语的使用频率不宜过高，动作不宜过大，运用要根据具体情况和表情达意的需要而定。

2. 手指语的种类

手指语也是手势语的一种，是指通过手指的各种动作来传递信息。由于不同国家和地区的习惯不同，相同的手指语表达的意思，不仅有所不同，而且有的大相径庭。

（1）向上伸大拇指。在我国通常认为竖起大拇指、其余四指弯曲表示称赞夸奖；但澳大利亚则认为竖起大拇指，尤其是横向伸出大拇指是一种污辱；英国人翘起大拇指则是拦车要求搭车的意思。

（2）向上伸小拇指。这一手势在中国表示“小”“微不足道”“最差”“最末名”“倒数第一”，并且引申而来表示“轻蔑”；在日本则表示“女人”“女孩”“恋人”；在韩国表示“妻”“女朋友”；在菲律宾表示“小个子”“年少者”“无足轻重之人”；在美国表示“懦弱的男人”“打赌”；在尼日利亚伸出小手指，含“打赌”之意；在泰国和沙特阿拉伯，向对方伸出小手指，表示彼此是“朋友”，或者愿意“交朋友”；在缅甸和印度，这一手势表示“想去厕所”。

（3）OK手指语。用大拇指和食指构成一个圆圈，其他三指伸直，就是“OK”的手势，这一手势在美国表示赞扬和允诺的意思，特别在青年学生中广为流行。然而在法国南部、希腊、撒丁岛等地，它的意思恰好相反；在巴西、德国，人们打这个手势表示的是“肛门”。

此外，阿拉伯人用两个小手指拉在一起，表示断交；吉卜赛人掸去肩上的尘土，表示“你快滚开”。

由此不难看出，手指语是不能滥用的，必须在合适的场合、语境中恰当地运用。切忌用手指或笔杆指点，否则会引起客户的误会或反感。

3. 切忌不雅手势

不自然或不雅的手势，会招致客户的反感，甚至严重影响交际风度和自我形象，应特别注意避免。如当众搔头皮、掏耳朵、抠鼻孔、剔牙、咬指甲、搓泥垢等，餐桌上更应避免这些不雅行为。

总之，手是体态语中最重要的传播媒介。我们不必每一句话都配上手势，因手势做得太多，会使人觉得不自然。而在重要的地方，配上适当的手势，可以引起客户的注意。

【特别训练】

销售人员运用手势时要注意：

（1）传达信息时，手应保持静态，给人以稳重的感觉。

（2）在任何情况下都不要用大拇指指自己的鼻尖和用手指指点他人。

（3）说到他人时，一般应掌心向上，手指并拢伸展开表示。

（4）谈到自己时，应用手掌轻按自己的左胸，那样会显得端庄、大方和可信。

六、用眼睛展现魅力

【导入案例】

小王是一家大公司的销售人员，她与客户面谈的时候，经常一边谈话一边望着窗外，一副冷漠、孤傲的样子。尽管她觉得准备得非常充分，但是客户却由于她缺少与客户的目光交流，总是感觉不到她是在跟他们交谈。

【要点总结】

有人说：眼睛是心灵的窗户，是一种含蓄的无声语言，能够有效地传递信息和表情达意。一个良好的交际形象，目光应是坦然、亲切、和蔼、有神的。因此，销售人员在与客户交往时，应充分运用眼神的力量，传递自己的真诚与热情。

1. 目光注视的礼仪标准

销售人员与客户刚见面时，不论是陌生的还是熟悉的，不论是偶然相遇还是如期约会，都要首先睁大眼睛，目视对方，面带微笑，表现出喜悦和热情。在与客户交往中，眼神运用一定要符合礼仪规范，否则极易被人视为无理，给客户留下糟糕的印象。

（1）注视范围。与客户交谈时，目光应该注视着对方。但应使目光局限于上至对方额头，下至对方衬衣的第二粒纽扣以上，左右以两肩为准的方框中。在这个方框中，一般有两种注视方式：公务注视一般用于洽谈、磋商等场合，注视的位置在对方的双眼与额头之间的三角区域；社交注视一般在社交场合，如舞会、酒会上使用，注视的位置在对方的双眼与嘴唇之间的三角区域。

（2）注视角度。在工作中，既要方便工作，又不至于引起客户的误解，就需要有正确的注视角度。一般而言，销售人员对客户有四种注视角度：

①正视。正视客户是交往中的一种基本礼貌，其含义表示重视对方。正视客户的时候，要与客户正面相向，同时还须将身体前部朝向对方。

②平视。销售人员在注视客户的时候，目光与对方相比应处于相似的高度。在销售工作中平视客户可以表现出双方地位平等和不卑不亢的精神面貌。

③仰视。销售人员在注视客户的时候，有时所处的位置会比对方低，此时就需要抬头向上仰望对方。在仰视客户的状况下，往往可以给客户留下信任、重视

的感觉。

④环视。在促销活动及产品演示中，销售人员为多位客户服务时，需要按照先来后到的顺序对每个客户多加注视，同时又要以略带歉意、安慰的眼神环视周围的客户。巧妙地运用这种兼顾多方的眼神，可以对每一位客户给予兼顾，表现出善解人意的优秀服务水准。在正确把握目光交流的同时，销售人员还要学会读懂对方的目光语言，了解其内心活动。目光与表情和谐统一，表示专注，谈兴正浓；目光游离不定，表示不感兴趣；目光斜视，表示鄙夷；呆视，表示惊讶。

（3）注视时间。与客户交谈时，注视客户时间的长短很重要。通常，为了表示友好和尊重，注视客户的时间应占全部相处时间的 1/3 左右，其余时间可注视对方脸部以外 5 ~ 10 米处，这样比较自然、有礼貌。

销售人员无论采用哪种注视方式，都要注意不可将视线长时间固定在对方脸上。这是因为，人本能地认为，过分地被人凝视是在窥视自己内心深处的隐私。所以，在与客户交谈时，应适当地将视线从固定的位置上移开片刻。这样能使客户心理放松，感觉平等，易于交往。

2. 眼神使用的注意事项

销售人员在与客户交谈时要注意以下事项：

（1）不宜长时间直视对方眼睛。当与客户说话时，目光要集中注视对方；听人说话时，要看着对方眼睛，这是一种既讲礼貌又不易疲劳的方法。如果表示对谈话感兴趣，就要用柔和友善的目光正视对方的眼区；如果想要中断与对方的谈话，可以有意识地将目光稍稍转向他处。尽量不要将两眼视线直射对方眼睛，因为对方除了会以为你在窥视他心中的隐秘，还会认为在向他表示不信任、审视和抗议。

（2）不要俯视客户。交谈时，不要用俯视的眼光打量客户，这会给客户以傲慢、无礼的印象。销售人员必须正视、平视客户，让他有受尊重的感觉。

（3）不要眼神不定。与客户交谈时，不要眼神飘忽，目光闪烁。这会给客户留下轻浮、不稳重的印象。与客户交谈应注意保持目光接触，表示对对方很尊敬，对话题感兴趣。随着话题、内容的变换，目光应做出及时恰当的反应，或喜，或惊，用目光会意，使整个交谈融洽而有趣。

（4）不要戴着墨镜或变色镜与人交谈。在与客户进行目光交流时，不要戴着墨镜或变色镜。目光交流重在表现倾听、尊敬和理解，戴着墨镜或变色镜，不利于客户看到你的眼睛，无法进行目光交流，而且还给人以居高临下之感，很容易与客户产生隔阂，引发不悦。

（5）转视要有技巧。销售人员还要注意，当客户说了错误的话正在不安时，不要马上转移自己的视线，而要用亲切、柔和、理解的目光继续看着对方，否则客户会误认为你高傲，在讽刺、嘲笑他。

【特别训练】

关于怎样通过眼神给人留下一个好印象，一位美国专家曾提过如下建议：不管是和一个人还是和一百人说话，一定要记住用眼睛望着对方。进入坐满人的房间时，应自然地举目四顾，微笑着用目光照顾到所有的人，不要避开众人的目光，这会使你显得轻松自若。笑容也很重要，最好的笑容和目光接触都应是温和自然的，而不是勉强做出来的。

七、用微笑架起与客户沟通的桥梁

【导入案例】

原一平刚开始销售商品时，为了能够使自己的微笑让别人看起来是自然的、发自内心的，曾经专门为此刻苦训练。他假设各种场合与心理，每天自己面对着镜子，练习各种微笑时的面部表情。因为笑必须从全身出发，才会产生强大的感染力，所以他找了一个能照出全身的大镜子，每天利用空闲时间，不分昼夜地练习。

经过一段时间的练习，原一平发现嘴唇的闭与合、眉毛的上扬与下垂、皱纹的伸与缩，这些不同表情的“笑”都表达出不同的含义，甚至双手的起落与两腿的进退，都会影响“笑”的效果。

有一段时间，原一平因为在路上练习大笑，而被路人误认为神经有问题，也因练习得太入迷，半夜常在梦中笑醒。历经长期苦练之后，他终于可以用微笑表现出不同的情感反应，也可以用自己的微笑让对方露出笑容。

在和客户交谈的过程中，原一平用自己热情和微笑完成了一单又一单生意，他在 43 岁时已经连续 15 年获得日本销售冠军，连续 17 年销售额达到百万美元，最终成为有传奇色彩的“销售之神”。

【要点总结】

微笑如同直通人心的世界语，它能深深地打动另一颗冷漠的心灵。微笑能创造命运的奇迹。现在，有人说“原一平的微笑价值百万”，其实，只要拥有充满自信真诚的胸怀，每个人都可以用自己的微笑来创造财富。

一天，通用公司要裁员，名单上有内勤部办公室的艾丽和密娜达，规定一个月之后她们必须离岗，当时她俩的眼圈都红红的。

第二天上班，艾丽的情绪仍很激动，跟谁都没有什么好脸色，仿佛吃了枪药。她不敢找老总去发泄，就跟主任诉苦，找同事哭诉：“凭什么把我裁掉？我干得好好的……”“这对我来说太不公平了。”……她声泪俱下的样子，让人心生同情，但大家又不知该怎样劝慰她。而她只顾到处诉苦申冤了，以至于她的分内工作如订盒饭、传送文件、收发信件等都耽误了。她原本是个很讨人喜欢的人，但现在她整天发脾气，许多人开始有些怕和她接触，都躲着她，到后来甚至有点儿讨厌她了。

而密娜达在裁员名单公布后，虽然哭了一晚上，但第二天一上班，她还和以往一样地工作。由于大伙不好意思再吩咐她做什么，所以她便主动向大家揽活。面对大家同情和惋惜的目光，她总是笑笑说：“是福跑不了，是祸躲不过，反正这样了，不如干好最后一个月，以后想干恐怕都没机会了。”她仍然每天非常勤快地打字复印，随叫随到，坚守在她的岗位上。

一个月之后，艾丽如期下岗，而密娜达却被从裁员名单中删除，留了下来。

主任当众传达了老总的话：“密娜达的岗位，谁也无可替代，密娜达这样的员工，公司永远不会嫌多！”

世界上最伟大的销售员乔·吉拉德曾说：“当你笑时，整个世界都在笑。一脸苦相没人理睬你。”微笑是一门学问，人际交往中多一些微笑，就多一些敬重、多一些宽容和理解。一个善于通过目光和笑容表达美好感情的人，会让自己显得更有魅力和风度。

带着一种轻松愉悦的心情与你的客户谈话，即便是过去很棘手的问题，现在也变得容易了。当你微笑的时候，别人会更喜欢你，而且，微笑会使你自己也感到快乐。它不会花掉你任何东西，却可以让你赚到任何股票都分不到的红利。在你的销售生涯中，用微笑面对客户，接受拒绝，或许你会有意想不到的大收获。

1. 笑的种类

原一平曾统计过自己在推销过程中的笑，共有 38 种：发自内心的开怀大笑；感动之余，压低声音的笑；喜极而泣的笑；交谈时，取悦对方的谄媚之笑；逗对方转怒为喜的笑；感到哀伤时无可奈何的笑；安慰对方的笑；哭在心里、笑在脸上的虚伪的笑；岔开对方话题的笑；消除对方压力的笑；充满自信的笑；表现优越的笑；发愣之后的笑；重修旧好的笑；两人意见一致时的笑；吃惊之余的笑；意外之后的笑；嗤之以鼻的笑；折磨对方的笑；挑战性的笑；大方的笑；含蓄的笑；夸张的笑；逼迫对方的笑；假装糊涂的笑；心照不宣的笑；含有下流味道的笑；婴儿般的微笑；满足时的笑；遭人拒绝时的苦笑；压抑辛酸的笑；无聊时的笑；话中带刺的笑；郁郁寡欢时的笑；热情的笑；冷淡的笑；自认倒霉的笑；使对方放心的笑等。原一平曾经对一位难缠的准客户从第一次拜访到推销成功为止，一共用了 30 种笑容。

2. 练习微笑的方式

（1）每天早晨对镜练习微笑 3 分钟，以自然为佳。

（2）上班时对所有同事报以真诚的微笑，强调“真诚”二字。

（3）对陌生人予以微笑点头，要亲切。

（4）对你的“敌人”给予微笑，要豁达。

“改变自己才可以改变命运。”这句话极富哲理，也是我们一生中要努力追求的至高境界。用微笑去面对站在我们面前的每一个客户，用微笑中的真诚去打动站在我们面前的每一个客户，最后客户会还给我们一个让我们微笑的结果。

【特别训练】

笑也是要讲究技巧的，有节制的笑更能表现你的魅力。有的销售人员很爱笑，给客户留下了好的印象；有的销售人员却笑得一发不可收拾，搞得客户莫名其妙。笑的时间太长了，客户可能会心存疑问：你干吗总是笑？是笑我形象不对劲？讲的话有问题？再不就是你本身有毛病？精神不正常？如此一来，反倒使你的形象大打折扣。因为办事就得严肃，而无休止的笑必然会影响办事的效果。

和客户交往中，难免会遇到令人发笑的话题，这时销售人员要适宜地展露笑容，但要笑得既不张狂也不做作，而且要表现出倾听的热情。当然，你有时也会听到客户过于直露的指责或不中听的话题，这时聪明机智的你不妨试用微笑改变一下气氛，从而为你的销售营造轻松愉快的气氛。

八、与客户保持最佳的身体距离

【导入案例】

销售人员小李性格开朗，有些“自来熟”，往往与客户打过招呼后就自己坐下，而且坐在离客户最近的地方，有时还与客户有一些身体接触，如拍拍客户肩膀等。不少老客户认为，小李让人感到亲切自然。但是有些新客户或者比较拘谨的客户，会做出一些拒绝的反应，如努力将身体向后靠，或是在小李接触他的时候迅速躲开。

【要点总结】

作为一名销售人员，为了拉近和客户的距离，或者坐在离客户更近的地方，或者和客户有一些身体接触，这些动作本身并没有错，销售人员就是要不断尝试接近客户。但是如果客户还没准备好，或者像上述案例中那样做出一些拒绝的反应，销售人员就要找借口尽快更换位置，坐在更合适的地方，或者停止身体的接触，以免给客户带来压力。

在销售活动中，销售人员与客户之间的生理距离，通常会对双方的心理产生微妙的作用，进而影响商品销售的成败。所以，销售人员应密切注意周围的环境与气氛，把握好与客户的生理距离。千万别小看这一段距离，这段距离不只是物理意义上的概念，也不只是空间上的长度，而是交往的层次和质量。

那么销售人员应与客户保持多少距离为宜呢？美国西北大学人类学家爱德华·霍尔博士认为，根据人们交往关系的不同程度，可以把人与人交往中的个体空间领域划分为四种距离：

1. 亲密距离

亲密距离是人际交往中最小的间距，处于 0 ~ 45 厘米之间，彼此可以肌肤接触，耳鬓厮磨，如挽手臂和促膝谈心等，属于亲密接触关系。就销售对象而言，亲密距离往往只限于彼此十分熟悉、可以不拘小节而且无话不谈的客户。对于陌生客户（准客户）以及异性客户，销售人员若随意闯入这一空间区域，必定会引起对方的不快和反感，从而给销售拜访埋下失败的伏笔。

2. 个人距离

个人距离较少直接身体接触，处于 46 ~ 75 厘米之间，可以亲切地握手、交谈；处于 76 ~ 120 厘米之间，有一臂之隔，双方已不能进行身体接触。前一区域适于和熟悉的客户交往，后一区域适于和陌生客户交往。

3. 社会距离

社会距离已经超出亲密和熟悉的人际关系，处于 1.2 ~ 2.1 米之间，一般出现在工作环境和社交聚会上。远距离为 2.1 ~ 3.7 米，表现为一种更加正式的交往关系。例如，国外有些大公司的董事长或总经理往往有张特大的办公桌，这样在与销售人员谈话时就能保持相当的距离，以显示出庄重性和正式性。所以，社会距离已超出亲密或熟悉的人际关系，而是体现出一种社交性或礼节上的较正式关系。

4. 公共距离

公共距离表示人际沟通大大减小，很难进行直接交谈。处于 3.7 ~ 7.6 米之间，适合于不太正式的集会，比如销售人员在产品展销会上作推销讲演。距离在 7.6 米以外，这是一个能容纳一切人的“对外开放”的空间领域。在这一领域里，交往的形式大多是作报告或讲演之类，由于人们离得太远，很难进行一般交谈。

规矩是死的，人是活的，不同的国度、不同的文化背景，不同的性格特征，地位差别，对于空间距离的理解和要求也不尽相同。

一个阿拉伯人到日本寻求发展，经过努力，他进入了日本的一个大企业。不过这个阿拉伯人对日本的文化还只是一知半解，因此在工作的过程中也弄出不少笑话和误会。

有一次，阿拉伯人想跟一位日本同事谈工作的事情，这时候两个人都是站着的，距离 1 米左右。在谈论的过程中，只见阿拉伯人一直向日本同事靠近，而日本同事见对方向自己靠近后，特意往后退了几步。

这样来回几次之后，最后日本人在后退的时候居然撞到了墙壁上，他不高兴了，觉得对方在骚扰他，甚至还怀疑这个阿拉伯人是同性恋。不过，这位阿拉伯人却一点儿都没有意识到日本同事的不高兴，只觉得他撞到墙上有些尴尬而已。

事后，日本同事跟自己的一个好朋友说了此事，好朋友听完后居然哈哈大笑。原来他的这位好朋友曾经在阿拉伯地区待过，他知道那里的风俗就是这样，人与人之间的距离很近。在阿拉伯，离得越近才越有礼貌。日本人这才恍然大悟，也不再对他的阿拉伯同事有意见了。

这个例子其实是在告诉我们，空间距离和心理距离有时候还要根据各个国家和民族的不同风俗习惯来判定。例如，日本人的空间距离就很远，而阿拉伯人的空间距离很近，如果双方都不了解对方风俗的话，就会产生误会，甚至闹出笑话。

不同性格、不同身份的人对空间距离的解读也有所不同。性格较内向的人需要较大的私人空间，对于外来者的入侵比较敏感；身份高的人需要的个人空间较之身份较低的人要更宽广。此外，男人与女人的空间距离也不太一样。一般情况下，男人之间交往的距离要比女人远一些。所以我们经常在大街上看到女性朋友们手拉着手逛街，而男性朋友则会保持一定的距离。

【特别训练】

销售实践中，销售人员应根据与客户的关系调整你们的距离。对于陌生客户，首先从社会距离开始（1.5 米左右），不要离客户太近，否则会让客户感到压力。随着和客户的熟悉程度增加，可以逐渐接近客户，如开始坐在客户桌子对面，熟悉了之后，可以并排坐在沙发上。

第三章

张弛有度：让客户为你的风度所折服

第一节　拜访客户中的礼仪

一、递送和收受名片

【导入案例】

1969年进入丰田汽车公司的椎名保文仅用4年的工夫，就卖出1000辆汽车，颇让同事瞠目。

当椎名保文在丰田公司“摸爬滚打”17年后，他的名片上印着这样一段话：“客户第一是我的信念，在丰田公司服务了17年之久是我的经验，提供诚恳与热忱的服务是我的信用保证，请您多多指教。”这段文字是手写体的。

这张名片比一般的名片大2倍，除了公司的名称、住址、电话以外，上方还写着“成交5000辆汽车”，并贴着一张椎名保文两手比成“V”字的上半身照片。名片的背面印着椎名保文的简历，上面写着“1940年生于福岛县”及前文所提销售汽车数量的个人纪录，末尾则记着他家的电话号码。这种让人一目了然的“自我推销”工具，可以说是他成功的秘诀之一。

【要点总结】

名片虽小，却是现代人际交往中的重要工具之一，在各种经济活动中被普遍使用，是最重要、最方便的销售工具之一。销售人员在和客户面谈时，送给客户一张名片，不仅是很好的自我介绍，而且与客户建立了联系，既方便，又体面。不过，销售人员无论是在递送名片还是在收受名片时一定要采取恭敬、礼貌的态度，否则极有可能会因为方式不当而导致客户的冷遇。因此，一名优秀的销售人员应该重视名片在递送和收受时的礼仪问题。

1. 递送名片礼仪

销售人员在递送名片时要注意以下问题：

（1）名片递送的时机。一般来说，如果是在业务活动中初次相识，并值得继续联系的客户，可在刚一结识时递上自己的名片，这有利于使对方迅速了解自己的基本情况，加快交往进程。如果是有约访问，客户已知来访者为何许人，可在告别时取出名片交给对方，以加深对方对自己的印象。如果是在有介绍人介入商谈的场合中，可不忙于交换名片，在临别之际递上名片，会显得更自然些。领导在场时不要先递交名片，要等领导递上名片后才能递上自己的名片。

（2）名片递送的态度。出示名片时应严肃认真，同时眼睛看着对方，以示对对方的尊重。初次交往时，客户会凭销售人员出示名片时的态度来衡量其人品，判断是否值得交往。外出时，销售人员应事先将名片放在易于取出的地方，在适当时机顺手掏出，恭敬地双手递给对方，并客气地说："这是我的名片，请以后多加联系。"这必然留给对方一个较好的印象。

（3）名片递送的方法。正确的递法应是：手指并拢，将名片正面向上放在掌上，用大拇指夹住名片左右两端，恭敬地送到对方胸前；或食指弯曲与大拇指夹住名片左右两端奉上。名片上的名字向着对方，便于对方接过名片就可正读。在递出名片时，销售人员切忌采用如下方法：捏住名片的一部分递出去；以指尖夹着名片递出。这两种递法容易将名片尖利的部位朝向对方，是极不符合礼节的。

2. 收受名片礼仪

销售面谈中，客户也可能送给销售人员名片，销售人员在收受客户名片时要注意以下问题：

（1）收受名片的方法。收受客户名片的正确方法是：必须起身双手收受对方递来的名片；收受名片后不宜随手置于桌上，而应仔细地看一遍，注意对方的姓名、职务、职称，对没有把握念对的姓名，可以请教一下客户。同时与几个人交换名片，且又是初次见面时，要暂时把名片按照对方席位的顺序放在桌上，当与对方交谈时，一边谈一边记住对方的姓名和脸孔，然后在适当的机会把名片收起来。不要在手中捏折对方名片，也不可将其他东西放在名片上，这是一大禁忌。

（2）索要名片的技巧。“来而不往非礼也”，客户拿到你的名片时一般是一定要回的，但是当对方身份地位极高时，在你把名片递给他，他只跟你说声“谢谢”，就没下文了，这时向对方索要名片就要讲究技巧。

①联络法。“王经理，认识你非常高兴，以后我希望还能够见到你，不知道以后怎么跟你联络比较方便？”这就是联络法，以此暗示客户递出名片。一般你这样说，客户就会给。当然，客户也有可能会委婉地表达：“不好意思名片用完了”“抱歉今天没有带”。其实这有两种可能。第一是不愿意给你，第二是确实没有了。无论是哪种情形，你都必须说“没关系，改日再补”，而不能拆穿他，“没有就是没有，少来这一套”。

②激将法。“尊敬的刘董事长，很高兴认识您，不知道能不能有幸跟您交换一下名片？”这就把话说清楚了，当你说出“不知道能不能有幸跟您交换一下名片”时，客户即使不想给你也不得不给你了，因为他总不至于告诉你“不换，就是不换”吧。

【特别训练】

接过对方的名片一定要看，这不仅表示对客户的尊重，更重要的是要了解对方的确切身份，以防在商谈中把客户的名字和姓氏弄错，从而怠慢对方。接过名片要读这一点在世界各国都有比较具体的规定，比如在东南亚一些国家，要求接过名片不仅要看，而且要看 1 分钟左右。有些国家要求不仅要看，还要嘴里做默读状。有些国家要求则更高，发现对方有重要头衔，要朗读出来，“董事长，这么年轻就是董事长，看不出来。”你想想，客户听到会是什么感觉？

二、拜访时机

【导入案例】

有一位推销员，他曾在中午 12 点去拜访一位饭店老板。当时老板正忙里忙外地招呼客人，这位推销员上前说明来意，老板马上就拒绝了他，说：“我不需要你的商品，你走吧。”推销员一开始有点纳闷，心想：老板还不知我要推销什么、价格如何就拒绝自己，不明白这是为什么。后来，他看到匆匆赶来吃饭的客人，就明白了，于是转身离去。

下午 15 点多的时候，这位推销员再次来到饭店。他先买了一份饭菜，然后开始和老板聊天。由于这时吃饭的人很少，老板见他买了自己的东西，也就乐意听听他关于商品的介绍，并且最终给了推销员一份订单。

【要点总结】

拜访客户是销售人员销售出产品的必要程序。只有通过拜访客户，才能将自己推销的产品介绍给顾客，引起顾客的购买兴趣，从而最终将产品销售出去。销售人员在拜访客户时的表现很重要，而销售人员选择的拜访时机是否合适则是销售能否成功的基础。

销售人员抓住了好的时机，拜访就成功了一半。否则，如果在不适当的时间访问客户，客户也许会不在或者因许多事要做而没时间搭理你，则失去了拜访的意义。

那么如何选择合适的拜访时机呢？选择合适的拜访时机要掌握以下几个关键：

1. 了解客户的作息时间

只有站在客户的立场上来寻找最方便、最合适的时间来进行商谈，才能获得最佳的结果。例如，对一个玻璃加工商而言，拜访他的最佳时间是上午 9 点到 11 点，下午 15 点到 17 点。这是由于上午 9 点到 11 点这一阶段，不少客户都已处理完了头天晚上送来的各种信件、电传，负担减少了许多，同时由于这段时间电话往来频繁而只能待在办公室内，这时候找他就比较合适。下午 15 点到 17 点之所以是拜访的好时机也是出于这个原因。另外，在这段时间的前半个小时到一个小时内销售人员也比较容易打通客户的电话，而不会像其他时间内那样总遇到占线。不过 13 点到 13 点 30 分时最好别去，因为这时客户已经忙碌了一个上午，很可能需要休息一下，此时去正好扰人清梦，后果可想而知了。

行业不同，客户层级不同，拜访客户的最佳时机也就有所不同，这一点需要销售人员在销售实践中认真领会。

2. 预约拜访时间

有很多客户，尤其是重要的客户，如果不提前预约，销售人员很可能是见不到被访人的。预约可以使销售人员做好充分准备。比如，根据已经了解的有关客户的一些情况，推测客户对自己可能采取的态度，可能提出的问题。有针对性地做好充分准备，可为会谈和销售的成功奠定基础。

销售人员在与客户预约拜访时间时，口气应该是友好、请求、商量式的，而不能是强求、命令式的。如果对方答复说，在你选择的时间内他已另有安排或应酬，应主动表示歉意，然后再与对方商讨下次接待你的机会。这样既有礼貌，又有风度，对方在感动之余会尽早考虑你的访问的。如果你一旦发现对方并无其他安排，只是托词拒绝，那对方一定有什么难言之隐，你也应当理解，而不应直接迁怒于对方。

3. 把拜访定在不太寻常的时间

为什么这样说呢？这是因为，即使在客户有时间亲自见你的情况下，你也还面临着与你的竞争对手争夺这个最佳时间的问题。因而把拜访定在其他销售人员不太可能去的时间，这样，你就能独自与客户面谈了。

比如，你可以在刮风天、下雨天或酷寒酷热等恶劣天气下，在其他人都不愿外出的时候拜访你的客户。此时，由于你的竞争对手没在，更由于你的举动感动了客户，给他留下了良好印象，他很可能因此就购买你的产品了。

【特别训练】

对客户来说，最反感的是“不速之客”和“迟到大王”。所以销售人员在拜访客户时要特别注意以下两点：

1. 不做不速之客

销售人员到客户公司或家里拜访应事先约好，不能兴之所至，搞“突然袭击”。因为客户对于“不速之客”型的销售人员往往既无思想准备，也不会产生好感，尤其是一而再、再而三地打扰客户的做法，只能引起对方的反感。如果碰到客户心情不好，更是不会给销售人员好脸色。

不做不速之客，那就约定时间拜访。在具体的时间选择上，最好是利用对方比较空闲的时间。到写字楼拜访，不要选择星期一，因为新的一周开始的时候，往往也是大家最忙的时候。如果是到家拜访，最好选择在节假日前夕。由于中国人普遍有午休的习惯，登门时间最好不安排在中午。从我国目前的实际情况看，晚上 19 点 30 分至 20 点也许是到私宅拜访的较好时机。因为这时不仅各家一般都吃过晚饭，而且电视的新闻联播节目刚结束，“黄金时间”电视剧又还没有开始。

注意，选择拜访时机应尽量避免对方的用餐时间，如果不是对方请你赴宴的话。拜访之前应写信、打电话或捎口信预约，并把访问的重要目的告诉对方。这样既可以避免吃闭门羹，又可以让对方有所安排和思想准备。“不速之客”在绝大多数普通关系的社交场合都是不受欢迎的。

如果因事情紧急或无法预约而做了不速之客，则应在相见时及时详细地道出事情的原委，表示自己的歉意，求得对方的谅解。否则，对方很可能反感你的突然来访，因为你有可能打乱了人家原订的工作或生活的安排。

2. 不做迟到大王

“时间就是金钱”，这是放之四海而皆准的道理。客户的时间也是重要的，当销售人员和客户约定时间见面时，千万要准时赴约。如果销售人员确实无法如期赴约，一定要记住先打电话向客户说明无法准时赴约的原委，以求得谅解。如不说明原委又磨磨蹭蹭地到达客户那儿，肯定不会有什么好结果，对方可能会因此再也不信任你，以后也不会有合作的机会了。

因为，客户和销售人员约好拜访的时间，就会把这段时间腾出来给你，而你也只有在这段时间去拜访客户，才能说是在合适的时机拜访了客户，太早或是太晚都不合适。

销售人员一定要明白：“己所不欲，勿施于人。”如果销售人员不喜欢别人迟到而浪费你的时间，那么你也不要浪费别人的时间，尤其是你要面对的客户。

三、等待会见

【导入案例】

小孟与客户王先生相约了一个时间见面。她准时赴约，在客户公司接待室中等了20多分钟，王先生还是没有前来与她会面。小孟礼貌地问前台服务人员：“您是否能告诉我，王先生何时有空呢？”前台服务人员询问经理后向她致歉，声称王先生正在处理紧急事件，一时走不开，请她下周一9点再来。

小孟只得面带笑容，礼貌告辞。

【要点总结】

拜访的时候，有时候难免会出现客户“迟迟不现身”的现象。这时，对方或是有什么临时紧急的事情在处理，或是上一个约会还没有结束。那么，你可以采取以下措施：

（1）到达对方公司后，首先告知前台人员，你代表哪一家公司、你的姓名以及你要拜访的对象是谁，然后有耐性地等候他的通报。若前台人员请你在贵宾室或会客室稍候，这时你千万不要显出一副不耐烦的样子，而要安静耐心地等待。等待时，千万不要看携带的小说或者在纸上乱写一通。因为有可能受访者已经站在你面前，而由于你看小说看得太入神而忽略了，不知他是何时来的，这样会给人非常不专业的形象。

（2）拜访时，如果提前到达，千万不要在被拜访的公司内乱走，甚至乱翻别人的资料档案，这是非常失礼的行为。想在拜访地借用电话时，记住要尊重主人，先打声招呼，才可使用电话。

（3）不管是否能继续等待，只要超过 20 分钟，就可以问一下秘书或前台服务人员“您是否能告诉我，×××先生何时有空？”记住询问时要有礼貌。

【特别训练】

当要拜访的对象始终没有办法和你见面，而你又无法再继续等候下去时，可以留下名片，但切记要将名片左上角往内折！这个动作就是告诉对方你已经来过，而且一定要请前台服务人员转送并致谢，表示你实在是因为接下来还有其他事情，所以没有办法继续等待。也可要求前台服务人员再约下次时间。但是千万别跟前台服务人员抬杠，或批评对方主人，这是商务拜访时需特别注意的细节。

四、握手

【导入案例】

小王大专毕业后，选择了销售行业。在培训课上，老师传授给他两件法宝：一是如何与准客户握手，二是如何运用微笑。小王起初认为握手不是什么推销利器，没有放到心上去。

一天，他拜访一位准客户，进门时，他微笑着说：“您好！我是××公司推销员小王……”准客户看了他几眼，说：“知道啦，我不需要这种产品！”不言而喻，他被轰出了门。

老师知道后，分析了症结，告诉他该如何做。

第二次，小王着装整齐地来到那位准客户办公室，他很有礼貌地敲门。客户开门后，小王满面笑容地说：“您好！”同时迈出右腿，向前跨一步，坚定地伸出右手。那人不由自主地也伸出自己的手，与小王相握。

“我是××公司的小王……”小王有力且坚定地握了握那位准客户的手。准客户也用力地回握了他，并热情地邀请他进办公室细谈。

小王终于成功了。

【要点总结】

一般来说，与客户见面或告别时，出于礼貌，都应该与对方握手。握手的力量、姿势与时间的长短往往能够表达不同礼遇与态度，显露自己的个性，给人留下不同印象；通过握手也可了解对方的个性，从而赢得交际的主动。美国著名盲聋女作家海伦·凯勒说："我接触的手，有的能拒人千里之外；也有些人的手充满阳光，你会感到很温暖……"事实也确实如此，因为握手是一种无声的动作语言，它会传达给对方一种感觉，让对方知道你是否重视他。

销售人员在与客户握手时，应掌握以下几点：

1. 握手的正确姿态

握手时，一般在距离客户约一步远的地方站立，上身稍向前倾，自然伸出右手，四指并拢，拇指张开，掌心向上或略微偏向左，手掌稍稍用力握住对方的手掌，握力适度，上下稍许晃动几秒后松开。握手时要注视对方，面露笑容，以示真诚和热情，同时讲问候语或敬语。

掌心向下握住对方的手，显示着一个人强烈的支配欲，无声地告诉别人，他此时处于高人一等的地位，应尽量避免这种傲慢无礼的握手方式。相反，掌心向里握手显示出一个人的谦卑和毕恭毕敬。平等而自然的握手姿态是两手的手掌都处于垂直状态，这是一种最普通也最稳妥的握手方式。

2. 握手的顺序

在销售场合，握手时伸手的先后顺序遵循"尊者决定"的原则，由尊者先行伸手，对方予以响应。一般来说，握手的基本顺序是：上下级握手，下级要等上级先伸手；长幼握手，年轻者要等年长者先伸手；男女握手，男士要等女士伸出手后，方可伸手握之；宾主握手，主人应向客人先伸出手，不论对方是男是女。总而言之，社会地位高者、年长者、女士、主人享有握手的主动权。同性朋友、平辈见面，先伸出手者则表现得更有礼貌。

3. 握手的力度

与客户握手的力度要因人而异或适中。与男士握手要力道有劲，如果仅仅是轻触手指会让对方感受到怠慢。与女士握手时，则最好是轻轻地用手指触及一下对方的手指或者按对方的方式握手，这样不会令对方感到怠慢。如果用力太重，可能会令戴着戒指的女士感到疼痛。

4. 握手的时间

握手的时间长短应根据双方的身份和关系来定，一般与新客户握手时间只持续 1 ~ 3 秒。初次见面时，应该立刻握住对方伸出的手，稍稍用力一下，即可分开。与老客户相逢，握手时间可以延长。但不管怎样，握手时间不宜过长或过短。时间过短，给人以应付、走过场的感觉；时间过长，尤其与异性朋友或初次相识者握手时间过长，是失礼的表现。当然，对于喜欢长时间握手不放的客户，你则应该努力配合让其多握一会儿。

5. 握手的禁忌

销售人员在行握手礼时应努力做到合乎规范，避免下述失礼的做法。

（1）伸左手。伸出左手与人相握是不符合礼仪的，尤其是和阿拉伯人、印度人打交道时要牢记，因为在他们看来左手是不洁的。在与客户交往中，即使你是左撇子，也要伸出右手去握，这是约定俗成的礼仪。

（2）乱配动作。握手时不要将左手插在裤袋里或拿着东西；不要一边握手一边拍对方的肩头；不要在握手时眼看着别处或与他人打招呼；不要在握手时把对方的手拉过来、推过去，或者上下左右抖个没完。

（3）戴手套。一般来说，戴着手套行握手礼是不礼貌的。男士在握手前先脱下手套，摘下帽子。女士在社交场合戴着薄纱手套可以例外。当然在严寒的室外也可以不脱。如果双方都戴着手套、帽子，这时一般也应先说声“对不起”。

（4）拒绝他人伸出来的手。对销售人员来说，无论是谁伸手都是友好的表示，均不能拒绝。拒绝握手是非常失礼的。但如果是因为感冒或其他疾病，或者你的手脏，也可以谢绝握手，此时可以解释说：“很抱歉，我不能握手。”

（5）交叉握手。在和信仰基督教的客户交往时，要避免两人握手时与另外两人相握的手形成交叉状，这种形状类似十字架，在他们看来是很不吉利的。

【特别训练】

交际时如果人数较多，可以只跟相近的几个人握手，向其他人点头示意或微微鞠躬就行。为了避免尴尬场面的发生，在主动和人握手之前，应想一想自己是否受对方欢迎。如果已经察觉对方没有要握手的意思，点头致意或微鞠躬就行了。

在接待来访客户时，这一问题变得特殊一些：当客户抵达时，应由主方首先伸出手来与客户相握。而在客户告辞时，就应由客户首先伸出手来与主方相握。

前者是表示“欢迎”，后者就表示“再见”。如果这一次序颠倒，很容易让人产生误解。

五、称呼

【导入案例】

有一次，推销员小李为他的一位国外女客户定做生日蛋糕，同时打一份贺卡。蛋糕店服务员接到订单后，询问小李说：“先生，请问您的朋友是小姐还是太太？”小李也不清楚客户是否结婚了，想想对方一大把年龄了，应该是太太吧，于是就跟服务员说写太太吧。

蛋糕做好后，服务员把蛋糕送到指定的地方，敲开门，只见一位女士开门，服务员有礼貌地询问：“您好，请问您是怀特太太吗？”女客户愣了愣，不高兴地说：“咦，错了！”就把门关上了。

蛋糕店服务员糊涂了，打电话向小李再次确认，地址和房间号码都没错。于是服务员再次敲开门，说道：“没错，怀特太太，这正是李 ×× 特别为您定做的蛋糕！”

谁知这时，怀特小姐愤怒地大叫道：“告诉你错了，这里只有怀特小姐，没有怀特太太！”“啪”的一声，门被关上了。

怀特小姐以后再也没有接过小李的电话。

【要点总结】

称呼指的是人们在日常交往应酬时，彼此之间的称谓语。销售人员在与各种年龄、性别、身份的客户交往中，要特别注意称呼上的礼仪。能否选择正确、适当的称呼，反映着自身的教养和对客户尊敬的程度，因此不能随便乱用。称呼要合乎常规，要照顾被称呼者的个人习惯。

一般而言，在工作岗位上，人们彼此之间的称呼是有其特殊性的，要庄重、正式和规范。

1. 称呼的类别

（1）职务性称呼。在推销过程中，以客户的职务相称，以示身份有别、敬意有加（如经理、厂长、主任等），这是一种最常见的称呼方法。以职务相称有三种情况：仅称职务，在职务前加上姓氏，在职务前加上姓名（适用于极其正式的场合）。

销售人员在使用职务性称呼时要注意客户的姓氏与职务的语音搭配，如赶上姓傅、姓戴或姓贾的一把手，你切不可叫“傅经理”“戴厂长”“贾主任”，因为外人一听，误以为他是副职或临时代办呢。这时最好略去其姓氏，直称职务“经理”“厂长”“主任”即可。

（2）职称性称呼。在不同职业中有业务职称的，尤其对于具有高级、中级职称者，在工作中可直接以其职称相称（如教授、工程师等）。称呼职称时可以只称呼职称、在职称前加上姓氏、在职称前加上姓名（适用于十分正式的场合）。

（3）行业性称呼。在工作中，有时可按行业进行称呼。对于从事某些特定行业的人，可直接称呼对方的职业，如老师、医生、会计等，也可以在职业前加上姓氏、姓名。

（4）性别性称呼。对于从事商界、服务性行业的人，一般约定俗成地按性别的不同分别称呼“小姐”“女士”“先生”。其中，“小姐”“女士”二者的区别在于：未婚者称“小姐”，不明确婚否者则可称“女士”。

2. 称呼的次序

一般情况下，同时与多人打招呼，应遵循先长后幼、先上后下、先近后远、先女后男、先疏后亲的原则称呼对方。

【特别训练】

与客户交往在使用称呼时，一定要避免失敬于人。称呼时应注意以下细节：

1. 不因粗心大意、用心不专而使用错误的称呼

常见的错误称呼无非就是误读或是误会。

误读也就是念错姓名。为了避免这种情况的发生，对于不认识的字，事先要有所准备；如果是临时遇到，就要谦虚请教。

误会，主要是对被称呼的职务、职称、婚否以及与其他人的关系作出了错误判断。比如，将未婚女性称为“夫人”，就属于误会。对于相对年轻的女性，都可以称为“小姐”，这样对方也乐意听。

2. 不使用不通行的称呼

有些称呼，具有一定的地域性。比如山东人喜欢称呼“伙计”，但在南方人听来“伙计”肯定是“打工仔”。中国人把配偶经常称为“爱人”，而在外国人的意识里，“爱人”是“第三者”的意思。

3. 不使用庸俗的称呼

有些称呼在正式场合不适合使用。例如，“兄弟”“哥们儿”之类的称呼，虽然听起来亲切，但显得档次不高。

4. 不称呼外号

对于关系一般的，不要自作主张给对方起外号，更不能用道听途说来的外号去称呼对方。也不能随便拿客户的姓名乱开玩笑。

六、寒暄

【导入案例】

销售人员小王去某服装公司推销电脑。这家公司正处于上升阶段，总经理非常忙，想见到他并不容易，小王颇有耐心地在外面等候。总经理秘书在办公桌那边不耐烦地看着他，只想请他走。小王看到她穿件灰色的时装，雅致大方，舒适得体，和他们公司的产品风格大不相同。

于是，小王主动搭讪：“请问，您身上这衣服是您自己剪裁的吗？”

女秘书：“是啊，怎么了？”

小王连连摇头：“唉，可惜，可惜！”

女秘书：“可惜什么？”

小王说：“可惜您这么好的设计天赋竟只干个秘书。”

女秘书有些高兴了：“怎么，你觉得这衣服不错？”

小王说：“对啊，您这衣服设计得典雅大方、古朴自然，看着很舒服。而你们公司生产的衣服多是鲜艳的华美服装，怎么就生产不出您的这种款式呢？”

女秘书点点头：“风格不同而已。白菜萝卜各有所爱嘛！”

小王点点头：“是啊……”

正在这时候，总经理门开了，女秘书突然跳起来说：“我去给你通报一声。”

于是，小王如愿以偿地见到了总经理，并且做成了一笔大买卖。

【要点总结】

什么是寒暄？寒暄说白了就是问候与应酬。在与客户交往的礼节之中，寒暄占极重要的地位。寒暄可以缩短人际距离，向交谈对象表示自己的敬意，或是借以向对方表示自己乐于多结交之意。所以，销售人员在与客户见面时，若能选用适当的寒暄语，往往会为双方进一步的交谈做下良好的铺垫。

1. 寒暄的常见类型

在不同时候，适用的寒暄语各有特点。

（1）问候型寒暄。问候型寒暄分为以下几种：

①典型问候型。最标准的说法是“您好”“很高兴能认识您”“见到您非常荣幸”等。这是客户交往过程中用得最多的一种问候语。

②传统意会问候型。主要是指一些貌似提问实际上只是表示问候的招呼语。如：“最近身体好吗？”“最近工作进展如何，还顺利吗？”“好久不见，你近来怎样？”“生意好吗？”这些貌似提问的话语，并不表明真想知道对方的起居行止，往往只表达说话人的友好态度，听话人则把它当成交谈开始的媒介语予以回答，或把它当做招呼语不必详细作答，只不过是一种交际的方式而已。传统意会型问候主要适用于销售人员和客户熟悉以后的问候。

③古典问候型。这是具有古代汉语风格色彩的问候语，主要有“幸会”“久仰”等。这一类问候语书面语风格比较鲜明，多用于过去官场或商界的人士，现在较少使用。

（2）攀认型寒暄。俗话说：“山不转水转，水不转路转。”在与客户交往互动中的关系也是这样。与客户交往中，只要彼此留意，就不难发现双方有着这样那样的“亲戚”“朋友”关系，如“同乡”“同事”“同学”，甚至远亲等沾亲带故的关系。攀认型寒暄就是抓住双方共同的亲近点，并以此为契机进行发挥性问候，以达到与对方顺利接近、建立交往的目的。

三国时，鲁肃见诸葛亮的第一句话是：“我，子瑜友也。”（子瑜就是诸葛亮的哥哥诸葛谨）这短短一句话，就奠定了鲁肃与诸葛亮之间的情谊。在销售实践中这种攀认型的事例比比皆是。“我出生在武汉，跟您这位武汉人可算得上同乡啦！”“您是研究药物的，我爱人在制药厂工作，咱们可算是‘近亲’啊！”“唉，您是北大毕业的，说起来咱们还是校友哩！”这些事例，说明在与客户交往过程中，要善于寻找契机，发掘双方的共同点。从感情上靠拢对方，是十分重要的。

（3）敬慕型寒暄。这是对初次见面者尊重、仰慕、热情有礼的表现。如：“久仰大名了！”“早就听说过您！”“您的大作，我已拜读，得益匪浅！”“您比我想象得更年轻！”“小姐，您的气质真好，做什么工作的？”“您设计的公关方案真好”。寒暄语或客套话的使用应根据环境、条件、对象以及双方见面时的感受来选择和调整，没有固定的模式，只要见面时让人感到自然、亲切，没有陌生感就行。前面案例中销售人员小王所采取的就是敬慕型寒暄。

总之，无论是哪一种类型的寒暄，都要掌握好分寸，恰到好处。从交际心理学的角度看，恰当的寒暄能够使双方产生一种认同心理，使一方被另一方的感情所同化，体现着人们在交际中的亲和要求。这种亲和需求在融洽气氛的推动下逐渐升华，从而顺利地达到交际目的。

2. 寒暄的基本要求

（1）态度真诚，语言适度。寒暄语的使用要妥帖、自然、真诚，言必由衷，而不宜过度。能三言两语，决不长话一串；能够精练，决不拖沓。虽然可以随意，但切忌漫无边际，以免令人扫兴或产生不好印象，妨碍交往的深入进行。寒暄过程中不能言不由衷，更不能一味地吹捧夸大，特别是对敬慕型寒暄的运用尤其要注意，以免产生物极必反的效果，使对方感觉受到讥讽或挖苦。

（2）自然切题，注重场合。寒暄的话题十分广泛，比如天气冷暖、身体健康、风土人情、新闻大事等。但是，寒暄时具体话题的选择要讲究场合，话题的切入要自然。拜访人家时要表现出谦和，不妨说一句“打扰您了”；接待来访时应表现出热情，不妨说一句“欢迎”。在庄重的场合，寒暄也应该与环境保持一致，要热情但不失庄重；在轻松的场合，寒暄则要本着轻松但又不流于庸俗的原则。有的人不分场合，甚至在厕所见面问别人“吃过没有”，使人啼笑皆非。当然，也有适合较广的问候语和答谢语，如“您好”“谢谢”这类词，可在较大范围以及在各色人物之间使用。

牵涉个人私生活、个人禁忌等方面的话语，最好别拿出来“献丑”。例如，一见面就问候人家“跟女朋友吹了没有”或是“现在还吃不吃中药”，都会令对方反感至极。

（3）考虑对象，选择措辞。在与客户交往过程中，男女有别，长幼有序，彼此熟悉的程度不同，寒暄时的口吻、用语、话题也应有所不同。

①年龄的差异。一般来说，如果交往双方在年龄上有明显差别，那么在寒暄的过程中，年轻者要表示敬重，而年老者则要表现出热情谦虚。

②亲疏的界限。交往双方如果是已经非常熟悉的人，那么不妨在寒暄时更加随意轻松一些为好；反之，若初次见面就应该显得庄重一些。

③性别的不同。男性与女性之间交往时，寒暄应该特别注意，不适合于女性的语言一定要避免使用。如人们过去见面，常喜欢用“你又发福了”的话作为恭

维或寒暄，但这用在女性身上是不合适的。另外，与女性寒暄时虽然不一定要故作严肃，但是谈论轻松、幽默的话题要注意格调高雅，掌握分寸。

④文化背景的特殊性。语言具有民族性，这不仅表现在语音、语调上，还体现在语言使用的习惯和表达的文化内涵上。不同民族、不同国家在寒暄这一语言环节上也有着明显的差异。如中国人在寒暄时喜欢以关切的语调询问对方的饮食起居、生活状况、工资收入、家庭情况等；但在西方国家中这些内容却是彼此交谈的禁区。同样，在中国文化环境中不适合运用的寒暄则可能在其他一些文化环境中得到认可或普遍使用，如西方国家的小姐在听到别人用“你看上去真迷人”“你真是太美了”之类的语言寒暄时，她们往往会很兴奋，并且很有礼貌地作答；但在中国的年轻姑娘面前使用这样的寒暄语则往往得不到好的反馈。

万事开头难。当切入了自然而得体的寒暄话题，双方的心理距离就会有效地缩短，双方的认同感就容易建立起来了。有了认同感，再加上寒暄时诚恳热情的态度、语言、表情以及双方表现出的对寒暄内容的勃勃兴致，和谐的互动气氛也就自然地创造出来了，这样就为下一步的销售工作打下了良好的基础。

【特别训练】

在与客户交往的礼节之中，寒暄占了很重要的地位。很多人认为，寒暄只不过是双方碰面时的招呼而已。无非是早上见面道一声“早安”，中午或者晚上问候一声“午安”或“晚安”，分手之时说声“再会”而已。事实上，正确的寒暄必须在短短一句话中明显地表露出你对他的关注。

切记！寒暄是建立人际关系的基石，也是向对方表示关注的一种行为。寒暄内容与方法的得当与否，往往是一个人人际关系好坏的关键，所以要特别重视。

某公司曾经做过一项管理的调查研究，结果得出以下结论——在公司中，先向部属寒暄的主管，他们的用人方法比其他人更突出。这一结论不仅适用于公司里，也同样适用于一般的客户来往的关系之中。

既然寒暄并非只是打招呼而已，那么要怎样做呢？下面有两个例子。

“早安。”

“早安，老弟，瞧你满脸红光，气色真不错啊！”

后者给对方的感觉是“他很关心我”；而前者纯粹就是打招呼，与“喂”没有什么两样。

“老李，穿新西装啊！”

“噢！老李，这套咖啡色新西装穿在你身上，真是帅极了！”

后者表示他的咖啡色新西装棒极了，而前者仅发现是一套新西装而已。

从上面的例子我们可以知道，同样的一句寒暄话，采用平淡的问候与采用积极的语句，其间的差距甚大。寒暄也许就是你和客户拉近距离的一个十分合适的时机，实在不能等闲视之。

七、致意

【导入案例】

在一次展销会上，销售人员小王以稳健的步伐走向客户——××公司张总经理，当视线接触至张总时，他轻轻地向其行礼致意，视线放在张总的鼻端左右。小王走到张总面前时停下，与张总握手并向其问好。

小王：“张总经理，您好。很高兴在这里遇到您！”

……

【要点总结】

致意是已相识的双方在相距较远或不宜多谈的场合用无声的动作语言相互表示友好与尊重的一种问候礼节。它是随着生活节奏的加快而随之流行的一种日常人际交往中使用频率最高的见面礼仪。致意时应诚心诚意，表情和蔼可亲。

致意是一种无声问候，因此向对方致意的距离不能太远，以 2 ~ 5 米为宜，也不能在对方的侧面或背面。当相遇者侧身而过时，施礼者在用非语言信号致意的同时，也可伴之以“您好”“早上好”等问候语，使致意增加亲密感，受礼者应用同样的方式以示答谢。致意方式包括如下四项。

1. 举手致意

举手致意，适于向较远距离的熟人打招呼。举手致意时一般不必出声，在目视对方的同时，面带笑容，将右臂伸直，掌心朝向对方，轻轻摆一两下手即可，注意不要反复摇动。

2. 点头致意

点头致意，适于不宜交谈的场所。如在会议、会谈进行中，与相识者或与仅有一面之交者重逢，都可以点头为礼。对一面之交的朋友或不相识者在社交场合可点头致意。点头致意的方法是头微微向下一动，幅度不大。

3. 微笑致意

微笑致意，它可以用于同不相识者初次会面之时，也可以用于向在同一场合反复见面的老朋友“打招呼”。

4. 欠身致意

欠身致意，即全身或身体的上部微微向前一躬，欠身的幅度应在 15 度以内。这种致意方式表示对他人的恭敬，其适用的范围较广。比如在会谈进行中，或在宴会等场合，当销售人员作为被介绍者介绍给对方时，就不必起身，只要正面对着客户略微欠身致意就可以了。

5. 脱帽致意

戴着帽子的男士，遇到友人特别是女士时，应微微欠身，摘下帽子，并将其置于与肩膀平行的位置，同时与对方交换目光；离开对方时，脱帽者才可以将帽子戴上。若在室外行走中与友人迎面而过，只要用手把帽子轻掀一下即可。如要停下来与对方谈话，则一定要将帽子摘下来，拿在手上，等说完话再戴上；如因头痛等原因不能摘帽，应向对方声明，并致歉意。如男士向女士行脱帽礼，女士应以其他方式向对方答礼，但女士是不行脱帽礼的。

上述几种致意方式，在同一时间对同一对象，可以用一种，也可以几种并用，视自己向对方表达友善恭敬的程度而定。

【特别训练】

在大庭广众场合，致意的基本规则是男士先向女士致意，晚辈先向长辈致意，未婚者先向已婚者致意，职位低者先向职位高者致意。女士唯有遇到长辈、老师、上司和特别敬佩的人以及见到一群朋友时，才需首先向对方致意。当然，在实际交往中绝不应拘泥于以上的顺序原则。长者、上司为了倡导礼仪规范，为了展示自己平易、随和，主动向晚辈、下级致意会更有影响力。遇到别人先向自己致意时，必须马上用对方所采取的致意方式“投桃报李”回敬对方，绝不可置之不理。

在餐厅等场合，若男女双方不十分熟悉，一般男士不必起身走到女士跟前去致意，在自己座位上欠身致意即可。女士如果愿意，可以走到男士的桌前去致意，此时男士应起立，协助女士就座。

致意的动作不可马虎，也不能满不在乎，必须是认认真真的，以充分显示对对方的尊重。

八、介绍

【导入案例】

某外国公司总经理史密斯先生在得知与新星贸易公司的合作很顺利后，便决定偕夫人一同前来中方公司做进一步考察，销售部经理小王陪同新星贸易公司的张总前来迎接。在机场出口见面时，小王首先自我介绍："尊敬的史密斯先生、夫人，您好！我是新星贸易公司销售部经理小王。"因为是商务交往，所以小王随后将张经理介绍给史密斯先生、夫人，再将史密斯先生介绍给张经理，最后将史密斯夫人介绍给张经理。

【要点总结】

在销售活动中，介绍和被介绍是很重要的一环。通过介绍，结识新朋友、交易伙伴，也开始了业务上的接触。介绍的场合和气氛应该是自然而轻松的，这有利于销售工作的开展。

在销售活动过程中，销售人员通常会遇到以下两种介绍情况：

1. 自我介绍

自我介绍是销售人员工作中最常见的一种情况，在开拓新市场时尤为多见。销售人员在与客户第一次见面时如能措词适当，彬彬有礼，不仅有助于自我展示、自我宣传，而且能使客户对你产生好感，愿意与你继续交往，为进一步销售工作奠定良好的基础。

销售人员进行自我介绍可以主动介绍，也可以被动介绍。主动介绍即销售人员主动向客户介绍自己的情况；被动介绍即销售人员应客户要求进行自我介绍。在一般社交场合，自我介绍主要介绍自己的姓名、工作单位、身份。例如，"我是××，在××单位工作。"如果与新结识的客户谈得很投机，双方都愿意更多地了解对方，介绍的内容可以适当增加。

销售人员进行自我介绍，一般有以下几点需要注意：

（1）选准时机。要想自我介绍获得成功，给客户留下深刻的印象，首先应考虑在适当的时间进行。所谓适当的时间，指在客户有兴趣、有空闲、情绪好、干扰少、有要求时。反之，则不必急于自我介绍。比如，客户正忙于工作或与人交谈，或者大家的精力正集中在某人、某事上，则不宜进行自我介绍。而客户一人独处，或春风得意、心情很好时，进行自我介绍则会产生良好的效果。

（2）注意仪态。进行自我介绍时要落落大方，笑容可掬，态度诚恳。举止、仪表应庄重大方，表情亲切、自然，面带笑容，热情友好。在自我介绍的过程中，语气要自然，语速要正常，语音要清晰，切忌慌慌张张、不知所措，或者心不在焉，满不在乎。

（3）把握分寸。销售人员自我介绍时应当把握好分寸。首先措辞要适度，对自己的评价要客观，既不要过分炫耀自己，也不要过分贬低自己，而应该实事求是、恰如其分地介绍自己；既要表现友好、自信和善解人意，又应力戒虚伪和媚俗。其次，介绍时间要适度，以半分钟左右为佳，如无特殊情况最好不要长于一分钟。为了节省时间，在做自我介绍的同时，还可利用名片加以辅助。

（4）掌握程序。销售人员主动自我介绍时，可以先说一声“您好”，或是先向客户点头致意，来引起对方的注意，然后再向客户报出自己的姓名、身份、单位及有关情况。介绍时语言要热情友好，充满自信；眼睛要注视客户，切忌目光游移。

销售人员被动进行自我介绍时，要应声站起来，趋前主动与客户握手，显示出想结识客户的诚意。握手后，双方应寒暄几句，然后交换名片，并用心记住客户的姓名和单位、职位等情况。

（5）讲究艺术。自我介绍要看场合，如与一人会见，问好后便可开门见山地进行自我介绍。如有多人在场，则在自我介绍前，最好加一句引言，例如，“我们认识一下好吗？我是……”作自我介绍时，不要把目光集中在一个人身上，最好环视大家。然后，将目光转向他们中的某个人，大家也会相应地作自我介绍。

（6）注重内容。一般来讲，自我介绍的内容由三个要素构成，即本人姓名、单位及职务，自我介绍要将这三者一气呵成。在初次见面时，一定要注意要报姓名和工作单位全称。当然，自我介绍的内容也可根据实际情况的需要来决定繁简。

2. 介绍他人

在销售活动场合若有多人在一起，存在彼此不认识的情况时，销售人员应承担起介绍人的责任。

（1）掌握介绍的方式。由于实际需要的不同，为他人作介绍时的方式也不尽相同。具体如下表所示。

类型	释 义	举 例
一般式	也称标准式，以介绍双方的姓名、单位、职务等为主，适用于正式场合	“请允许我来为你们引见一下。这位是卡秀公司营销部经理王鹏先生，这位是新鹊集团副总经理江嫣小姐”
简单式	只介绍双方姓名一项，甚至只提到双方姓氏而已，适用于一般的社交场合	“我来为大家介绍一下。这位是谢总经理，这位是徐董。希望大家合作愉快”
附加式	也称强调式，用于强调其中一位被介绍者与介绍者之间的关系，以期引起另一位被介绍者的重视	“大家好！这位是飞跃公司的业务主管杨先生，这是小儿刘放，请各位多多关照”
引见式	介绍者将被介绍的双方引到一起，适用于普通场合	“OK，两位认识一下吧。大家其实都曾经在一个公司共事，只是不是一个部门。接下来的，请自己说吧”
推荐式	介绍者经过精心准备将某人举荐给他人，介绍者通常会对前者的优点加以重点介绍，适用于比较正规的场合	“这位是阳远先生，这位是海天公司的赵海天董事长。阳先生是经济学博士、管理学专家。赵总，我想您一定有兴趣和他聊聊吧”
礼仪式	是一种最为正规的他人介绍，其语气、表达、称呼上都更为规范和谦恭，适用于正式场合	“孙小姐，您好！请允许我把北京远方公司的执行总裁李力先生介绍给你。李先生，这位就是广东润发集团的人力资源经理孙丽小姐”

经介绍与他人相识时，不要有意拿腔拿调或是心不在焉，也不要低三下四、阿谀奉承地去讨好对方。

（2）介绍他人的注意事项。当为他人介绍时，应先了解双方是否有结识的愿望，不要贸然行事。介绍时，语言应清晰、准确，态度要热情友好，不可厚此薄彼。在具体介绍时，要注意以下问题：

①掌握正确的介绍顺序。在为他人作介绍时谁先谁后，是一个比较敏感的礼仪问题。根据商务礼仪规范，在处理为他人作介绍的问题上，必须遵守“尊者居后”的规则。即把身份、地位较低的一方介绍给身份、地位较高的一方，以表示对尊者的敬重之意。在口头表达上，应先称呼受到尊敬的一方，再将被介绍者介绍出来。所以，在介绍的顺序上应该是：将男士介绍给女士、将未婚者介绍给已婚者、将晚辈介绍给长辈、将职位低者介绍给职位高者、将客人介绍给主人、将个人介绍给团体。比如，先把职位低者介绍给职位高者时，可以这样说：“张总，这是王经理。”然后再介绍说：“王经理，这是张华总经理。”

当被介绍人是同性别或年龄相仿或一时难以辨别其身份、地位时，可以先把与自己关系较熟的一方介绍给自己较为生疏的一方。例如，“陈强，这是我的同学方刚。”然后说：“方刚，这位是陈强。”

②运用正确的介绍姿势。作介绍时，介绍人应起立，行至被介绍人之间。在介绍一方时，应微笑着用自己的视线把另一方的注意力吸引过来。手的正确姿势应为手指并拢，掌心向上，胳膊略向外伸，指向被介绍者。作为介绍人，在为他人做介绍时，一定要认真，不要敷衍了事或油腔滑调，也不要用手指对被介绍人指指点点。

③陈述正确的介绍语。介绍人在为他人作介绍时，语言宜短，内容宜简，并应该使用敬语。例如，“李小姐，请允许我向您介绍一下……”也可以这么介绍：“王先生，我来为您介绍一下，这位是……”如果时间允许，气氛融洽，在为被介绍人作介绍时，除介绍姓名、单位、职务和与自己的关系外，还可介绍双方的爱好、特长、学历、荣誉等情况，为双方提供交谈的前提条件。

【特别训练】

销售人员必须掌握自我介绍的艺术。一位外国心理学家曾经提出过自我介绍的“五要”与“六不要”。

1. 五要

（1）要镇定而充满信心。一般人对于自信的人都会另眼相看。如果你有自信心，对方会对你产生好感。相反，如果你畏怯和紧张，可能会使对方产生同样的反应，对你有所保留，使彼此之间的沟通产生阻隔。

（2）要预先准备。在公共交际场合中，如果你想认识某一个人，最好预先获得一些有关他的资料，诸如性格、特长及个人兴趣等。有了这些资料，在自我介绍之后，便容易交谈，使关系融洽。

（3）要热诚表示自己渴望认识对方。任何人都会觉得能够被人渴望结识是一种荣幸。如果你的态度热诚，所得到的反应也会热烈。

（4）要善于用自己的眼神表达自己的友善、关注及渴望沟通的心情。

（5）要复述对方的姓名。在获知对方的姓名之后，不妨口头重复一次，因为每个人都乐意听到自己的名字，使他有自豪感和满足感。

2. 六不要

（1）不要过分地夸张热诚。大力握手或热情地拍打对方手背的动作，可能会使对方感到诧异。

（2）不要打断别人谈话而介绍自己，要等待适当的时机。

（3）不要态度轻浮，要尊重对方。无论男女，都希望别人对自己尊重，特别是希望别人敬重自己的优点和成就。因此在自我介绍时，要表现出对对方的尊重。

（4）不要守株待兔。如果希望认识某一个人，要积极主动，不能等待对方注意自己。

（5）不要只结识某一特殊人物，应该和多方面的人物打交道。

（6）不要提醒对方的失忆。如果一个以前曾经介绍过的人，未记起你的姓名，也不要作出提醒式的询问。最佳的方法是直截了当地再自我介绍一次。

当你遇到一个陌生客户，而且听到他的自我介绍很含混时，你可以马上跟一句："对不起，我没听清您该怎样称呼。"大多数人可能认为，请求对方重复一遍姓名比较难堪。实际上，一个人最珍视的"私有财产"就是他的或她的名字。如果你能给以哪怕最细微的注意，他或她都会对你产生好感。

九、拜别

【导入案例】

推销员小侯去拜访一位新客户，经过一番推销和讨价还价，客户终于答应第二天签单了。这可是小侯从事推销工作以来的第一份大单。想到此，小侯不由喜形于色，对客户的态度也就更加热情了。高兴地与客户告别后，小侯喜滋滋地回到了公司。

然而，让人没有想到的是，客户第二天就取消了订单。理由竟然是"推销员告别时那么高兴，不会是我要买走他久已推销不出去的存货，就是这商品可能有什么问题吧。现在，我担心自己受骗，这个合同我不签了。"

【要点总结】

对于销售人员而言，告别的礼仪比见面复杂得多。这是因为初见面时，销售人员与客户是彼此陌生的，经过交谈，大家相识，销售人员的一举一动都会引起客户的注意和评价，而交谈和告别对销售结果的影响最大。销售人员与客户交谈的结果可能有三种，即销售成功、暂无结果、销售失败。销售人员在告别时应当根据这次谈话中给人的印象、销售成果，在告别时说些比较妥当的话，让客户感到自己是位热情、有礼的人，值得今后继续交往。

销售人员的告别可以说是与客户的暂时别离，除非销售人员决定不再和该客户来往，有意放弃相应的市场。因此，必须十分注意告别时的礼仪，尤其是在销售被拒绝时，更能体现销售人员形象。告别时不讲礼仪，就会因销售人员关系线的断裂而导致销售失败。

1. 告别时要谨慎措辞

（1）告别语要热情、简洁。不管客户有没有购买你的产品，他终归还是给了你时间，给了你注意力，他完全是为了你而耽误了一段时间。如果他连句感谢的话都听不到，说不定他下次就会拒绝你的拜访。而且在感谢对方的同时必须表现出你很高兴，这样方能显示出对方所做的一切令你满意。否则，你一脸严肃地结束谈话，对方肯定不会再有与你谈话的兴致。

所以，在告别的时候不要忘记高兴地说："今天能见到您，实在太高兴了。""今天得到您的盛情款待，衷心感谢。"也可以说些对今后多加强业务往来和销售往来的愿望，如"希望今后多联系"。对交谈中涉及的销售业务的关键，也不妨再提一句，但一定要简明扼要，切不可重开话匣，没完没了。

（2）告别语要因人而异。如果客户是寡断型的，销售人员在告别时应主动向客户讲明下次访问的时间，征求他的意见，并准备不合心意时的对策；如果客户是自律型的，销售人员在告别时可说一句"如果我下次再来，您认为定在什么时候比较恰当"，为下一次的拜访"铺路"。

（3）告别语要留有悬念。好奇心会使人急不可待，因此在告辞的时候你不妨像连载小说里的"未完待续"一样，为下一次拜访制造悬念，埋下伏笔，使他惊喜，使他期待着与你下一次的会面。比如，你可以这样告诉他："先生，你现在就可试用一下我们的产品，等我下次再来拜访你的时候，就可以发现它已经为你们节约了许多能量，让我们期待那一天的到来吧！"

总之，告别语不应该是陈词滥调的废话，销售人员应开动大脑，挖掘潜力，将你在问候客户时所点起的兴奋火花燃烧成不灭的热情之火，让客户与你告别后仍期待着与你再见面。

2. 告别时的礼仪

告别时，销售人员在礼仪方面还应注意以下几点：

（1）即使交易并未成功或是被拒绝，都不能忘了说一句："打扰您好久，实在抱歉，谢谢您。"这是因为客户能听销售人员的推销词就值得感谢了。

（2）告别时也应和进来时同样恭敬，应弯腰垂首、殷勤致礼。门将关上时，应再一次向客户表示出礼貌的态度。

（3）绝不能以倒背着手的方式关门，应做到比来访时更具人格魅力。

（4）关门的动作要温文尔雅，不可大声粗暴。

总之，如果销售人员注意遵守告别礼仪，那么，他对客户的再次访问就会受到欢迎。

【特别训练】

告别是拜访的最后一个环节，在此环节一定要小心谨慎，否则就可能会“一着不慎，满盘皆输”。销售人员与客户告别时要避免以下几种做法：

1. 犹豫不决

如果这样告诉客户：“先生，您肯定想好好考虑一下，如果您有了什么决定……”其实客户正想要签约呢，可这样反而让他感到没有把握了，甚至于他可能会想到你前面的谈话都是在骗他呢。所以，销售人员必须态度坚决，以免给客户留下你对自己都不相信的印象。

当然，客户会留有最后的疑虑，对这些疑虑必须排除掉，因为即使到了完全相信的时候，几乎所有人也都可能犹豫不决。这时，销售人员就必须给客户一个必要的刺激或动力，以便签订订单。当然也不应该是随便的“高压技术”，而应该是真正地帮助客户，以避免他们在最后做出错误的决定。

2. 低三下四

如果对客户说这样的话：“× 先生，求求你和我签订单吧，要不然我就无路可走了，而且我上有老、下有小，您就发发慈悲拉我一把吧。”这会让客户觉得你很没有骨气，也很没有尊严，并且你只在乎订单，而不在乎客户的兴趣。你让对方觉得，还有比你更强的竞争对手存在，你比不上别人，从而会让客户小瞧你，打心眼里看不起你。

3. 过于坦诚

虽然对方知道你是为了得到订单而来的，但是如果针对订单的提问太过直白或表面化，客户就会察觉到你的用意而扫兴。比如你这样问：“我想问一句，我们是否能得到订单？”

4. 转移目标

如果客户可能与你签约时，你却告诉他：“如果您决定签订合同，就请您与我们内勤部门联系，这个产品样本里有他们的电话。”这样做在今天是谁也不会理解的。

5. 过分殷勤

对客户热情没有错，但如果热情过了头，就不免会有殷勤之嫌。过分殷勤的人往往让人不可信任，在现实中就有很多客户订了产品后就因为销售人员过分殷勤而又取消订单的事情发生。他们可能会想，就是因为我买了他的东西，他才这么好的，而一旦我不买，他肯定会立马翻脸。当然，有时候你过分殷勤使得客户买了你的产品，但是你要知道，你再也不可能同他做第二次生意。所以，做任何事都要切记过犹不及，要拿捏得当，恰到好处。

第二节　迎送客户中的礼仪

一、迎客

【导入案例】

推销员小李奉命到机场接客户，由于以前没有接触过这位客户，所以他特地做了一个接机牌。谁知一着急，小李忘带接机牌了。无奈之下，到机场后他只能像无头苍蝇似地到处问人是不是 ××× 客人，搞得大家都在看他。

【要点总结】

为了使客户更好地了解企业规模及生产实力，大多数企业会安排客户到单位参观或洽谈，这时身为接待员的销售人员一定要注意迎客礼仪。

1. 迎客准备

（1）了解客户情况。迎接客户前，首先要了解客户的背景资料，如身份、性别、年龄、习俗以及来访性质等，掌握客户抵达时间，根据客户情况事先安排好客户住宿等问题，并对客户下榻地方的情况有详细了解，以便向客户介绍相关的情况，如就餐时间、娱乐设施及附近基本状况等。此外，销售人员还应在客户下榻的房间内准备一些糖果、饮料、水果等，以及个人所需要的书籍、资料等物品。

（2）明确接待规格和目的。接待规格一般要根据客户的具体情况而定，尤其是对一些大客户，必要时需请公司销售经理或总经理出面迎接客户。此外，销售人员要事先考虑到此次商务接待将要讨论的问题，对客户谈什么，怎么谈，承诺什么，怎样承诺，询问什么，怎么询问等问题，要做到心中有数。这样的话，当与客户谈到这些问题的时候，才能迅速、规范地做出反应，以免被动。

2. 车站迎客礼仪

销售人员到车站、码头或机场去迎接远道而来的客人，这也是接待工作的一项重要内容。实践证明，热情周到做好接待工作，容易赢得客人的信任和合作。反之，客人人生地不熟，没有遇到接站的销售人员，自己艰难地寻找企业所在地，则必定会对企业产生埋怨情绪和不积极合作的态度，从而影响企业与客户的关系，也有损于企业的形象。

车站迎客应注意以下几点：

（1）做好接站准备。销售人员要做好客户飞机、车、船到达前的准备工作，如了解班次、时间，备好交通工具、接站标牌，准时到达，切勿迟到、早退。特别是接待国外客户，更要准备充分，提前到达。在迎接大批客户或不相识的客户时，要有接站的特定标志，如举着写有企业名称的标牌，以便客户在远处就可辨认。否则，很容易错过要接的客户。书写的字牌要工整、醒目，以便客人到站时迅速取得联系，而不至于到处问询、寻找。

（2）客人到达后，销售人员应迎上前去，首先向客户表示问候和欢迎，并根据客户身份、性别、年龄、习俗及来访性质等施见面礼（握手礼、拥抱礼……）。向客户施礼后应道声辛苦，可以说“一路辛苦了，欢迎您的到来”“欢迎，欢迎”“您好，见到您很高兴”等话语。同时应向客户做简单的自我介绍，告诉客户怎样称呼自己，如“请叫我小王”。若有名片，则应双手递上，有礼貌地交换名片。必要时，应让客户检验一下自己的身份证和工作证，以打消客户 的疑虑。

（3）主动帮助客户提取行李。但最好不要拿客户的公文包或手提包，因为里面可能装有贵重物品，如介绍信和钱款等。

（4）引导客户乘车。销售人员引导客户到停车辆的地方时，应走在客户左前方1～2米处。若与客户平行陪同行走，也要注意以右为尊的原则，即让客户走在右侧。

销售人员应当主动为客户打开车门。上车时，为客户打开右侧车门，使客户从右侧上车，销售人员从车尾绕到左侧上车，避免从客户座前穿过。

在车上，销售人员要主动与客户交谈，告知客户访问的安排，征求客户的意见。向客户介绍当地的风土人情，沿途景观。到达地点后，销售人员应先下车为客户打开车门，然后请客户下车。

（5）引导客户入室。下车后，销售人员应走在客户的左边，或走在主陪人员和客户的身后。到达会客室门口时应打开门，让客户和主陪人员先进入，在会客室内把最佳位置让给客户和主陪人员。同时，还要按照介绍的礼仪把客户介绍给在场的有关人员。

3. 接待室迎客礼仪

在公司接待室接待客户，销售人员应提前到达接待室。宁可等候客户，也不能让客户等候。具体的礼节有：

（1）看到客户来时，要立即从座位上站起来，礼貌地招呼，以示欢迎。

（2）若是首次来访的客户，要很恭敬地问清来访者的姓名、从何处来，双方交换名片。若是经常来的客户，要亲切地称谓，这会使客户产生一种朋友之情。

（3）请客户坐下。销售人员的位置宜在近门处。面向入门处，距离入门处远的是上座；背对入门处，离门近的是下座。端茶时也是从右边上座开始依次分配。

（4）工作繁忙，万不得已而请客人等候时，应诚恳地先表示歉意："请您稍等片刻，我一会儿就来接待。"

（5）如果客人要找领导，对于熟悉、亲密的客人可尽快地通知领导；如若遇到来意不明的客人，不要先表明领导的动向，待问清来访的目的后，再说"请等等，我先联系一下"，然后请示领导决定。若领导拒见，则应挡驾，以沉着、冷静和有礼的态度婉言拒绝，并要征求客人的意见，是否要留话，是否要代理。

另外，在接待中，对于来访者的伞、帽和包等物，要指明挂放处，也可以帮助放置。

【特别训练】

一般而言，销售人员在会客室完成接待后，要将客户护送到下榻之处。在下榻处销售人员不要久留，应给客人以休息和自由活动时间。与客户分手前一定要说好下一次见面的时间、地点，并告诉客户与你联系的方法，留下电话号码，并将准备好的交通图、旅游图等送到客户的手上，及时告退。

二、乘车

【导入案例】

有一次，B公司经理要来，A公司就派一名女职员去接她。当一起乘汽车回来时，女职员竟无所顾忌地与经理肩并肩坐在司机后面的位置上，以致让大家分不清接的是谁，这位女职员闹了个混淆上下级关系的大笑话。其实坐在司机旁边的位置上，才是对职位高的人的尊重。

【要点总结】

在工作中，我们经常会和领导和客户一起乘车，这时，我们必须根据开车人、乘车人数和车的情况灵活掌握，不仅要让领导和客户坐得安全舒适，还要恰当地安排宾主的座次，用细致周到的礼节赢得领导和客户的赞赏。

1. 座次礼仪

何人驾驶轿车，是关系座次尊卑的头等大事。通常认为：轿车座次总的要求是右尊左次，后排为尊前排为次。但也要具体情况灵活掌握。接待服务时应把领导和客户让到尊座，以表示对客户的尊重。

（1）如有专职司机驾驶时，以后排右侧为首位，左侧次之，中间座位再次之，前排右侧殿后，前排中间为末席。

（2）如果由主人亲自驾驶，以驾驶座右侧为首位，后排右侧次之，左侧再次之，而后排中间座为末席，前排中间座则不宜再安排客人。如果坐客只有一人，应坐在主人旁边。若同坐多人，中途坐前座的客人下车后，在后面坐的客人应改坐前座（此项礼节最易忽视）。

（3）主人夫妇驾车时，则主人夫妇坐前座，客人夫妇坐后座。男士要服务于自己的夫人，宜开车门让夫人先上车，然后自己再上车。

在安排乘车的座次时，除了要考虑何人驾驶轿车，还要根据车型和人数来灵活掌握。

如果乘坐的是三排座轿车，那么我们应把主宾安排在最后一排，客人坐右座，翻译人员则坐在主人前边的加座上。如果主宾不乘同一辆车，那么主人的车应行驶在客人的轿车前面，为其开道。

当乘坐的是吉普车或者大型旅行车时，我们应把客人安排在尽量靠前的位置。因为这些车底盘高、功率大，行驶中比较晃，因此主宾的位置越靠前越好。至于其他陪同人员，则遵循右上左下的原则。因为靠左的位置只能看到对面驶来的车，而靠右的位置则可以很方便地欣赏窗外的风景。

当然，如果我们坐的是小巴的话，那么因为这种车一般都是多排座，所以应遵循离门越近、位置越高的原则来安排座次，尽可能地为主宾上下车提供方便。

2. 乘车规范

在乘车时还应注意自己的举止姿态，遵守乘车的规范。

（1）注意上下车的顺序。按照礼仪要求，年轻者、低职者、男士、主人应让年长者、高职者、女士、客人先上车，并协助他们开关车门。

（2）尊重他人。一般情况下，应按座次礼仪来安排年长者、高职者、女士和客人，但如果他们执意要坐在副驾驶座或其他座位上，也应该尊重他们的选择。

（3）举止文雅。一同乘车，应避免挤压他人。遇到转弯或急刹车时一定要扶稳，碰撞他人后立即道歉。穿短裙的女士上车时，打开车门应先坐在座位上，然后把双腿抬进车内，上车后双腿应合并而坐，切忌双腿分开；下车时应双腿着地后再移身车外。男士上车后忌吸烟。忌向窗外吐痰、扔东西，在车上脱鞋等。

（4）注意安全。在车上不要与司机长时间交谈；乘坐者之间不要互相打闹；上下车时注意过往车辆，开关门时注意避免伤及他人。

【特别训练】

细心的人们会发现，那些政府高级官员、知名人士，或者商业领袖并非总坐在后排右座，而是坐在后排左侧。这是为什么呢？

这些高层人士之所以选择这个座位，并非他们标新立异，主要还是考虑到这个位置的两个好处：一是安全。据统计，在事故发生时，这个位置的伤亡概率较低。二是这个位置比较隐蔽。当前，许多名人都喜欢低调行事，不想时时都处在公众的视线之内。如果他坐在后排右座，就很容易被好奇的人们看到。如果坐在后排左座的话，因为靠近路中间，与路边会有点距离，再加上车窗上的深色覆膜，只要人们不是趴到窗户上看，一般是看不到里面的情况的。因此，对于那些行事低调、尤其想拥有一些个人隐私的人来说，这个位置也许更合适。

由此可见，在乘车礼仪中其实是因人而异的，并不存在一种最标准、最正确的做法。比如，有的客人晕车，我们就应让其坐在副驾驶位置上，这样可以减轻其乘车的痛苦，而不必非要让其坐在后排右座。而有的客户虽然不是主宾，但喜欢坐在右边看风景，我们也应顺其自然，满足他的愿望。每个人的习惯不同，考虑自然也不同。因此，我们需要做的就是尊重客户的习惯，并尽力为其提供便利，遂其心愿，这才是对客户最好的礼节。

三、乘电梯

【导入案例】

销售员小史和小王从机场接回三位大客户，他们乘坐电梯直达 19 层公司总部。楼层到了，电梯门开。销售员小史立刻很有风度地伸出手去，用自己的胳膊挡住门，好让三位客户先他而出，而不至于被电梯门夹到。可是他却把同事小王落在了后面，险些让她撞到电梯门上，幸好其反应敏捷，飞快地闪了出去，但小王“啊哟”的惊呼声还是在 19 层的走廊中飘荡……

【要点总结】

在电梯狭小的空间里有很多规矩，如果你不想让电梯成为你职场中跌跟头的地方，一些电梯礼仪还是有必要遵守的。

1. 候梯礼仪

按完电梯门旁的电梯按钮后，电梯会很快接受你的信息。所以，要耐心等待，不要一次次地重复按按钮。等候电梯时，应站在电梯门两侧，以免妨碍电梯内的人出来。

候梯时如遇熟人，不必过分客气，相互谦让，以至耽搁时间，引起电梯门前其他乘客的不满。但应注意地位低者、男性、年轻者主动为地位高者、女性、年长者按电梯按钮。

2. 进出礼仪

电梯乘坐讲究先出后进，不可争先恐后。即电梯里的人先出来，电梯外的人后进入；出去时靠电梯门最近的人先下；进来时靠电梯门最近的人先上，然后为后面进来的人按住“开门”按钮。要注意的是，在自己的目的楼层快要到时，应尽早等候在电梯门旁，不要等电梯门打开后才匆匆忙忙挤出来。

与客户同乘电梯的礼仪，应视电梯类别而定：

（1）出入有人控制的箱式电梯。销售人员应主动后进去后出来，让客户先进先出。把选择方向的权利让给地位高的人或客人，这是走路的一个基本规则。当然，如果客户初次光临，对地形不熟悉，你还是应该为他们指引方向。

（2）出入无人控制的箱式电梯。销售人员应先进后出。先进去是为了控制开门按钮，防止电梯关门夹伤客户，待同行者全部进入后再按下要去的楼层按钮；后出来也是出于安全考虑而控制开门按钮，请客户先走出电梯，自己再走出电梯。

（3）乘坐自动扶梯。不论上楼还是下楼，销售人员都应走在前面，这样便于引导客人。如果自动扶梯较宽，应靠右侧站，以便让有急事的人从左侧超过。

3. 站法

先进入电梯的要靠墙而站，正面朝向电梯口；后进入电梯的，进入后立即转身面对电梯门，避免与他人面对而立，并尽量避免靠近他人和背对他人；尽量站成“凹”字形，留出空间，以便让后进入者有地方站立。有人管理时，尽量把无控制按钮的一侧让给尊长和女士。越靠内侧，是越尊贵的位置。如果与同乘电梯的人不相识，目光最好放在楼层显示的数字上，不要四处张望或盯在某一个人身上。

乘自动扶梯正确的站法：靠向右侧，给有急事的人留出一条通道。

4. 语言

电梯是一个封闭的公共场合，要保持安静。不宜高谈阔论，不谈论有争议的问题或有关个人的话题，特别是不要在电梯里谈公事。在人多的电梯里说话是没有修养的表现。伴随客户进电梯时，要礼貌地说“请进”；出电梯时则说“到了，您先请”。当请人帮忙按按钮时，要及时致谢。

电梯内可视情况来决定是否寒暄，如没有其他外人时可略作寒暄。

【特别训练】

销售人员在乘电梯时应掌握以下几点：

（1）等候电梯时轻按按钮。

（2）不能在电梯内乱蹦乱跳。

（3）遇火警不能使用电梯。

（4）电梯关门时，不要扒门强行挤入。

（5）在电梯超载时，不要强行进入。如果电梯已超载，请您自觉等待下一次再乘坐。

（6）身上若背了背包或拿了很多东西，进出电梯务必小心，以免碰到他人引起不快。

（7）在电梯升降途中，如发现突然偏梯或其他事故，不要惊慌失措，应马上通知检修人员检修，耐心等候，不要冒险攀援而出。

四、待客

【导入案例】

推销员小王回公司开销售例会，在销售部办公室中看到了一名大腹便便的胖子，由于惊叹其颇为壮观的体形而不禁频频注视。后经询问方知，这是同事李颖的客户。

一会儿，小王在电梯内看见李颖。那时电梯内还有四个陌生人，但小王没有理会，他对李颖说："刚才那胖子是你客户？那胖哥真是绝了，得吃多少才能吃出那种肥硕的体形啊？"话刚说完，电梯内的那四个陌生人勃然变色，其中一位女士愤怒地告诉李颖，这合同不签了。原来这位女士是那位胖客户的妻子。小王这才知道闯了祸。

【要点总结】

任何人去拜访的时候，恐怕都不愿意受到冷落，有道是："出门看天气，进门看脸色。"所以，销售人员对任何客户都应该显示出热情和友好，无论客户来拜访谁，只要踏进公司的大门，就是公司的客人，每一个销售人员都应该以礼相待、以诚相待。

1. 要热情招待

客户来访，无论来访目的是什么，销售人员都理应热情招待，即使他（她）是同事的客户，也绝不能毫无表情地接待或三言两语把客户打发掉，更不能置之不理。这不仅是责任心的表现，也是有无团队意识、整体意识的表现。

2. 要待之以礼

很多人也都有这样的经历，就是进入一个公司的时候，没有人理睬。如果公司职员和来访者在同时过一个窄窄的过道或门的时候，甚至会和来访者抢道、挤人，很多人都不注意这一点，但这种现象确实广泛存在。其实，礼貌地稍让一步，给人以一个真诚的微笑，是再简单不过的事情，但却在来访者的心里，播下了文明、友善、真诚的种子。

3. 不要越权行事

如果客户不是来拜访自己的，你肯定对客户的具体情况不了解，对于他们和自己同事的相关事宜以及利益关系也不了解。这样的话，只需要做好接待工作，在和他们交流的时候，回复一些公司允许回答的问题，不要越权行事，更不要胡乱承诺。作为客户来说，他一定会理解。相反，那种越权行事、乱说一气的人，反而让人怀疑你的为人以及公司的管理。

4. 及时联系相关负责人

每个人都有自己的分内工作。所以，其他同事的客户，你做一下接待只是临时客串。为了更好地解决问题，你应该马上联系相关同事，由他们做进一步的接待和洽谈工作。

【特别训练】

敬茶是中国传统的待客礼节，不论什么季节、什么时间客户来访，销售人员都要先敬上一杯热茶。敬茶必须注意以下几点：

（1）茶壶、茶杯要干净，不能用剩茶或旧茶待客，用什么茶叶应事先征求客户意见。

（2）放入适量茶叶，倒上约三分之一杯开水，把杯子盖好；从客户的左侧上茶；估计茶叶差不多泡开的时候，再为客户倒上开水，同时注意倒茶时可以用右手拿着茶杯盖子，如果要放在茶几上，把盖口朝上；倒茶的时候水不要倒得太满，一般约为茶杯的五分之四就行了。倒茶时要讲究“茶七酒八”的规矩，不要太满，并且茶杯要一字排开，来回冲倒，浓淡均匀。

（3）敬茶时应先客后主，如客户较多，应按级别或长幼依次敬上。上茶的具体步骤是：先把茶盘放在茶几上，从客户右侧递过茶杯，右手递上，手指不要搭在茶杯上，也不要让茶杯撞到客户手上。如果妨碍客户交谈，应先说一声“对不起”。

（4）招待茶点的时候，最好把茶点装在托盘里，再送到客户面前或旁边的茶几上或桌子上，茶水饮料最好放在客户的右前方。如果有点心、糖果之类，则最好放在客户左前方。

从卫生角度讲，对客户不主动敬烟并不算失礼。若要敬烟，应将烟盒的上部朝着客户，用手指轻弹出几支香烟让客户自取。如为客户点烟，最好用打火机，打一次火只为一个客户点烟，不要点“转转火”。

与客户交谈，态度要诚恳热情，认真专注，不要时而干这时而干那；更不要频频看表，显出厌倦或不耐烦的样子。

五、位次

【导入案例】

客户侯女士与朋友到一家汽车专卖店准备选购一辆新车，销售员小范很热情地迎接了她们。由于小范新入职不久，急于完成销售业绩，看到侯女士两人，不禁心中暗喜。在引领客人进入展厅的时候，小范与侯女士并肩而行，他一边走一边介绍车型，而且他的手总是无意触碰到侯女士的胳膊上，引起侯女士的不快……

【要点总结】

位次礼仪是指人们在交往过程中彼此之间各自所处位置的尊卑次序。在销售活动中，位次的安排是否规范，是否合乎礼仪的要求，都可以反映出对客户的尊重和友好程度。为了避免贻笑大方或造成负面影响，必须特别注意不同场合的位次排列礼仪。

1. 基本要求

（1）认真对待。每一位销售人员在郑重的交往中，尤其是在一些较为隆重热烈的场合，对位次的问题，必须认真对待，切不可掉以轻心。

（2）遵守常规。行进、乘车、会客、会议、谈判、签约、宴会等位次排列均有规范。销售人员必须认真学习和领会，并熟练掌握。

（3）礼让有度。讲究位次排列应适可而止，在不伤及国家、单位和个人尊严的前提下，当事人不宜过于计较，也不必过于谦让。

（4）灵活应变。一般商务场合中，偶尔出现与常规稍有不符的情况，在不冒犯对方的前提下，可以不必拘泥，待适当时机再进行纠正。

（5）以右为尊。进行并排排列时，右高左低，即以右为上，以左为次；以右为尊，以左为次，这是国际礼仪中的普遍性原则。

2. 位次排列的基本规则

（1）陪同客户并排行进和单行行进时，有不同的做法。并排行进的要求是中央高于两侧，内侧高于外侧。一般情况下，陪同人员应该把内侧（靠墙一侧）让给客人，把方便留给客人。与客户单行行进，即成一条线行进时，标准的做法是前方高于后方，以前方为上，如没有特殊情况，应让客户走在前面。

（2）上下楼梯时，宜单行行进，以前方为上，把选择前进方向的权利让给客户。男女同行时，上下楼宜令女士居后。

（3）客户不认识路的情况下，工作人员应走在客户左前方约 1.5 米处引领。并一边用手势示意，一边敬语关照，提醒客户“这边请”“请注意楼梯”“有台阶，请走好”等。

前面案例中小范之所以让侯女士感到不愉快，就是因为在引领客户进入展厅的时候，小范与侯女士并肩而行，没有走在客人左前方两三步处引路，所以引起侯女士的不快。

（4）出入无人值守的升降电梯，一般宜请客户后进先出，销售人员先进后出。

（5）出入房门，若无特殊原因，应该是位高者先进或先出。若有特殊情况，比如需要引导，室内灯光昏暗，男士和女士两人单独出入房间，此时标准的做法应该是销售人员先进去，为客户开灯；出来的时候是销售人员先出去，为客户拉门引导。

（6）乘坐轿车，一般情况下让客户先上车、后下车。

（7）会客时，宾主对面而坐，面门为上，面对房间正门者为客位，背对房间正门者为主位；宾主并列而坐时，以右为上，客人应坐在主人的右边。难以排列时，可自由择座。

（8）双边谈判时，应使用长桌或椭圆形桌子，宾主分坐于桌子两侧。谈判桌横放，面对正门的一方为上，应属于客方；谈判桌竖放，应以进门的方向为准，右侧为上，属于客方。

（9）签字仪式的签字桌应横放，双方签字者面门而坐，宾右、主左。双边仪式参加者列队站于签字者之后，中央高于两侧，右侧高于左侧，前排高于后排。

（10）会议主席台居中为上，以右为上，前排为上。职位最高者坐在前排中间，其他人员遵循右高左低的原则，依职位高低自近而远地分别在职位最高者的两侧就座。

（11）宴会中出现两张以上餐桌时，桌次排列居中为上，以右为上，以远为上（即离房间正门越远，位置越高）。餐桌上的座次，面门居中者为主人，主人右侧者为主宾，主左宾右分两侧而坐（有时也可交叉安排）。

（12）重要场合需要悬挂旗帜时，国旗与旗帜同时使用，则国旗必须居于尊贵位置（即居中、居右、居前）；中国国旗与其他国家国旗同时使用，如活动以我方为主，则外国国旗为上；如活动以外国为主，则中国国旗为上。

【特别训练】

在宴请中，桌次与座位是一个不可忽视的问题。按习惯，桌次的高低以离主桌位置远近而定，右高左低。桌数较多时，要摆桌次牌。宴会用圆桌方桌或长桌皆可。一桌以上的宴会，桌子之间的距离适中，各个座位之间的距离要相等。团体宴请中，宴桌排列一般以最前面的或居中的桌子为主桌。

礼宾次序是安排座位的主要依据。我国习惯按客户本身的职务排列，以便谈话。如夫人出席，通常把女方排在一起，即主宾坐在男主人右上方，其夫人坐在女主人右上方。两桌以上的宴会，其他各桌第一主人的位置一般与主人主桌上的位置相同，也可以面对主桌的位置为主位。在具体安排座位时，还应考虑其他因素。例如，双方关系紧张的应尽量避免安排在一起，身份大体相同或同一专业的可安排在一起。

六、送客

【导入案例】

销售员小李在办公室接待一位客户，商谈续签合同的事，双方说好第二天正式签字。

谈话后，客户提出告辞，小李却仍端坐在办公桌前，嘴里说“再见”，而手中却忙着自己的事，甚至连眼神也没有转到客户身上。这让客户大为恼火。第二天，客户就取消了续签合同的约定。

【要点总结】

送客礼仪是接待工作的最后一个环节，如果处理得不好，就将影响到整个接待工作，使接待工作前功尽弃、功亏一篑。一般而言，除非是有重要的事情需要马上处理，并且主要事宜都已经落实的话，可以暗示对方结束接待工作，否则尽量不要主动结束，以免有“赶人”的嫌疑。

1. 送本地客户

一般而言，道别要由客户先提出，在客户告辞前销售人员不应表现出焦急厌恶的情绪，不应频繁看表，特别是不要急于与对方握手，说“请走好”之类的话。销售人员要让客户在愉悦的气氛中完成本次拜访。当客户提出告别时，销售人员应当在对方起身之后再站起来。双方握手道别时，应由客户先伸手，销售人员随后伸手。如果与客户常有来往，销售人员可以送到办公室门口或电梯门口；如果客户是初次来访，销售人员应该适当送远些，送至办公区域之外。

送客户出门后切忌立即把门“砰”的一声关上或“啪”的一下把门口的灯熄灭。

“出迎三步，身送七步”是迎送宾客最基本的礼仪。因此，每次见面结束，都要以将“再次见面”的心情来恭送对方回去，同时选择最合适的言辞送别，如“希望下次再来”等礼貌用语。尤其对初次来访的客户，更应热情、周到、细致。

2. 送外地客户

销售人员要协助外地客户办好返程手续，准确掌握外地客户离开本地的时间、所乘交通工具的意向，如期为客户预订好车、船、机票，并应尽早通知客户。还要为客户准备路途上吃的食品、水果。

送客至车站、码头，销售人员一般要等车船开后再离开；送客至机场，应待客人通过安全检查处之后再返回。和上司一起送别客户时，要比上司稍后一步。客户离别时，应邀请对方再来，表达留恋友好之意，并祝客户一路平安。

【特别训练】

通常当客户起身告辞时，销售人员应马上站起来，在客户右前方半步处频频伸出右手，为客户指引行进路径。

如果客户走楼梯，销售人员应该送到楼梯口，并站在楼梯口目送客户的身影消失。

如果客户乘电梯，销售人员应该先到电梯口，帮助客户按下向下的按钮，待电梯到来时，伸手扶住电梯门，请客户进入电梯，面带微笑地看着客户，等电梯门关闭后，方可转身离开。

如果要跟随电梯送客人，销售人员应在电梯到达后，先进入电梯，然后伸手护住电梯门，请客户上电梯。电梯到达一层电梯门开启后，应请客户先出电梯。

如果送客户到大门外，销售人员应目送客户的身影消失后，方可转身离开。

如果送客户上车，应帮客户打开车门，目送客人所乘车辆走远后，方能转身走开。

第三节　客情维护中的礼仪

一、日常回访

【导入案例】

乔·吉拉德是美国最有名的营销专家，被吉尼斯世界纪录誉为“世界上最伟大的推销员”。在商业推销史上，他创造了一种巧妙的促销法被世人广为传诵。他认为所有已经认识的人都是自己潜在的客户，对这些潜在的客户，他每年大约要寄给每个客户 12 封问候信函，每次均以不同的色彩和形式投递，并且在信封上尽量避免使用与他的行业相关的名称，人们称之为“乔·吉拉德卡片”。

1 月份，他的信函是一幅精美的喜庆气氛图案，同时配以几个大字“恭贺新禧”，下面是一个简单的署名：“雪佛兰轿车，乔·吉拉德。”此外，再无多余的话。即使遇上大拍卖期间，也绝口不提买卖。

2 月份，信函上写的是：“请你享受快乐的情人节。”下面仍是简短的签名。

3 月份，信中写的是：“祝你圣巴特利库节快乐！”圣巴特利库节是爱尔兰人的节日。也许你是波兰人，或是捷克人，但这无关紧要，关键的是他不忘向你表示祝愿。

然后是 4 月、5 月、6 月……

不要小看这几张印刷品，它们所起的作用并不小。不少客户一到节日，往往会问夫人：“过节有没有人来信？”

“乔·吉拉德又寄来一张卡片！”

这样一来，每年中就有 12 次机会，使乔·吉拉德的名字在愉悦的气氛中来到这个家庭。

乔·吉拉德没说一句：“请你们买我的汽车吧！”但这种不讲推销的推销，反而给人们留下了最深刻、最美好的印象，等到他们打算买汽车的时候，往往第一个想到的就是乔·吉拉德。

【要点总结】

我们从事销售这一行业，最重要的是明白人性。为什么客户要掏腰包去买你的商品呢？多数原因是感情上的冲动，不是理性逻辑的分析。令我们冲动的，是心情；而令我们有理性去逻辑地分析的，是脑袋。脑袋令我们冷静，心情令我们激动。试比较一下，心的位置和钱包的距离不是比脑袋和钱包的距离更短吗？所以，令人冲动的方法，是攻心为上，并不是用脑袋的分析计算。

因此，如果你能向乔·吉拉德一样维护客情关系，对客户以攻心为上，你也一样会令客户冲动地掏出腰包。

中国自古以来就重视人情化，“情感”在许多场合比“法理”还要重要。具体来说，销售人员应该做好与客户的日常回访维护，保持彼此情感沟顺畅通无阻。那么销售人员在日常回访中要注意哪些礼仪细节呢？

1. 定期联络

销售人员在交易完成后可以通过电话、电子邮件、邮信等方式与客户定期联络。比如，电话联络既省时又省力，可以随时让客户感受到你的关心和体贴。在电话中，销售人员可以主动询问客户对产品使用的意见和状况，同时还可以了解客户是否又有新的需求。例如：“您好，××小姐，我是向您销售××的×××，我今天打电话是想问一下您在使用过程中觉得有问题吗？您如果有什么意见请直接告诉我，您的意见对我们企业来说非常宝贵……”当然，如果客户在电话中提出了一些相关的问题和建议，那么销售人员就要立即着手加以解决和处理，或者寻求企业其他部门的配合，帮助客户解决问题。再比如，销售人员可以通过电子邮件及时告诉客户相关商品的最新动态，以满足客户的信息需求。这样可以方便客户随时掌握相关商品的信息，从而更加关注你的最新商品动态。

2. 适时回访

适时展开客户回访是获得客户积极认可的一种很重要的方式。在对客户进行回访之前，销售人员最好制订一个针对性较强的回访记录表，这样一来可以显示出你对这次回访的重视，二来也方便客户填写。另外，还有助于你更准确地了解客户的意见和需求。

在自制的回访记录表中，销售人员可以设置这样一些栏目：

（1）客户基本信息资料。主要包括客户的姓名、联系方式、现居住地等。

（2）客户意见。这是整个回访记录表的核心内容，销售人员可以通过此项内容更准确地掌握客户遇到的问题以及可能产生的不满等。

（3）客户期望。这个栏目可以设置客户希望商品销售企业做出哪些服务或者售后服务质量上有哪些不足等。这也是回访记录表的重要内容，销售人员可以参照这些内容更充分地了解客户的新需求。

3. 提供便利

要想让客户在成交之后继续保持对产品的信赖和满意，那么销售人员首先应该尽可能地让客户感受到使用和享受商品的种种便利，让客户产生特别愉快的体验，从而主动成为销售人员的忠诚客户，同时他们还会介绍更多的新客户给你。

奥斯汀·D是一名医疗监控设备的销售人员，他清楚要关注客户的细节感受。他经常会自己制作一些临床应用手册，当哪家医院购买了他的设备时，他会给这家医院的每名相关医生提供一份。这份手册针对每名医生都要遇到的典型病例进行了说明。奥斯汀甚至制作了一个单独的培训手册，以供参与医疗监控的所有护士和技术人员使用。医院的员工对奥斯汀的售后服务大加赞赏，因为这在很大程度上简化了他们的工作，而其他销售人员却没有为他们提供过这样的售后服务。

4. 特殊问候

在一些节假日或其他一些重要日子，销售人员应该电话问候或给客户赠送一些意想不到的礼品，给他们惊喜。比如在客户过生日时送上衷心的祝福，如果有机会能够得知其家人的生日，那更是令人开心的一件事，你不仅可以送上祝福，还可以成为客户家人生日的提醒者，超越客户与厂商之间的关系，成为他的好朋友。

当定期联络、适时回访、提供便利和特殊问候这些贴心的关怀常常围绕着你的客户，客户就会体会到你的真心，他就会越来越信赖你，就会和你做生意！

【特别训练】

经常对客户表达自己善意的关心是很多销售人员在成交之后都非常注重做的一件事情。乔·吉拉德无疑是这方面值得我们学习的典范。

不要只是关心客户这次跟你订购了多少商品，这样的销售人员在客户的眼中是一文不值的，他也许现在依然跟你做生意，但只要有机会，他就会把你替换掉！

你不仅要在平常的语言中让客户知道你非常很关心他的生意状况，更要从行动上花些心思，付出爱心，让客户实实在在地感受到你的关心。

1. 为客户的生意提供资讯

平时要注意留意一下与客户有关的信息，这些信息在网上可以查到许多，帮客户打印下来，作为你关心他的具体行动。

2. 有机会介绍生意给他

销售人员可以帮客户留意跟他业务有关的生意机会，甚至积极地介绍生意给你的客户，这样他会喜欢跟你做生意，因为你的出现常常会给他带来好消息！

3. 为客户的生意提一些建设性的意见

在对客户提意见时，销售人员应当采取适当的方式委婉地提出，并表示这是你经过思考的结果，不管客户采用与否，你所花的心思一定会给客户留下美好的印象。

二、礼品馈赠

【导入案例】

人寿保险公司的女推销员小王在午休时间来到××公司，递给每人一片口香糖。当时公司员工刚吃过饭，这片口香糖令他们嘴里清爽不少，心情也跟着好了起来。目标客户和推销员小王之间的距离，也因此拉近了。

【要点总结】

俗话说，礼多人不怪。适当地馈赠礼品，也是吸引客户的一种感情投资。因而，销售人员不仅要重视节日的礼物，也必须重视平常的送礼，因为平常的礼尚往来也很重要。价钱贵的礼物不一定效果就好，要视情况而定。为了充分地发挥送礼的作用，必须在了解对方的心理上多下工夫。

1. 礼品的种类

（1）实用型：笔、本子、领带、钱包、香水、打火机、各类球拍等物品最常用。销售人员应了解客户爱好、性格，投其所好，这样客户比较容易接受，可以与你慢慢建立良好关系。

（2）摆设型：如台历、招财猫（或吉祥物）、水晶摆设等。此类多用于初始接触阶段，给客户友好的感觉。但因为礼物没有太多实用价值及经济价值，不会给客户留下太深印象。

（3）奢侈型：手表、高级礼品。不过，切记一定要摸清楚客户的爱好，才能投其所好。

2. 客户对待礼品的心态分析

（1）好面子型：此类客户感觉有人送他东西，在家人、朋友面前特有面子。那就要注意，你送的东西是能够拿得出手的。

（2）实惠型：此类客户是“茶壶里煮饺子——心里有数”，还是来点儿实惠的吧。

3. 送礼的方式

送礼的方式上也应该注意。不宜将礼品送到公司交给本人，不打听对方的住址而到对方单位送礼的人是不明智的。礼品上虽然写着是送给对方个人的，但因为作为生产厂商销售人员的你与对方负责采购的经办人员只是工作上的关系而已，所以礼品应该归公司所有，他本人不便带回家去。

此外，当你到对方工作单位访问顺便带着礼品送他时，也属于类似的情况。礼品的体积稍大一点，周围的人就会看见。即使礼品体积小，如果送的方法不高明，也容易被周围的人发现。在被别人发现的情况下，如果对方硬着头皮拿回家去，周围的人会对他指指点点，使他很难为情。

另外，礼品贵在品质，因为人们的眼光及要求越来越高了。还要注意不要向不同的人送相同的礼品，因为一旦大家互相看见对方手里的礼品，就会明白是怎么回事，会很尴尬。

【特别训练】

赠礼方式大致有以下三种：

1. 当面赠送

当面赠送是一种最为常见的赠送礼品形式。其好处是，可以在赠送礼品时随机应变，或畅叙情谊，或介绍礼品寓意，或演示礼品的用法，有助于充分发挥赠礼的作用。

2. 邮递赠送的礼品

邮递礼品一般都要附一份礼笺。在礼笺上，既要署名，又要用规范的语句说明赠送礼品的缘由。

3. 托人赠送

托人赠送即委托第三者代替自己将礼品送达受赠对象手中。当本人不宜当面赠送礼品时，采用这种形式可以显示自己对此十分重视，或者可以避免对方的某些拘谨和尴尬。不过，所托之人在转交礼品时，一定要以恰当的理由来向受赠对象解释送礼人何以不能当面赠送礼品。礼品上最好附一份礼笺。

三、礼品接收

【导入案例】

阿华是一家家居用品公司的推销员。她工作很卖力，人也诚实可靠。她熟练的业务水平和诚实正直的人品赢得了不少客户的好感。一次由于她的建议，客户避免了损失，为表示谢意，客户送给她一个花瓶，阿华把这个花瓶放到自己的办公桌台案上。当客户来的时候，看到这个花瓶，不用多说了，自己的礼品是受重视的……

【要点总结】

对商界人士而言，赠礼往往是一种双向行为，即不单自己时常需要向他人赠送礼品，而且自己时常也需要接受他人所赠送的礼品。一般情况下，大多数人都很幸运地接受过礼品，但并不是每个人都能礼貌地接受。

要知道，如何优雅地接受礼物也是礼仪的一部分。我们往往在给别人送礼的时候煞费心机，可是在接受礼物时却没有想过或注意那么多的礼仪。但是，接受礼物的方式不当也会让我们和送礼者处境尴尬。因此，了解一些接受礼物的基本方式和礼仪是十分必要的。

1. 坦然接受礼物

一般情况下，我们要坦然的接受别人真心赠送的礼品，非特殊原因不要当众拒收，也不要过于推辞。接受时要有礼貌，对方将礼品递上后，我们应立即起身站立，微笑面对对方，神态自然，双手接过后，再用右手与对方相握为礼，口道“谢谢”“太精致啦”之类的感激话语和夸奖礼物的语言。即使送的礼物不合你意，也应有礼貌地加以感谢，不要表露在脸上。

应当特别注意的是，在对方取出礼品，预备赠送之时，千万不要急不可耐地伸手抢夺礼品，也不要开口询问对方“所送何物”或者双眼盯住礼品不放，但求先睹为快。此时此刻切记要保持风度。

2. 当面拆封礼物

接过礼品后，若条件允许，可以当面拆开包装，并再次感谢送礼者。这种做法已在国际社会里逐渐演化为受赠者接受礼品时必须讲究的一项礼节。启封动作要文明、有序，不要乱扯、乱撕、乱丢包装用品。拆开后，要以适当的动作和语言表示你对礼品的欣赏之意，随后将礼品置于显眼、适宜之处。不可乱扔乱放。如果当时条件不允许，受赠者无暇欣赏礼品，则应在致谢后直接置于合适位置。过后拆开礼物包装时，不要忘了再次致谢并对礼品加以称赞。

3. 要拒礼有方

有时候我们会由于各种理由而不宜接受他人所赠的礼品。在拒收礼品时，仍应讲究方式、方法，处处依礼而行，并要向对方详细解释原因，以免令对方难堪，使其有台阶可下。拒收礼品时，首先要感谢对方，其次要说明自己不便于接受所赠之物的具体原因。切不可生硬粗暴地阻挡，或对对方表示恶意。拒收礼品应当在受赠的当场进行，尽量不要收下后再退礼。如果当时情况不允许，则应在事后 24 小时内作出反应，快速高效地将礼品退回。事后退还礼品，也应向送礼者说明拒收理由，并致以谢意。

4. 表现出对礼品的重视和珍爱

在以后和客户的交往当中，要表现出对客户所送礼品的重视和珍爱。比如案例中销售员阿华把客户的花瓶放到办公桌台案上。你要是不用，客户可能会觉得劳而无功，那又何必呢？

5. 要有来有往

接受对方所赠礼品后，受赠方不要忘记“有来有往”。

（1）回赠礼品。可以在适当时候回赠合适的礼品给对方，以加强联系，增进友谊，但也不是每礼必回。回赠礼品时要选择合适的时机，以免让对方有所误解。一般选择回礼的时机与赠送礼品的时机的要求大致是一致的，要长短适度。回礼的礼品内容可与赠品类似，价值可与其相当，但切忌重复。

（2）写感谢信。收到礼品后要及时以书面的形式正式致谢，尽量不要用一个电话代替。信件最迟两个星期内寄出，对年纪大的人应尽量快。以后如有机会与送礼者相见，可当面再向对方表示感谢。

【特别训练】

在接受礼物时，千万不要询问礼物的价格，因为这会让送礼人难堪。俗话说：“礼轻情谊重。”不管礼物的价值是大是小，都是对方的一片心意，你都应该感激。若是你当面询问礼物的价格，那么此时的礼物就变成了只是传递两个信息的东西：一个信息是“我们的情谊值多少钱”；另一个信息是“看着吧！我下次会给你回送同样价格的礼品”。而这些信息会把送礼的情分打得稀里哗啦。所以，有礼貌而又明智的人是不会问礼物的价格的。

有时候接收的礼物上有价格标签，可能送礼人因为疏忽大意而忘了把价格标签拿掉，也可能是他故意不把价格标签拿掉。不论是哪种情况，你看到礼品的价格后都应该泰然处之，然后向送礼人表示感激，说一句：“以后请不要再这样破费了。”这样的举动既不失你的风度，又使送礼人感到欣慰。很多时候，这些细微的地方更能显示出受礼者的礼仪风范。

第四章

谈吐得当：说出优雅和风度

第一节　强化声音的感染力

一、保持合适的谈话音量

【导入案例】

小王是一个大嗓门的保险推销员，他一直认为只有说话的声音大了，客户才能听得明白，听得清楚。

有一次，小王到客户家里去推销保险，对方是一位上了年纪的老人，对保险也挺感兴趣的。在谈话的过程中老人一再向小王强调她的孙子在睡觉，让小王小声点儿，可是，小王说话大声的习惯已经很难改了。就在双方谈得很惬意、准备签约的时候，老人的孙子被小王吵醒了。孙子是又哭又闹的，老人哪有时间再谈签约的事情啊，只顾哄孙子了，于是她就让小王下次再来。可是等小王下次再来的时候，老人却已经改变主意了。

【要点总结】

一次成功的销售应该像一个好的电视节目，有好画面和好音响，如果电视机的声控不佳，音响效果就不好，观众的听觉享受就不佳。这就像推销时，不管你是现场交易还是用电话来交易，一切都用声音传递给客户，所以必须随时注意自己说话的音量。

声音太小，细如蚊子，客户听不清楚；而声音太大，则又会造成客户情绪及听力上的负担，形成疲劳轰炸。我们都曾有过这样的经验，接听电话时，如果听筒传来的声音太大，我们通常会将听筒拿得离耳朵远一点儿。其实，面对面谈话也一样，如果你说话的音量太大，也会令客户刻意与你保持距离。而且，大声说话也容易产生误解，让客户误以为你在生气或是想吵架，这样会影响销售效果。

因此，无论是在现场交易中还是在给客户打电话时，销售人员应该根据场所的大小、客户的多少、客户的相互距离来确定说话音量的大小，要以客户能听清楚又不刺耳为宜。

如何在和客户沟通的过程中保持自己适中的音量呢？下面教给你一些技巧：

1. 找到自己最合适的音量

语言的威慑力和影响力与声音的大小是两回事。千万不要以为大喊大叫就一定能说服和压制他人，声音过大只能使他人不愿听你讲话或讨厌你说话的声音。与音调一样，我们每个人说话的声音大小也有其范围，试着发出各种音量大小不同的声音，并仔细听听，找到一种最为合适的声音。

2. 音量的大小要适中

打雷般的说话方式，会造成听众情绪及听力上的负担；相反，音量太小，使客户要身体前倾用心听才听得到的话，也是不合适的。正确的做法是：在两人交谈时，客户能够清楚地听到你的谈话就行了。

3. 控制自己的音调

我们每个人的音域范围可塑性很大，有的高亢，有的低沉，有的单纯，有的浑厚。说话时，你必须善于控制自己的声音。高声尖叫意味着紧张惊恐或者兴奋激动；相反，如果你说话声音过于低沉、有气无力，会让人听起来感觉你缺乏热情、过于自信，不屑一顾，或者让人感觉到你根本不在乎。有时，当我们想使自己的话题引起他人兴趣时，便会提高自己的音调；有时，为了获得一种特殊的表达效果，又会故意降低音调。但大多数情况下，应该在自身音调的上下限之间找到一种恰当的平衡。

4. 充满热情与活力

响亮而生机勃勃的声音给人以充满活力与生命力之感。当你向某人传递信息、劝说他人时，这一点有重大的影响力。当你讲话时，你的情绪、表情同你说话的内容一样，会带动和感染你的客户。

【特别训练】

每个人打电话的声音与原来的声音都不同。大致可分成铿锵有力的、柔和的和有节奏的、冰冷的、沙哑的、有磁性的等各种声音，你不妨向家人和朋友询问你打电话时的声音，以便了解自己倾向何种类型。

通电话时，不要装腔作势，要以平常见面说话的同一语调说出，且要调好嘴巴和话筒的距离，一般以对方能听清楚为佳。声音大的人要将话筒拿远一些，声音小的人则拿近一些。

声音高亢的人不妨说话轻柔些；相反的，声音低沉的人，若勉强把声音说得很大，反而使对方感到不自然、不舒服。

另外，销售人员打电话要注意说话时要热情，声音冷冰冰的，会让客户以为你是迫不得已为了业绩才和他做生意。即使一直是以平静的语气说话，但是声音低，话筒又离得远，也容易让人产生冷淡的感觉。另外，说话不带感情、语调没有抑扬顿挫的人，也会让客户产生不良的感觉。

二、熟练控制说话的语调

【导入案例】

某保险公司的推销员小王有一天去拜访陈先生。陈先生是个非常顽固的人，小王用了开门见山的方式，单刀直入地向他说明投保的重要性。结果陈先生说："那是年轻人才需要的事，我已经老了，而且又没孩子，根本不需要保险！"

陈先生说话的态度非常果断，小王立刻回答他："你的这种想法实在非常不合理，正因为你没有孩子才比一般人更需要保险！"陈先生听完，瞬间变得哑口无言，接着才说："为什么？"小王也沉默了一会儿（这段时间很重要，一边配合陈先生说话的步调，同时等待适当时刻把陈先生拉向自己说话的步调）。

"完全有理由！"小王说。

陈先生好像若有所思，露出一副愣愣的模样，似乎对小王这句话感到突然而又有兴趣。"嗯——如果有理由，你说给我听听！"

小王重新调整自己的坐姿（比刚才坐得还要挺直），然后慢条斯理地回答："好，让我来说明为什么要鼓励你买保险。"

小王把声调降低，接着说："你太太如果没有小孩做伴，一定会感到很寂寞，我常听到没有孩子的人都这么说过。可是（从这时起，声音越来越有劲），做太太的人认为没有孩子是自己的命，那实在是令人无法理喻的事。既然是夫妻（推销员把声调提高），先生应该负起连带责任，好好安慰太太才对。”

接着，小王渐渐引入本题（故意间隔数秒钟）。“假使有孩子，情形就不同了。即使先生去世，太太还有孩子可以做伴，孩子长大以后也会奉养母亲。但没有孩子的太太（这时声调降低）到底应该依赖什么人？到时候她只有孤零零地过一生。你刚刚说没有孩子所以不需要保险，但万一你有了三长两短怎么办？（从现在起推销员慢慢加快说话的速度）你又说只有年轻人才需要投保，可是现在年轻的寡妇还可以改嫁（用力地说明这一点），我认为你的观点是错误的。”

小王的最后一句话留给陈先生很强烈的印象。停了一会儿，小王又以平静的语调继续说：“先生去世了，太太只有依靠养老金维持生活。但现在养老金很少（这里开始越说越快），这点儿钱根本不够。我想您一定不忍心让她落魄如此。您一定要留一笔钱给她，让她能够顺利度过晚年（停顿数秒钟），这就是我鼓励您加入保险的最大理由。”

最后一句话小王是以诚恳的语调和比原来稍快的速度说出来，说完以后就停下来不再讲话。

陈先生听完只沉思了一会儿，终于作出了购买决定。

【要点总结】

通过上面的案例，我们可以知道，销售人员应该把握说话的技巧，不管在什么场合，都应该讲求语调的变化。由于这种速度变化和声音强弱不同的配合，才会使声音抑扬顿挫、高低起伏，从而引起客户的注意和兴趣，产生深刻的共鸣。

语调是表达情绪、传递思想的重要手段，不同的语调会给人带来不同的感受和体验。一个人生气、惊愕、怀疑、激动时，所表现出的语调自然也就不同。从你的语调中，人们可以感到你是一个令人信服、幽默、可亲可近的人，还是一个呆板保守、具有挑衅性、好阿谀奉承或阴险狡猾的人。你的语调同样也能反映出你是一个优柔寡断、自卑、充满敌意的人，还是一个诚实、自信、坦率以及尊重他人的人。由此可知，销售人员说话的语调否能吸引住客户，这对你的销售是否成功非常关键。

陈安之在培训中，谈到语调时举了一个例子。有一次他去逛某商场，顺便检查一下培训后的效果。走到皮尔·卡丹服装专柜时，被导购员小陈发现了。

“陈老师，您怎么在这里呀？”小陈激动地问。

“我来逛逛，顺便看一下上次培训的效果。”

“陈老师，很有效果！”

“为什么？”

“陈老师，我运用您的模仿法，昨天刚卖了一件3000多元的衣服。”小陈兴奋地说。

“说来听听。”

“昨天，来了一位男客户，看了一会这件上衣，我走过去。‘这件衣服，怎么这么贵？’客户问。‘就这么贵！’我没有思索就模仿了客户的语调说。当时模仿完后，我感觉说错了，脸一下子红了。可是客户根本没注意到我此时的窘迫。‘就买这件！’他目中无人地说道。”

其实，销售就是沟通，沟通的最高境界就是目标一致，达成交易。无论你是模仿客户的口气说话，还是根据自己要表达的内容调整自己的语调，归根结底是要和客户达成一种默契。

无论你谈论什么样的话题，都应保持说话的语调与所谈及的内容互相配合，并能恰当地表明你对某一话题的态度。要做到这一点，至少要具备两个基本条件：第一，要在乎自己说话的声音；第二，每天不断地练习说话的声音。同时要掌握以下几个诀窍：

1. 沟通中的语调控制

语调对于和客户沟通效果也非常重要。当一个人心存怒气时，说话的语调无疑会上扬，形成一种尖刻的、没有耐心的高语调。这种语调有很强的传染性，会使客户马上也像受传染一样针锋相对，厉声对厉声，尖刻对尖刻，只会使事态扩大，矛盾加深。所以，在与客户交谈中，销售人员必须善于控制自己的情绪，不要让自己的语调过于上扬。

2. 语调要低沉缓和

交流是相互影响的，销售人员的音调会影响到对方的情绪。当你高嗓门说话时，客户为了达到和你同样的效果，也会情不自禁地提高自己的嗓门；如果你以低沉而缓和的语气交谈，即便语气和内容都很强硬，客户也能接受，使交谈能顺利进行，而你也可以给人留下沉稳、有涵养的印象。所以，你要给客户留下难忘的印象，使用低沉缓和的语调往往效果更佳。

为什么两个人大声吵架可以越吵越激烈，而从没有看到一个人大声吵、一个人小声吵，可以持续吵下去的？前者就是因为吵架双方都在互相模仿，所以“投机”；后者双方不互相模仿，就没有“默契”。所以，语调偏高的人，应设法练习让语调变得低沉一点，这样才能发出迷人的声音。

3. 模仿客户的语调

模仿客户语调的作用，在于有意识地创造一种感情融洽的气氛，以便客户更好地接受你。每一个人在交谈时，声音都是有高有低、有快有慢、有缓有急，有不同的语调、不同的语速。这些不同会产生反差鲜明的结果，销售的关键是你能不能做到用跟客户同步的语调和语速与其沟通。如果客户说话慢、声音低，你说话快、声音大，不模仿是怎么也不会谈到一块儿的。

【特别训练】

通常，语调可分四种：

（1）升调（↗）。升调的特点是前低后高，整个句子的后半句声调明显升高，句末音节比较高亢。当人们在提出问题、感情激动、情绪亢奋、发号施令、宣传鼓动等情况下会用升调。

（2）降调（↘）。降调的特点和升调相反，降调时声音先高后低，声调逐渐降低，句末音节短而低。降调是日常交际中运用最广泛的一种语调变化。它多用于情绪平稳的陈述句、感情强烈的感叹句、表达愿望的祈使句等。

（3）曲调（W)。表达复杂的情绪或隐晦的感情时，人们往往用曲调。曲调顾名思义就是句调不断由高转低，自低升高，或由低转高，再降低。运用曲调可以充分表达语义双关、言外有意、幽默含蓄、讽刺嘲笑、夸张等情景。

（4）平调（→）。当人们表达庄重严肃、冷淡漠然、思索回忆、踌躇不决等情绪时，常常运用平调。平调的语言句调变化不大，比较平稳、舒缓。

当然，内容决定形式，语调是被说话的内容以及说话人的情绪所决定的。离开了内容，或者缺乏真情实感，只机械地模仿别人，或想当然地选择一些语调，往往会弄巧成拙。譬如，不少销售员在说“见到您很荣幸！”这类话时喜欢用升调，以为这样感情强烈。其实，由于过于直露反而显得浅薄造作，效果适得其反，还是用降调能把内在的感情表达得更真实、质朴。

低沉而缓和的声音往往更能给客户以难忘的印象。香港一位著名的节目主持人，在回忆自己成功的经验时说：“想把自己的观点或意见传达给对方时，和对方保持 40 ~ 60 厘米的距离，稍微压低一些自己的嗓音和对方谈话，效果最佳。”

当然，与客户交往，还要注意因场合不同而使语调富于变化和韵味。

三、把握好说话的节奏

【导入案例】

某家大公司的总经理在向董事会汇报工作时，提出他打算更换秘书。他说：“王秘书虽然工作经验丰富，处理问题也很老练，但她说话的速度快得让人跟不上。以前我还不怎么在乎，可是随着业务负担和压力的加重，她的说话速度对我的刺激越来越大。我实在不愿意辞退她，但如果她还是不能放慢讲话的速度，我就不得不考虑更换秘书了。”

其实，王小姐也有其难处，她整天总是忙个不停，各项文书工作、各界人士来访洽谈、紧急事务的处理把她的工作日程排得满满的，渐渐地她说话的速度就与一天工作的节奏同步起来。

【要点总结】

节奏，即说话时由于不断发音与停顿而形成的强、弱有序的周期性变化。上述案例中秘书王小姐就因为说话节奏太快，给上司以紧张和焦虑之感，才使上司有了换人的想法。其实，在与人谈话中，必须考虑说话的节奏问题。

如果节奏太快，会使你显得心急、情绪不稳，而且由于过快使某些词语说得模糊不清，他人就无法听懂你所说的内容；如果节奏太慢，会使你显得阴郁悲哀、令人生厌；而如果讲话磕磕绊绊没有任何节奏感，则又很少能够打动客户。只有说话节奏适度，方能显得自然、自信、有力度，易于从心理上影响对方，产生良好的心理效应。因此，销售人员必须首先学会控制自己说话的节奏。

在与客户交往中，销售人员如何才能掌握好说话的节奏吸引客户的注意力呢？以下方法值得借鉴：

1. 应熟悉讲话的主题

当我们的思考不发生任何迟疑的情况时，要说的话就会自动到了嘴边。充分的准备可以增加流利程度，因为这能增加自己的自信心，从而更能坚信自己要讲的东西。另外，熟悉主题会使销售人员更有激情，这种激情会使销售人员的整个身心都投入其讲演的境界之中。这样，就很少会讲话磕磕绊绊、毫无节奏感了。

2. 发音要准确、讲话流利

发音含糊不清是说话犹豫的一种表现。如果销售人员连续几个地方都有迟疑不决的现象，就会使客户感到他其实并不知自己在讲什么，或是在头脑中力图发现哪儿出了毛病，结果说话更加不流利。因此，如果销售人员有意识地在发音准确、讲话流利方面做出一些努力，会收到很好的成效；反之，如果销售人员在推销说服的其他方面下工夫，而认为到时候自然会流利起来，那结果将只有失望。

3. 注意讲话的速度

在语言交流中，讲话语速的快慢将直接影响向客户传递信息的效果。如果销售人员讲话速度太快，尤其是所推销的产品对客户来说又是比较陌生时，那么客户可能还没有听明白你在说什么，你说的话却已经结束了。客户听不太清楚，自然就会失去兴趣，这肯定也会影响到推销的效果。

语速变化是表情达意的一种重要手段。语速快，会使人感到急促、紧张；语速慢，会使人感到安闲、平静。恰当地运用语速的变化并结合其他言语技巧，可以渲染场景，烘托气氛，增强言语的节奏和气势，产生巨大的感染力。

要保持恰当的讲话语速，不下一番苦工夫是不行的。

销售人员小李在与客户交流中最大的困难是经常无法把要说的话在限定的时间内说完，一般人只需要10分钟便可轻易讨论完的问题，他却要花15分钟。后来，他请教了一位语言专家，专家听了他的情况之后，建议他从学会调整自己的速度开始。通过训练，他可以在10分钟内有效地讨论问题，别人要花20分钟谈论的问题，他可以随意地加快或减慢速度。

掌握好说话的节奏，使说话能像琴弦一样有张力、像流水一样缓缓流淌，就需要我们去积极地学习。

4. 语言要富于节奏变化

节奏主要体现为讲话的快慢和停顿。说话没有节奏变化就会像催眠曲一样使人昏昏欲睡。

说话时应该减速的地方有：需要特别强调的事情，极为严肃的事情，勉强控制的感情，使人感到疑惑的事情，数据、人名、地名等。

说话时应该加速的地方有：任何人都知道的事情，不太重要的事情，精彩的故事进入高潮时，无法控制的感情等。

停顿（沉默）是控制节奏、吸引客户注意力、调节现场气氛的重要方法。不懂得沉默的人，就是不懂得说话的人。美国前总统林肯非常善于运用沉默技巧。当林肯说到某项要点时，他往往会倾身向前，直接注视听众达一分钟之久。这种沉默高度集中了听众的注意力，甚至比怒吼更有力量。

5. 注意对客户的应对速度

对客户讲话的应对速度也很重要。销售人员如果对客户的话语反应太快，特别在知道客户下面要说什么时的情况下而打断了客户，那么就是一种不关心、不尊重客户的表现，往往会被客户误解为销售人员没有耐心倾听自己的谈话。反之，销售人员对客户话语的反应如果太慢，会被客户认为销售人员根本就没有认真地听他讲话。

当客户讲述完他的观点之后，有意让你对刚才他的陈述发表看法时，这才是你说话的好时机，此时要注意让自己的话语保持一个适当的速度。适中的语速是大多数客户所乐意接受的。

【特别训练】

声音的调适具有双重因素，如果你说话的速度太快，下列几点可以使你减慢，反之亦然。

（1）从 1 数到 10，第一次用时 5 秒钟，第二次用时 10 秒钟，第三次用时 20 秒钟。

（2）经常练习高声朗诵报纸上的文章。先用铅笔将你认为要连贯的字词做个记号，朗读时，同时移动铅笔，引导你的声音。如果你觉得自己平常说话的速度太慢，就加快一些；如果太快，就放慢些。

（3）用录音机录音，然后倒回重放，检查自己的速度是否流畅、是否跳跃停顿。

（4）录下一些好的新闻报道，试着模仿播音员的播音。有时我们还可以发现，不同地域的人说话的速度也不一样，某一语速对南方人十分恰当，但对北方人就显得太快了。

一旦你控制住了自己的语速，它就会乖乖地听你驾驭了。你可以放慢自己的速度，以满足客户的需要；你可以根据一天的工作安排、客户的类别、当时的气氛等因素来调整自己说话的声音、说话的速度，以应付不同情景的需要。

总之，销售人员说话的速度没有必要比子弹还快，也没有必要像河马走路一样迟缓；既不要太快，也不要太慢，重要的是顺畅无阻。这一点销售人员需要根据自己的实践慢慢总结和积累经验。

四、掌握适当停顿的技巧

【导入案例】

有一天，推销员陈某如约来到客户的办公室，开场白说："王总，您好！看您这么忙还抽出宝贵的时间来接待我，真是非常感谢啊！（感谢客户）王总，您这间办公室装修得虽然简洁，但却很有品位，可以想象出您应该是一位做事很干练的人！（赞美）这是我的名片，请多指教！（第一次见面，以交换名片作自我介绍）王总以前与我们公司有过接触吗？"

（停顿，观察客户反应）

"我们公司是国内最大的一家代理商，该品牌销售量超过1亿元。据我们了解现在的企业不仅关注提升市场占有率、增加利润，同时也关注如何节省管理成本。考虑到您作为企业的负责人，肯定也关注如何最合理配置您的办公设备，节省成本，所以，今天来与您简单交流一下，看能否让贵公司的办公设备更优化、更省钱！（介绍此次来的目的，突出客户的利益）贵公司目前正在使用哪个品牌的办公设备？"

（停顿，让客户开口）

【要点总结】

停顿，是销售人员在日常说话时需要掌握的一种技巧。适当的停顿，可以让销售人员快速整理自己的思维、引起客户好奇、观察客户反应、促使客户回话、强迫客户下决定等。在上述案例中，陈某第一次停顿是为了确认一下所代理公司在客户眼中的印象，如果客户了解你的公司及产品，则不必过多地介绍；反之，则可以对产品做详细介绍。

除面对面推销外，电话推销也需要掌握适当的停顿技巧，具体见以下3个案例。

例1

推销员："王总，您好！我是……今天打电话给您是向您表示感谢的。因为过去一段时间以来，您每月的话费都超过了150元，谢谢您对电信的支持！（停顿）为了向您表示感谢，我有责任将电信公司最新的、针对您这样的重要客户的优惠方案告诉您……”

例2

推销员：“王总，您好！不好意思这时候打电话给您。前几天我同您的一个朋友聊天时，她说贵公司正需要一批路由器，建议我同您联系一下（停顿）。我们公司目前正在推出丰富的优惠活动，我想既然大家都是自己人，当然不能让您错过！不知可否占用您2分钟时间向您作简单的介绍？”

例3

推销员：“您好！王总，我是中国移动外呼组的，不好意思，现在打电话给您，您现在方便吗？……谢谢您！是这样，最近我们推出了一系列的优惠活动，我看过您的话费，觉得其中有些会适合您，所以想简单向您介绍下，看是否可以帮您降低话费（停顿）。”

在上述案例中，例1中的停顿是为了转换话题，让客户有一个适应的过程；例2中的停顿是为了试探客户在得知对方是一个朋友的熟人时所作出的反应；例3中的停顿是为了试探客户对自己所下“鱼饵”的兴趣，以便进一步详谈。

可见，有意识的停顿不仅能使讲话层次分明，还能突出重点，吸引听话人的注意力。

【特别训练】

运用好停顿的语言，可以吸引客户的注意，甚至可以加强说话的重要性和感染力。适当的停顿亦是一个制造气氛的好方法，而且有助于听者更清楚地理解谈话的内容，在停顿的间隙进行消化、思考、回味，同时亦令讲者有换气的机会。那么，什么时候需要停顿呢？

1. 转换停顿

当我们转换话题、承上启下，或提出重点、总结中心思想的时候，就需要转换停顿。转换停顿应自然、合理、适当，受语言逻辑所制约。

2. 换气停顿

人的正常呼吸大约是4秒钟一次，由于换气的需要，在表达过程中必然要有停顿，这种停顿即换气停顿。特别是有些长句，中间没有也不应有标点符号，而一口气却无法说完，必须酌情进行换气停顿。事实上，换气停顿还不仅是为了换气，而且是为了加强语言的清晰度和表现力。

3. 感情停顿

感情停顿并不受语言逻辑所约束，完全是基于讲话者本身情感、心态的需要而做出停顿，停顿的长短会依照情感的支配，通常感情停顿会运用在激动、思考、回忆、悲哀等环节中，讲话者的声音会因停顿而中断，但气氛及神情不散，即声断意达。感情停顿需要以真实的感情为基础。一般来说，如果你想表达出蕴藏在内心的激情，讲话时就应抑扬顿挫。另外，感情停顿并不仅限于声音的停顿，还可以配合动作和手势进行。

一个人在交谈时的措辞，就如同他的仪表与气质，会影响谈话的效果。销售人员在日常工作和生活中，经常会遇到风度翩翩、谈吐不俗的人。这时，销售人员就可以将他们视为学习的对象，注意他们谈话时的语气和节奏，记下他们的优点，多加琢磨，以此来提升自己的水准。

五、注意交谈时的语气

【导入案例】

戴尔·卡耐基终于找到了一个工作，任务是推销国际函授学校丹弗分校的教学课程。

一天，戴尔吃早餐后，在回到住处的路上，刚好遇到一位架线工人在电线杆上作业不小心将钢丝钳掉到了地上。戴尔把它捡起来，抛给这位工人。

“朋友，干这个可真不容易！”戴尔口吻诚挚地和正在工作的架线工人打招呼。

“谢谢！没有多少人愿意干这一行，既艰苦又危险！”架线工人漫不经心地应道。

“我有个朋友也干这行，但他却觉得很轻松！”戴尔抬高了声调，并向上面的朋友做出了一个成功的手势。

“他觉得轻松？”架线工人转过身来从上面盯着看下面的这个年轻人，“他凭什么？”

“是的，其实，他以前也同你看法一样，不过最近发生了一件事让他改变了这个看法！”戴尔仍然漫不经心地和这位架线工人聊着天。

显然上面的架线工人已经被戴尔的话所吸引了，他从电线杆子上爬下来，急于想知道他的同行为什么会觉得这份工作轻松。

这时候，卡耐基才用肯定的语气继续说："有一门课程，他学了以后，工作起来就容易多了。"然后，他详细介绍了这套课程的大纲和特点。

最后，戴尔·卡耐基说服了那名架线工答应购买一门电机工课程。

【要点总结】

上述案例中，戴尔用恰当的语气，生动、正确地反映出其本意，赢得了一份订单。语气是体现销售人员立场、态度、个性、情感、心境等起伏变化的一种语音形式，它是思想感情、词句篇章、语音形式的统一体。语气是多种多样的，销售人员应根据表情达意的需要来选择语气。

1. 从语言的基本单位开始进行语气训练

"我准备明天到北京出差。"——这句话是个陈述句，应用平铺直叙的陈述语气。

"你怎么还没有去上班呀？"——这句话是个疑问句，应用疑惑不解、由衷发问的语气。

"汇款终于到了！"——这句话是个感叹句，应用带有真实情感、有感而发的感叹语气。

2. 从说话的表述方式上进行语气训练

销售人员在和客户沟通时，语气要和缓、委婉，不能声色俱厉、咄咄逼人。和缓委婉的语气能冲淡对方的戒备心理，给对方一种信任感、诚实感，不至于导致双方产生敌对心理，激化矛盾。语气往往体现在表述方式上，追问、反问、否定会使语气显得生硬、激烈，易引起对方反感；而回顾、商榷、引导、模糊等语气，往往能营造出平和融洽的谈话气氛，有利于减轻双方的压力，阐明事实、表明观点。

3. 从表情达意的内容上进行语气训练

从表情达意的层面来说，语气有表意语气、表情语气、表态语气之分。

（1）表意语气。用这种语气讲话，话语中通常带有相应的语气词，它可以独立成小句，也可以用于句子的末尾。如："对此，你的意见如何呢（反问）？""你真的事先一点也不知道吗（质问）？""你不要一意孤行，执迷不悟啊（提醒）。""你明天下午三点有安排吗？"

（2）表情语气。销售人员应注意，有时说话的表情语气比内容更重要。如果表情不好，语气强硬，即使内容再好，再简单的道理，客户也听不进去，不会接受。同样的话，如果换一种方式说，且注意说话的表情语气就容易让客户接受。例如："哎呀，这下子可好了（喜悦）。""这一仗打得真漂亮啊（赞叹）！""哦！我终于弄明白了（醒悟）。"

（3）表态语气。销售人员运用这种语气与客户沟通，能明确地表达出自己对某件事的态度。例如："他确实尽了最大的努力（肯定）。""这件事恐怕难以办到（不肯定）。""我不希望看到那样的结果（委婉）。""你认为这样做行吗（商量）？""这种意见是错误的（否定）。"

此外，单用词句表达你的意思是不够的，必须加上你对每一词句的感受，以及你的神情与姿态，这样你的谈话才会生动感人。

当你用同一种方式和客户交谈而毫无结果之时，你就需要考虑怎样才能打破僵局，即改变自己说话的语气和方式。语气具有综合性，既包括声调、句调以及语势。语势是一句话声音的趋向和态势，而一句话无论怎样复杂，总由句首、句腹、句尾三部分组成。所以，要正确把握句首、句腹、句尾，使三者既浑然一体，又曲折变化；做到句首的起点参差不一，句腹的流动起伏不定，句尾的落点错落有致，这样才能使语气千姿百态，丰富多彩。

【特别训练】

有声语言的表达要取得良好的效果，还必须考虑场合、对象、时机等因素。根据不同场合、不同时机和环境、不同对象的语言交流特点，灵活恰当地运用语气的多种形式，是驾驭语言的必然要求。

注意说话的场合是十分必要的。一般说来，场面越大，越要注意适当提高声音，放慢语速，把握语势上扬的幅度，以突出重点。相反，场面越小，越要注意适当降低声音，适当紧凑词语密度，并把握语势的下降趋向，追求自然。

掌握说话的时机也是一种驾驭语气的具体技巧。同样一句话，在不同时侯说，效果往往大相径庭。抓住时机，运用适当的语气，才会产生惊人的效果。

做到语气因人而异也是最重要的，语气能够影响客户的情绪和精神状态。语气只有适合客户，才能引起共鸣。

可以说，一个人的潜意识是说话语气的依据。语气是有声语言最重要的表达技巧，只有掌握了丰富、贴切的语气，才能打动客户，从而促进销售成功。

第二节 让语言更有吸引力

一、用漂亮的开场白打开访谈局面

【导入案例】

贝尔纳·拉弟埃是空中客车飞机制造公司的销售能手。当他被推荐到空中客车公司时，面临的第一项挑战就是向印度销售飞机。这是件棘手的任务。因为这笔交易已由印度政府初审，未被批准，能否重新寻找成功的机会，全看特派员的谈判本领了。

作为特派员，拉弟埃深知肩上的重任。他稍做准备就飞赴新德里。接待拉弟埃的是印度航空公司主席拉尔少将。

拉弟埃到印度后，对他的谈判对手拉尔少将讲的第一句话是：“正因为你，使我有机会在我生日这一天又回到了我的出生地。”（这是一句非常得体的开场白，它简明扼要，但内涵却极为丰富。它表达了好几层意思：感谢主人慷慨赐予的机会，让他在自己生日这个值得纪念的日子来到贵国，而且富有意义的是，贵国是他的出生地。）这个开场白拉近了拉弟埃与拉尔少将的距离。

不用说，拉弟埃的印度之行取得了成功。拉弟埃靠着娴熟的销售技巧，为空中客车公司创下了辉煌的业绩。

【要点总结】

销售人员与客户交谈之前，需要适当的开场白。开场白的好坏，几乎可以决定这一次访问的成败。换言之，开场白的好与坏，差不多就决定了一次推销的成功与否。开场白没有特别固定的模式和构成，因为它需要随着客户的年龄、性别、兴趣、地位等因素的变化而变化。但是万变不离其宗，开场白还是有一些基本的构成要件可以被销售人员所掌握的。销售人员如果掌握了这些要件，再联系实际加以运用，就可以达到最佳开场效果。

开场白的构成要件：感谢客户接见或直接问候客户；介绍自己，介绍公司；

说明来访目的；探测需求。

我们可以用下面的案例来说明开场白的基本构成要件。

某办公设备销售公司的销售人员张哲拜访一位新客户："刘总，您好！真要感谢您在百忙之中抽时间见我！……"（感谢客户）

"刘总，您的办公室装修很有特色啊，您的眼光真是与众不同！……"（赞美）

"我叫张哲，这是我的名片，请多指教！"（以交换名片作自我介绍）"刘总以前接触过我们公司吗？"（客户插话）

"我公司在行业协会公布的最新竞争力排名中名列前茅，且是国内最大的为客户提供个性化办公方案的公司。我们了解到现在的公司不仅关注提升市场占有率、增加利润，还关心公司对外形象问题。我想您作为大型公司的负责人，一定也非常想了解怎样合理配置办公设备吧？所以，今天我来与您简单交流一下，看我们公司能否帮助贵公司完善这方面的工作。"（介绍来访目的，突出客户利益）

"贵公司目前正在使用哪个品牌的办公设备？最关注办公设备的哪些功能，对价格、品牌有什么特殊要求？"（探测需求）

通过以上例子我们可以了解，开场白要达到的主要目的就是让销售人员用简练的语言说出自己的拜访目的，引起客户的兴趣，使客户乐于与自己交谈下去。

1. 看表式开场白

一些客户日常工作非常繁忙，自然惜时如金。面对这种客户，销售人员应用比平常更简洁的语言，快速说出此行目的即可。通常，销售人员尊重客户时间，体谅客户工作繁忙，会获得客户的好感，客户会在其有产品需要时，第一时间想起这个同样惜时如金、尊重客户的销售人员。

某销售人员面对一个日理万机的客户，用看表式开场白与其交流："您有5分钟的时间吗？我想向您介绍一项让您公司既省成本又能有效提高生产力的产品。"

该销售人员一边说，一边摘下自己的手表摆在客户桌上。当距离5分钟还有10秒钟时，虽然还有一些细节问题他没有说完，但他却毅然收住话语，对客户说："时间到了，如果您想听我继续讲完产品，我可以再继续。否则，我就此告辞，因为，来之前我就了解到您工作很繁忙。"

2. 借力式开场白

借力式开场白其实是一种迂回战术，一般是借用介绍人的关系，使客户卸下心理防备。因为，客户都有“不看僧面看佛面”的心理，他们会给介绍人面子。所以，大多数客户对熟识的人介绍来的销售人员都礼貌有加。

销售人员：“张经理，您的好友李国华先生要我来找您，他认为您可能对我们的印刷设备感兴趣，因为这些产品为他公司带来很多好处与方便，而贵公司也是做这个行业的，他认为您也一定需要。”

张经理：“是吗！国华最近怎么样？他给我推荐的产品应该不错。”

销售人员：“上周我们见面时，他的精神状态不错。他说遇到好的产品总要向您推荐，独乐不如共乐嘛。”

张经理：“嗯！没错，那你就详细介绍一下你们产品有什么优势吧……”

介绍人必须确有其人，且销售人员与介绍人确实有过交流。销售人员万不可凭空杜撰出介绍人或夸大自己与介绍人之间的关系，否则，客户一旦与介绍人核对后，发现情况与销售人员所说不符，就会质疑销售人员的诚信。一个不诚信的销售人员，是无法获得客户信任的，更别谈与之签单了。

3. 求教式开场白

在客户中，好为人师者大有人在。销售人员如果找到一些合适的问题向喜欢表现的客户请教，就会获得与其交流的机会。

销售人员：“何总，在计算机方面您可是专家，这是我公司研制的新型计算机，您看一下！”说完，他打开计算机，继续与其交流：“我今天来是想让您试用一下，帮我们公司看看这款计算机在设计方面还存在什么问题？”

何总：“过奖了，让我先研究一下吧。”何总仔细研究计算机。

其间，销售人员一直与其沟通：“我看您的办公室的设计非常有特色，您在造型设计方面真有独特的鉴赏力……”

何总认真看完计算机，说：“总的来说，外观造型还算流畅。不过这个按钮设计有些大，如果体积再小一些、颜色再淡一些就会更好。”

销售人员：“我一定把您的意见传达给我们的设计部门，他们一定会很高兴听到您的意见的。在功能配置上，您也要给提提意见啊。”

……

谁都喜欢被别人看做专家，客户也一样。当销售人员诚心向客户请教产品问题时，客户一般会仔细研究产品，一旦客户在研究产品后，如果被产品先进的技术、良好的性能所吸引，即使提出一些产品存在的小瑕疵，他也会购买的。

4. 释疑式开场白

销售人员在拜访客户前，应先了解客户，然后在拜访时提出一些客户能自己释疑的问题。这种方法可以很好地满足客户的自尊心，让其对销售人员产生如遇知己的感觉，最终达成交易。××保险公司的销售冠军王强最擅长此道，详见以下案例。

王强："先生，您好！"

客户："你是谁啊？"

王强："我是××保险公司的王强。今天我到贵地，有两件事专程来请教您这位附近最有名的老板。"

客户："附近最有名的老板？"

王强："是啊！据我打听的结果，每个人都说这个问题最好请教您。"

客户："喔！大伙儿都说我好啊！真不敢当，到底什么问题呢？"

王强："实不相瞒，是如何有效地规避财务风险的事。"

客户："进来，我们聊聊吧！"

销售人员与客户一见面就直奔主题谈销售产品的事，会让许多客户难于接受，产生本能排斥，在这种情况下，销售人员被拒绝也就不足为奇了。所以，销售人员必须先打消客户疑惑，取得客户的信赖后，再与其谈论产品。

5. 信息式开场白

如果销售人员能够像专业顾问一样为客户提供一些有价值的信息，如市场行情、新技术、新产品知识等，自然会使客户对其刮目相看，争取到进一步交流的机会。

销售人员如果要想做到像专业顾问那样了解自己公司的行业情况，以及客户所在行业情况，就必须多学习，多掌握市场动态、新技术、新产品，并始终站在客户的立场考虑他们有哪些需要了解的知识。

某笔记本电脑销售人员刘同去拜访一位经常出差的房地产总经理，目的是为了推销自己的防水笔记本电脑。

刘同：“在来访前就了解到您是一位成功的房地产开发商，今天特意来拜访您，想和您探讨一些房地产方面的问题。请问您主要开发国内哪些地区的房地产项目？”

总经理：“我们公司在全国各地都有项目，但大的项目主要集中在北京、上海、重庆、大连、长春等地。”

刘同：“哦，这么多地方啊，那您一定经常坐飞机在各地来回视察了？”

总经理：“是啊，没办法！各地的项目我都得管，工作非常繁忙，我经常在飞机上还得打开电脑看各个项目的报告……”

刘同：“嗯，像您这样的成功人士日常工作都非常多，在飞机上用笔记本电脑是很正常的。有个问题想问您，您的笔记本电脑有防水功能吗？”

总经理：“没有啊，有防水功能的笔记本电脑吗？我怎么不知道？”

刘同：“我们公司新研发出一种防水笔记本电脑，在同行业中尚属首家。它的键盘两侧有两个出水孔，其余部分采用绝缘材料制作，可以达到良好的防水效果。一般商务人士在飞机上用笔记本电脑工作时，通常喜欢喝咖啡提神，如果不小心将咖啡洒在防水笔记本电脑上，流进键盘里，水会顺着两个出水孔留下，绝不会像普通笔记本电脑那样造成烧坏主板，引起电脑故障……”

信息式开场白适合经过培训、行业知识丰富的销售人员。销售新人做这种尝试，一旦提供的信息不准确，就会陷于被动局面。

6. 特色式开场白

销售人员必须尝试各种有自身特色或产品特色的开场白，以此来吸引客户的注意力。

韩国有一名餐具销售员，他的名片上印着一组显眼的数字，每个接触他的客户都对此感到惊讶，他们都会问他同一个问题：“这个数字是什么意思？”销售员反问道：“您一生中吃多少顿饭？”几乎没有一个客户能回答得出来。销售员接着说：“假定您能活 100 岁，你必须吃 100 年的饭，按一天三顿饭，一年 365 天计算，则你必须吃 109500 顿饭（即名片上印的数字）……”

这名销售员就是用这种别具一格的风格吸引客户，达到了良好的开场效果。

7. 问句式开场白

面对陌生客户时，为了避免相互间的揣测试探，销售人员可以采取直接提问的方式来开场，这样可以节省双方的时间。

刘玉是一家图书公司的发行人员，他总能从容不迫、平心静气地以提问的方式来达到接近客户的目的。

“如果我给您一本对您来说非常实用的书，您随便翻了翻书，发现内容很有趣，您会找时间认真阅读吗？”

“如果您读了一部分内容之后，您感觉书非常有趣，您会买下这本书吗？”

“如果您觉得这本书不是您想要的，您会将它寄回我们公司吗？”

刘玉的开场问题虽然简单，意思却表达得非常明确，令客户几乎没有理由做出否定的回答。

从上面的内容可以看出，良好开场白的关键点是让客户对产品产生兴趣。要做到这一点，销售人员必须说明产品能为客户创造何种价值。这不仅仅要求销售人员对产品（或服务）的价值有深入的了解，还要求销售人员在与客户沟通时，善于抓住客户真正关心的问题，找到与之对应的产品特点，向客户说明产品能给他创造的价值。

【特别训练】

销售人员一开始就激发起客户的兴趣，可以创造一个非常好的谈话空间，并进一步解除客户的戒备之心，建立互信的关系。然而引起客户的兴趣并不是一件容易的事情，销售人员不仅要对自己所销售的产品或服务的普遍价值有研究，还要研究对这个客户而言，他的兴趣在哪里，因为同一产品和服务对不同的人，价值体现是不同的。那么如何吸引客户的注意力呢？有几种常用的方法：

1. 提及客户可能最关心的问题

“听您的朋友提起，您现在最头疼的是产品的废品率很高，通过调整了生产流水线，这个问题还没有从根本上改善。”

2. 谈省钱和赚钱的方法

几乎所有的人都对钱感兴趣，所以谈省钱和赚钱的方法容易引起客户的兴趣。如：“张经理，我是来告诉你贵公司能节省一半电费的方法的。”“王厂长，我们的机器比你目前的机器速度快、耗电少、更精确，能降低你的生产成本。”“陈厂长，你愿意每年在毛巾生产上节约5万元吗？”

3. 推出客户熟悉的第三方

“您的朋友王善达介绍我与您联系，说您近期想添置几台电脑……”

4. 引起客户对某件事情的共鸣

“很多人认为面对面拜访客户是一种最有效的销售方式，不知道你是怎么看的？”（原则上是客户也认同这一观点）

5. 提起客户的竞争对手

谈及刚服务过客户的同行业公司，如：“最近我们刚刚为 ××× 提供过销售培训服务，他们对服务很满意，所以，我觉得可能对您也有帮助。”“我们刚刚和 ×× 公司有过合作，他们认为……”

6. 用数据来引起客户的兴趣和注意力

“通过增加这个设备，可以使您企业的生产效率提升50%……”“我知道贵企业现在的产品废品率比较高，如果有一种方法可以使废品率降低一半的话，您是否有兴趣了解？”

7. 推荐有时效性的活动

销售人员向客户介绍优惠活动也是吸引客户注意力的常用方法，例如：“最近有一个优惠活动……”“我觉得这个活动能给您节省很多话费，截止日期是12月31日，所以应该让您知道……”

上面这几种方法，可结合使用，重要的是要根据当时的实际情况。当然我们在与客户交谈的时候，一定要以积极开朗的语气对客户表达问候，少用对话，节奏快一点儿，在重要的地方，一定要自然过渡到主题上去。销售人员和客户见面，通常用时二三十分钟，所以开场白用五六分钟即可，然后顺势导入谈话主题。

二、投客户之所好

【导入案例】

杜维诺先生经营着一家高级面包公司，他一直想把面包推销给纽约的一家大饭店。一连四年，他天天给那家饭店的经理打电话，甚至在饭店里订了个房间，以便随时同经理谈生意，但是他一无所获。“我已经没有信心了，”杜维诺先生说，“可是有人提醒了我，使我改变了策略。我开始打听那个人最感兴趣的是什么，他所热衷的又是什么事物。”

杜维诺终于发现饭店经理是一个叫作“美国旅馆招待者”组织的成员，由于他的热心，最近还被选为了主席。不论在什么地方举行会议，不管需要不需要他参加，他一定出席，哪怕是跋涉千山万水。于是，杜维诺再去见他时，一开始就谈论他的组织。哈！得到的反应真是令人吃惊，经理跟杜维诺谈了半个小时，关于他的组织，关于他的计划，语调充满热情。告别时，经理还将那个组织的一张会员证给了他的“客人”杜维诺。

几天之后，那家饭店的大厨师突然打电话给杜维诺，要他立即把面包样品和价格表送去。大厨师见到他的时候，迷惑不解地说：“我真不知道你对那位经理做了什么手脚？他居然被你打动了！”

想想吧！杜维诺先生缠了饭店经理四年而没有解决的事情，最后却只用半个小时就解决了。他究竟做了什么手脚呢？没有，他只不过用心地找到了那位经理的兴趣所在而已。

【要点总结】

从杜维诺的例子看出，如果销售人员希望客户喜欢你，一定不要忘了谈论客户感兴趣的事。当你同客户谈起他最感兴趣的事情时，马上会激起客户的兴趣，而打开话匣滔滔不绝地与你攀谈起来。当你们在客户感兴趣问题上强化了共同感受，甚至有了知遇之感时，那么推销就水到渠成了。

某公司的汽车销售人员小马在一次大型汽车展示会上结识了做服装生意的李老板，其对越野型汽车十分感兴趣，而且品位极高。在经过一番简单的沟通后，小马把他们公司的产品手册交到了李老板手中。过了几天，李老板没有给小马任何回复，小马试着打了几次电话联系，李老板都说自己工作很忙，周末还要和朋友到射击场去射击。

后来经过多方打听，小马得知李老板酷爱射击，于是就上网查找了大量有关射击的资料。一个星期之后，小马不仅对周边地区所有的射击场有了一定的了解，还掌握了一些射击的基本知识。当再一次给李老板打电话时，小马对销售汽车的事情只字不提，只是告诉他自己无意中发现了一家设施特别齐全、环境十分优美的射击场，想请李老板周末出来玩。

周末，小马如愿以偿地在射击场见到了李老板。小马对射击知识的了解让李老板迅速对其刮目相看，大叹自己“找到了知音”。在返回市里的路上，李老板主动表示自己喜欢驾驶装饰豪华的越野型汽车，小马告诉李老板：“我们公司正好刚刚上市一款新型豪华型越野汽车，这是目前市场上最有个性和最具品位的汽车……”

推销就在这种轻松的气氛中进行着。

在寻找客户感兴趣的话题时，销售人员要特别注意一点：要想使客户对某个话题感兴趣，你最好对这种话题同样感兴趣。因为整个沟通过程必须是互动的，否则就无法实现具体的销售目标。如果只有客户一方对某种话题感兴趣，而你却表现得兴味索然，或者内心排斥却故意表现出喜欢的样子，那么客户的谈话热情和积极性马上就会被冷却，这是很难达到良好沟通效果的。所以，销售人员应该在平时多培养一些兴趣，多积累一些各方面的知识，至少应该培养一些比较符合大众口味的兴趣，如体育运动和一些积极的娱乐方式等。这样，等到与客户沟通时就不至于捉襟见肘，也不至于使客户感到与你的沟通寡淡无味了。

在与客户交谈时，我们不能只顾谈论自己的产品，而要选择客户感兴趣的话题，打开其“话匣子”，这样才能缩短和客户之间的距离，让客户更容易接受自己。

一般而言，客户可能会对以下话题感兴趣：

（1）提客户的主要爱好。如体育运动、娱乐休闲方式等。

（2）谈论客户的工作。如客户在工作上曾经取得的成就或将来的美好前途等。

（3）谈论时事新闻。如每天早上迅速浏览一遍报纸，等与客户沟通时先把刚刚通过报纸了解到的重大新闻拿来议论。

（4）询问客户的孩子或父母的信息。如孩子几岁了、上学的情况，父母的身体是否健康等。

（5）谈论时下大众比较关心的焦点问题。如房地产是否涨价、如何节约能源等。

（6）和客户一起怀旧。如提起客户的故乡或者最令其回味的往事等。

（7）谈论客户的身体。如提醒客户注意自己和家人身体的保养等。

当然，对于客户十分感兴趣的话题，销售人员可以通过巧妙的询问和认真的观察与分析进行了解，然后引入共同话题。因此，在与客户进行销售沟通之前，销售人员有必要花费一定的时间和精力对客户的特殊喜好和品位等进行研究，这样在沟通过程中才能有的放矢。

【特别训练】

销售人员想要把话说到客户的心坎上，达到相谈甚欢的程度，除了要投其所好，还要注意“避人所忌”。

1. 忌主动提及客户的隐私

客观地说，每个人都有一些不愿公开的秘密。尊重客户的隐私，是尊重他人人格的表现。所以，当销售人员与客户交谈时，切勿鲁莽地随意提及客户的隐私，这样，客户就会觉得你遵循了人际交往的“礼貌原则”，因此，便会愿意跟你交谈和交往。反之，你若不顾客户保留隐私的心理需要，盲目触及“雷区”，不仅会影响彼此之间谈话的效果，而且客户还会对你产生不良印象，进而损害人际关系。比如，客户的恋爱、婚姻正遭遇某种挫折，而且又不愿向旁人透露时，你若在交谈中一味地刨根究底，就会引起反感。

2. 忌主动提及客户的伤感事

销售人员与客户谈话时，要留意客户的情绪，话题不要随意触及对方的“情感禁区”。比如，当你的交谈对象正遇到某种打击，情绪很沮丧时，你与之交谈，对方又不愿主动提及伤感的事，你最好回避这类话题，以免使对方再度陷入“情感沼泽”，进而影响彼此间的继续交往和交谈。

3. 忌主动提及客户的尴尬事

当客户在生活中遇到某些不尽如人意之事时，你若与之交谈，最好不要主动引出这一令人尴尬的话题。比如，客户提拔升迁没如愿抑或某项奋斗目标未获预期的成功等，而客户又不愿主动向你诉说时，你若不顾客户的主观意念而主动问及此事，那么，你的交谈对象就会因此陷入尴尬，进而对你的谈话产生排斥心理。

相信销售人员注意了以上几点后，再与人交谈，定是“言逢知己千句少”。

三、进行有效的提问

【导入案例】

有一名推销员向客户推销本厂生产的4吨载重卡车，而客户坚持自己只需要2吨的卡车，为了使客户改变主意，推销员向其提出了一些探讨性的问题。

推销员：“你们运的货平均每次重量是多少？”

客户："很难说，大概2吨吧。"

推销员："有时候多，有时候少，对吧？"

客户："对。"

推销员："究竟需要哪种型号的卡车，一方面要看您运什么货，另一方面要看在什么路上行驶，您说对吗？"

客户："对。不过……"

推销员："例如，在丘陵地区行驶，而且您那里冬季较长，这时汽车的机器和车身所承受的压力是不是比正常情况下要大一些？"

客户："是的。"

推销员："您冬天出车的次数比夏天多吧？"

客户："多得多，我们夏天生意不太兴隆。"

推销员："有时货物太多，又在冬天的丘陵地区行驶，汽车是否经常处于超负荷状态。"

客户："对，那是事实。"

推销员："您在决定购车型号时，是否留有余地？"

客户："你的意思是？"

推销员："从长远观点看，是什么因素决定买一辆车值不值呢？"

客户："当然要看它的使用寿命了。"

推销员："一辆车总是满负荷，另一辆车从不过载，您觉得哪一辆车的寿命长些？"

客户："当然是马力大、载重多的那一辆。"

推销员："看来，你们厂应该买一辆载4吨货物的汽车，这样更合算些！"

【要点总结】

很多时候，那些经验丰富的销售人员都会感觉到自己的工作从某种程度上是与医生有着异曲同工之妙的。中医讲究的望、闻、问、切四种疗法，在销售界同样适用——销售人员必须掌握察言观色的技巧，同时还必须学会根据具体的环境特点和客户的不同特点进行有效的提问。

1. 向客户提问的好处

在生意场上，巧妙地向客户提问对于销售人员来说有着诸多好处：

（1）有利于把握客户需求。客户需求的具体表现为他已经拥有的东西和他所希望得到的东西的差异。因此销售人员可以问客户“已有的”问题，如“对已经有的东西您喜欢什么”，然后问“想有的”，如“在没有的东西中您希望得到什么”等。通过恰当的提问，销售人员就可以听出“他现在已有的”与“他想有的”之间的差异，从而对客户的实际需求有更准确的把握。

（2）有利于保持良好的客户关系。当销售人员针对客户需求提出问题时，客户会感到自己是对方注意的中心，他会在感到受关注、被尊重的同时更积极地参与到谈话中来。

（3）有利于掌控谈判进程。主动向客户发出提问可以使销售人员更好地控制谈判的细节以及今后与客户进行沟通的总体方向。那些经验丰富的销售人员总是能够利用有针对性的提问来逐步实现自己的销售目的，并且还可以通过巧妙的提问来获得继续与客户保持友好关系的机会。提问时，销售人员可以先提一个问题，然后根据客户的反应再继续提出其他问题。如：“张经理，你认为企业目前的产品质量问题是由于什么原因造成的？”产品质量自然是客户最关心的问题，销售人员这一提问，可能会引起销售人员与客户之间关于提高产品质量的讨论，无疑将引导客户逐步进入谈判。

（4）有利于减少与客户之间的误会。在与客户沟通的过程中，很多销售人员都会遇到误解客户意图的问题，不管造成这种问题的原因是什么，最终都会对整个沟通进程造成非常不利的影响，而有效的提问则可以尽可能地减少这种问题的发生。

所以，当你对客户要表达的意思或者某种行为意图不甚理解时，最好不要自作聪明地进行猜测和假设，而应该根据实际情况进行提问，弄清客户的真正意图，然后根据具体情况采取合适的方式进行处理。

2. 注意提问的礼仪细节

弗朗西斯·培根曾经说过：“谨慎的提问等于获得了一半的智慧。”虽然有效的提问对于同客户保持良性沟通具有诸多好处，但是如果在提问过程中提出让客户感到尴尬或难堪的问题，那不仅达不到预期的目的，恐怕还会引起客户的反感，从而造成与客户关系的恶化甚至破裂。例如：“你不认为这是由于你的无知所造成的吗？”“你是不是在没有弄懂操作规程之前就开始使用它了？”这样的问题会使客户感到尴尬和难堪，同时也容易挫伤客户的自尊心。因此，销售人员在提问之前必须谨慎思考，切忌漫无目的地信口开河，给客户留下不被尊重和不被关心的印象。

销售人员提问的目标是尽最大努力了解客户，关注客户如何回答你的问题。

因此，在客户回答时，就是要学会专心倾听对方的谈话，而不要鲁莽地打断他们。当销售人员以征求客户意见的态度向他们提出友好而切中他们需求的提问时，客户会渐渐放松对销售人员的警惕和抵触心理。当然，如果销售人员提出的问题因为完全没有经过大脑考虑而显得愚蠢时，客户会非常恼怒，他们甚至会毫不犹豫地将销售人员赶出门外。

3. 尽可能地进行开放性提问

要想用提问引起客户的兴趣，就必须精心构思能够吸引客户的开放性问题。这里所说的开放性提问是与封闭性提问相对的。顾名思义，封闭性提问限定了客户的答案，客户只能在“对”或“错”、“有”或“没有”等有限的答案中进行选择。例如：“您是不是觉得和大公司合作比较可靠？”“您今天有时间吗？”“我能否留下产品的相关资料呢？”销售人员采用封闭性提问虽然掌握了谈话的主动权，但是却并不了解客户是否对谈话主题感兴趣，因而也不可能从客户那里得到太多的信息。当然，如果你确实已经了解了客户的需求以及他的兴趣，那么你就可以采用封闭性提问来获得直截了当的答案，以提高你的推销效率。

开放性提问，就是不限制客户回答问题的答案，而完全让客户根据自己的喜好，围绕谈话主题自由发挥。例如：“您认为我们的产品怎么样？”进行开放性提问既可以令客户感到自然，可以畅所欲言，又有助于销售人员根据客户谈话了解更有效的客户信息。而在客户感到不受约束时，他们通常会感到放松和愉快，这显然有助于双方的进一步沟通与合作。

通常，开放性问题包括以下疑问词以及如下典型问法：

（1）“……怎（么）样”或者“如何……”

典型问法：“您通常都是怎样（如何）应付这些问题的？”“我们怎样做，才能满足您的要求？”“您希望这件事最终得到怎样的解决才算合理？”“您觉得形势会朝着怎样的趋势发展下去？”

（2）“为什么……”

典型问法：“为什么您会面临如此严重的问题？”“您今天为什么如此神采奕奕？”“为什么您会对 ×× 产品情有独钟？”

（3）“什么……”

典型问法：“您遇上了什么麻烦？”“您对我们有什么建议？”“您的合伙人还有什么不同想法？”“如果采用了这种产品，您的工作会发生什么变化？”“您对这种产品有哪些看法？”“您觉得这种产品的哪些优势最吸引自己？”

4. 把握好提问的时机

是不是销售人员知道该问什么问题了就可以发问了呢？不是！还有一个问题，就是发问的时间。准确把握何时发问很重要。审时度势地提问，不仅容易立刻引起客户的注意，保持双方对讨论的兴趣，而且可以按照你的意愿主导谈判的方向。因此，在提问时，一定要注意把握时机。

（1）即使你急着想要提出问题，也应该等客户充分表达之后再提问。过早过晚提问，都会打断对方的思路，而且显得不礼貌，也影响客户回答问题的兴趣。

（2）在客户还没有答复完毕以前，不要提出你的第二个问题。

（3）与谈判无关的一些问题，最好在谈判前、谈判后或中间休息时提出。

（4）要想控制谈话的方向，可以连续发问，但每次提出的问题要单一而明确，所提出的问题，前后要有连续性、逻辑性。

（5）提问时要注意客户的情绪。当对方情绪高涨时，可以抓紧时间多问，问深些；反之，则尽量少问，所提问题亦不能太深。

同时，提问时间的掌握要依据客户本人、推销产品的情况及约见的时间地点来决定。可以一开始就提出问题，如："您需要改善工厂的办公效率吗？""您家有高级音响吗？"也可以在引起客户注意以后，根据客户生产经营情况或家庭情况提出问题。

销售人员通过巧妙地运用提问技巧，就能使客户说出他们对购买产品或服务犹豫不决的真正原因是什么，以及他们最大的顾忌又是什么。一旦客户向销售人员敞开心扉，说出自己的顾忌，销售人员也就真正了解了客户拒绝购买的潜在原因，也就知道该如何妥善解决这些问题了。

【特别训练】

有时候，无休止的劝说解决不了的问题可以通过巧妙的提问来解决，但并不是所有销售人员都明白如何利用提问的技巧来获得客户的认同。事实上，经常有客户在听到销售人员对自己的几次提问后就变得厌烦和不快。这是为什么呢？因为这些销售人员忽视了在提问时需要特别注意的一些事项。

为此，对销售人员提出以下忠告：

（1）要尽可能地站在客户的立场上提问，不要仅仅围绕着自己的销售目的与客户沟通。

（2）对于某些敏感性问题尽可能地避免。如果这些问题的答案确实对你很重要，那么不妨在提问之前换一种方式进行试探，等到确认客户不会产生反感时再进行询问。没有人喜欢被别人咄咄逼人地审问，一定要注意向客户提问时的态度和技巧。

（3）从见到客户的第一时间起，就要关注整体环境和客户透露出来的重要细节，只有建立在充分了解的基础上的提问，才更具有针对性。

（4）初次与客户接触时，最好先从客户感兴趣的话题入手，不要直截了当地询问客户是否愿意购买，一定要注意循序渐进。

（5）提问时的态度一定要有礼貌和自信，不要鲁莽，也不要畏首畏尾。

（6）选择问题时，一定要给客户留下足够的回答空间，在客户回答问题时尽量避免中途打断。

（7）提出的问题必须通俗易懂，不要让客户感到摸不着头脑。巧妙的提问有时能够达到长篇大论所达不到的效果。

（8）向客户提问时必须关注客户需求，注意客户的喜好，不要令客户对你的问题感到难堪。

无论提出的是什么问题，都要求这个问题所引出的回答是一种积极的反应而非消极的反应。当然，应该避免让客户使用简单的“是”或“否”来回答问题，因为如果预期客户回答“不”的话，也就意味着这场交谈结束了。

四、运用幽默的表达方式

【导入案例】

一名思想活跃、为人诙谐的大学生，毕业之后当了广告牌销售员。一次，他到一家报社推销产品，没有开门见山地说明自己的真实来意，而是向报社的人询问道：“你们需要一名有才干的编辑吗？”

“不！”

“记者呢？”

“也不需要。”

“印刷厂如果有缺额也行！”

“不，我们现在什么空缺也没有。”报社的人开始不耐烦了。

“喔，那你们一定需要这个！”

年轻的销售员一边说一边从皮包里取出一块精美的牌子，上面写道：“额满，暂不雇人。”他的这个举动逗得报社的人哑然失笑，而他也轻而易举地获得了推销的成功。

【要点总结】

幽默是一种风度和修养，幽默是人类创造出的一种文化。恰到好处的幽默，不仅可以表达人的真诚、善良、亲切，还可以拉近人与人之间的距离。

一名销售人员在市场上推销灭蚊剂，他滔滔不绝的演讲吸引了一大堆客户。突然有人向他提出一个问题：“你敢保证这种灭蚊剂能把所有的蚊子都杀死吗？”这位销售人员马上机智地回答：“不敢，在你没打药的地方，蚊子照样活得很好！”这句玩笑话使人们愉快地接受了他的推销宣传，几大箱子灭蚊剂很快就销售一空。

销售人员给人的印象通常是一个干瘪的商业符号，形象地说就是运用“三寸不烂之舌，最后迫使你乖乖从口袋里掏钱给他”。所以，很多人都认为销售人员是一种缺少情趣、只有“钱趣”的人，从而对其产生排斥感。销售人员要想具有亲和力，可以让自己幽默起来。在推销过程中“幽客户一默”往往能迅速打开客户的心灵之门，让客户在会心一笑之后对你和你的产品产生好感，从而诱发其购买动机，促成交易。

美国有两家保险公司A和B，推销员在推销自己公司的保险业务时，都争相夸耀自己公司的服务如何周到，付款如何迅速。A公司的推销员说：“一旦发生意外，我们公司99.9%能在当天就把支票送到投保人的手中。”而B公司的推销员也不甘认输，对投保人说：“那算什么！我们公司在一幢40层大厦的第23层。有一天，我们的一位投保人从顶楼摔下来，当他在坠落的途中经过第23层时，我们就已经把支票塞到了他的手里。”

最后，客户选择哪一家保险公司应该没有什么疑问了吧？一位优秀的销售人员，必须具备快速接近客户并打消客户戒备和抵触心理的能力，从而达到成功推销产品或服务的目的。上述案例中B公司那位精明的推销员就很善于推销自己，他正是运用了幽默的语言，迅速接近了客户。

通过幽默建立关系的速度之快，没有其他事物可以比得上。那么，销售人员如何使用这威力强大的工具去完成更多的推销呢？下面几点需要掌握。

（1）在介绍的开场白中使用幽默，给会面营造一种愉快的基调。越早让客户笑出来越好，笑是赞同的一种表现形式。

（2）不要拿别人开玩笑。如果客户正好认识你嘲笑的那个人，或者和笑话结尾出现的傻家伙正好有关，那你就完了。如果听的人又去跟别人转述你的笑话，那么总有一天你会受到惩罚的。

（3）在笑话中自嘲。这不仅显示出你是一个平易可亲的人，而且也是一种安全的幽默。

（4）有人不喜欢笑话。在你说完笑话之后得到一阵沉默，这是很恐怖的。当你对人讲笑话以前，要确认别人也认为它好笑。不过，不论笑话的可笑性事先得到了多好的验证，偶尔也还会出现听笑话的人就是“不通电”的状况。

（5）不要拿种族问题开玩笑，除非你是在嘲笑自己的种族。这不是建议，而是规则。

（6）先倾听，后玩笑。在开口之前先试着判断是哪种类型和风格的人。正确的幽默对你的帮助多大，错误的幽默对你的伤害就有多大，尽量以个人经历而不是编出的故事作为笑话。可以讲一讲你办公室里、你孩子身上和你小时候的趣事。

（7）拿自己经历的事情开玩笑。如果客户以前已经听过的笑话，让他们重听一次的效果会适得其反。这就是拿自身经历开玩笑的好处，对方肯定是第一次听说。

（8）时机、时机、时机。巧妙地插入谈话中的幽默会使客户喜欢上你。但要提醒的是，任何时机都不适于向你不认识的人讲政治或宗教笑话。不要不合时宜地讲笑话。

（9）把笑话存档。记录下有趣的事件，这样你在下次推销或谈话时就能想起它们。

（10）黄色笑话很危险。如果说的对象不合适，你将遇到麻烦。在开口之前了解听者的底线。

【特别训练】

幽默是一种特殊的情绪表现。它是人们适应环境的工具，是人类面临困境时减轻精神和心理压力的方法之一。俄国文学家契诃夫说过：“不懂得开玩笑的人，是没有希望的人。”可见，生活中的每个人都应当学会幽默。那么，怎样培养幽默感呢？

1. 培养良好的文化素养和表达能力

一个人的幽默谈吐，是同他的聪明才智紧密相连的。因此，要求我们有良好的文化素养和丰富的文化知识。如果一个人对古今中外，天南地北的历史典故、风土人情等各种事情都有所了解和掌握，再加上有较强的驾驭语言的能力，说话就容易生动、活泼和谐趣。

在古今中外浩瀚如海的书籍中，特别是在讽刺小说、喜剧剧本、笑话集和寓言等作品中，关于幽默语言的记述甚多，多多阅读这些作品，可以从中受到启发。此外，还可以多欣赏些滑稽剧、相声等文艺节目，从而开阔眼界，丰富知识。因为，幽默是在广闻博见的基础上产生奇妙联想而涌现出的语言，有时只需几句话就能说明许多问题。对实际事物、对历史知识所知甚少的人，一个孤陋寡闻、离群索居的人，是很难把话说幽默的，当然也就谈不上有幽默感了。

除了要有丰富的知识、良好的文化素养外，还必须有较好的口才，才能使言谈富于幽默感。

2. 培养敏锐的观察力和丰富的想象力

反应迅速是幽默谈吐的特点之一，这就要求说话者思维敏捷，能言善辩。然而，这些又是对生活的深刻体验和对事物的认真观察的结果。敏锐的观察力不仅是科学研究中必备的条件，也是产生幽默谈吐的重要因素。

有一次，一位新闻记者问著名戏剧家萧伯纳：“萧伯纳先生，请问乐观主义者和悲观主义者的区别是什么呢？”萧伯纳回答说：“这很简单，假如桌子上有一瓶剩下一半的酒，看见这瓶酒的人如果高喊起来：‘太好了！还有一半。’这就是乐观主义者；如果对着这瓶酒叹息道：‘糟糕！只剩下一半了。’那就是悲观主义者。”

要把话说得幽默，要做到“意料之外，情理之中”，没有丰富的想象力是难以奏效的。必须能够把一件平凡的事物由里往外，由外往里看个透，一两句话就能把那讳莫如深的东西端出来，凭借丰富的想象力来创造幽默，从人们熟视无睹的现象中创造出别人所不曾问津的东西。每个人都具有想象力和创造力，切莫自己束缚自己。

3. 培养乐观积极的心态

幽默是一种宽容精神的体现。要使自己学会幽默，就要学会宽容大度，克服斤斤计较，要善于体谅他人，同时还要乐观。乐观与幽默是亲密的朋友，生活中如果多一点儿趣味和轻松，多一点儿笑容和游戏，多一点儿乐观与幽默，那么就没有克服不了的困难，也不会出现整天愁眉苦脸、忧心忡忡的痛苦者。

五、把握好赞美的尺度

【导入案例】

纽约超级坐椅公司销售经理詹姆斯·亚当森，得知著名的感光胶卷大王乔治·伊斯曼要建造伊斯曼音乐学校和尔伯恩剧院来纪念母亲的消息时，很想得到这两座建筑物坐椅的订单。于是，亚当森同负责大楼工程的建筑师通了电话，约定拜见伊斯曼先生。在见伊斯曼之前，建筑师向亚当森提出忠告："我知道你很想争取到这单生意，但我不妨先告诉你，如果你占用的时间超过了5分钟，那你就一点希望也没有了。伊斯曼先生很忙，所以你得抓紧时间，把事情讲完就走。"

亚当森走进了伊斯曼的办公室，他正在伏案办公。过了一会儿，伊斯曼抬起头来，说道："早上好！先生，有事吗？"建筑师引见了双方之后，亚当森满脸诚意地说："伊斯曼先生，在恭候您的时候，我一直很羡慕您，我从未见过这样漂亮的办公室，如果我有一间这样的办公室，我也一定会埋头工作的。"

伊斯曼回答说："您的话勾起了我的回忆，这间办公室很漂亮，是吧？当初刚建好的时候我对它也是极为欣赏。可如今，我每天来这儿时总是盘算着许多别的事情，有时甚至一连几个星期都顾不上好好看这房间一眼。"

亚当森走过去，用手来回抚摸着一块镶板说："这是用英国的栎木做的，对吗？英国栎木的组织和意大利栎木的组织就是有点儿不一样。"

伊斯曼答道："不错，这是从英国进口的栎木，是一位专门同细木工打交道的朋友为我挑选的。"接着，伊斯曼就带他参观整个办公室，兴致勃勃地介绍那些色彩和手艺。他还打开一只带锁的箱子，从里面拉出他的第一卷胶片，向亚当森讲述他早年没日没夜创业时的奋斗历程。

5分钟吗？1小时过去了，2小时过去了，他们愉快的谈话还在继续。最后，亚当森很荣幸地被伊斯曼邀请共进午餐。

吃罢午饭，伊斯曼先生给亚当森看了几把椅子，每把椅子的价值最多只有1.5

美元，但伊斯曼却为它们感到自豪，因为这是他亲自动手油漆的。对伊斯曼如此引以为荣的东西，亚当森自然是大加赞赏。

伊斯曼先生从亚当森那里得到了心理的满足，亚当森也轻而易举地从伊斯曼那里取得了那两幢楼的坐椅订单。

【要点总结】

赞美的力量是无穷的，因为每个人都有自尊心和荣誉感，每个人都渴望得到别人的肯定和称赞。美国著名心理学家威廉·詹姆斯曾说过：“人性中最本质的愿望，就是希望得到赞赏。”此话的确不假。在实际生活中，每个人，包括我们的客户，都有一些引以为自豪和骄傲的事，希望为人所知，受人称赞。所以，在与客户交往中销售人员要学会赞美的技巧，掌握赞美的礼仪。

1. 赞美态度要真诚

态度是一个人对赞美对象所持有的真实评价。赞美客户时，态度是否真诚、感情是否真挚、语言是否恰当往往影响着客户对赞美的反应。倘若销售人员以漫不经心的态度向客户说一些听起来舒坦愉悦的话语，不但起不到赞美的作用，反而给客户以阿谀奉承之感，令人生厌。

赞美同微笑一样，必须是发自内心的才能感动客户。真诚的赞美是实事求是、有根有据的，因此，销售人员应该努力去发现客户真正的闪光点和优秀特质，特别是要善于挖掘客户尚未张扬的长处，这样更能使客户快乐。例如，你若对一个公司的老总夸他有魄力、有眼光、善管理，他很可能不以为然，觉得你不过是在拍他的马屁而已，因为别人都是这样说的；如果你能恰当地换一个角度来赞美，比如夸他是一个国画家、书法家，他一定会高兴得哈哈大笑。古人说“荐人于无名之时”，其巧妙就在这里。

2. 赞美要掌握时机

时机往往是事物发展的连接点和转化的关键点，只有时机恰当、及时，赞美才能取得事半功倍的效果。在销售过程中，总有许许多多可以赞美对方的机会。无论客户是公司职员、老板，还是家庭主妇，从一进门见面到临别之时，对于他们的风度气质、衣着服饰、谈吐学问、事业经营、家庭或公司的环境布置等，销售人员都是可以找到赞美的话题和时机的。销售人员应通过观察，及时把握一刹那的时机，自然而又得体地吐出赞语。否则，良机稍纵即逝，时过境迁再加弥补，则如画蛇添足，反为不美。

赞美人需要勇气，只要你觉得客户有值得赞美的地方，就立即赞美，不要因胆怯而错过时机。尤其是在形势对你不利的时候，更不要忘掉赞美这个武器。

有一名销售员向一家经销公司推销一种装饰材料，待销售员介绍完后，经理认为价格偏高，随后，经理给销售员列举了十多种各式材料的质地、色泽、强度、产地、型号及其与价格之比，并且分析了国内外装饰材料的现状和趋势，他简直就是在给销售员上装饰课。但这名销售员并未因此退却，而是说："呀，了不起，难怪您能当上大经理，太了不起了！请问经理是怎么获得这些知识和信息的？"经理很骄傲他讲起了他的奋斗史，销售员兴趣浓厚地当了半小时学生。结束时，销售员说："经理愿意试试我们的产品吗？以后您丰富的装饰知识海洋里将多一个品种了。"经理愉快地说："好吧，先拿一部分来我们试销一下。"

这个事例说明，一个成熟的销售人员，任何时候、任何情况下都能抓往赞美对方的机会。

3. 赞美要因人而异

赞美除了要及时外，还要注意因人而异。对男人可赞美他有气概、强壮、精力充沛等；对女人可赞美她的发型、容貌、服饰、皮肤等；对老年人应该更多地赞美他辉煌的过去、健康的身体、幸福的家庭或有出息的儿女等；对同龄人赞美其才干、风度、精力、业绩等；对年轻母亲则赞美她的小孩（往往比直接赞美她本人更有效）……

4. 赞美要适可而止

通常客户在受到赞美的时候，大多会表示谦虚，甚至说一些与赞美词正好相反的话。在这种情况下，销售人员并不需要加以反驳，因为如果太过分强调自己的赞美词，很可能会造成彼此在感情上的对立，导致不愉快的结局。

除了以上几点外，销售人员还要注意，赞美不一定都要表现在言语上，通过目光、手势或者微笑都可以表达出对客户的赞美之情。其实，赞美客户并不难，只要稍微动一动脑筋，开口说几句或动笔写几行就可以了，投资虽然很小，回报却很大。我们应牢记马克·吐温说过的一句话："一句赞美的话，可以使我受用两个月。"

【特别训练】

赞美认同客户，不但能取得客户购买产品的主动权，还可以取得客户信任，实在是销售的一大法宝。但是，也不能陷入赞美的误区，不要以为“多赞美客户就能多签单”。

有些人在某种时刻喜欢听你说一些听起来比较真实、委婉地反映出他们缺点的话，他们觉得这样你才是真正的朋友，比较可交。适当地说一些对方客观的缺点，助其改进，也能赢得客户的尊重。

有一名销售员和张老板约好了见面时间，于是他坐了三个小时的车前去谈生意。张老板却很意外地插着门不愿见他。门是木制的，销售员一脚踹开了。张老板很生气，站起来吼道：“你怎么这样！”销售员也很生气地瞪着客户说：“您明明在这里，却硬不见。我坐了三个小时车来和您谈生意，帮您挣钱，难道您也是用这种态度来对待您的客户的吗？”

张老板突然觉得这小伙子竟然和自己一个脾气，爽啊，难得！立刻变得友好起来。两个人开始坐下促膝长谈，谈了一上午，合同和支票就签好了。

总之一句话：销售是人与人之间的活动，话术运用要灵活，赞美客户也一定要灵活。

六、不仅要善于说，更要善于听

【导入案例】

一名推销员与客户正在通电话，客户讲：“我还有一个问题，我听人家讲……”

这时，这名推销员心里非常紧张，因为最近他们的产品确实出了些问题，已经有不少客户来电话投诉。他以为这个客户也是要问这个问题，所以他马上打断客户：“我知道了，你是指我们产品最近的质量问题吧？我告诉你……”

这个客户很奇怪：“不是啊，我是想问怎么付款才好。怎么？你们产品最近有问题吗？你说说看……”

接下来发生了什么？客户取消了订单。

【要点总结】

上帝为什么要给我们一双眼睛、两只耳朵，而只有一个嘴巴呢？那是要我们多看，多听，少说。在与客户交谈中，销售人员不仅要善于表达自己的意思，而且应善于倾听对方的每一句话，这样才能使双方进行有效的交流。即使是自己已经熟知的话题，销售人员也不可自以为是，没耐心听下去，否则就会像上述案例中的一样造成取消交易的后果。

在倾听过程中，销售人员要尽可能地保持一定的礼仪，这样既能显得自己有涵养、有素质，又能表达你对客户的尊重。具体而言，销售人员倾听的礼仪要求如下：

1. 要专注，不可开小差

在会谈中，销售人员必须时刻保持清醒和精神集中。一般人听话与思索的速度大约比讲话快 4 倍，所以听别人讲话时思想非常容易开小差。同时，根据有关资料显示，正常人最多只能记住他当场听到东西的 60% ~ 70%，倘不专心，记住的就更少。因此，销售人员在倾听过程中，不应做无关的动作，如心不在焉、东张西望、不时看表、目光游离不定等，应真正做到全神贯注，表示对客户意见感兴趣，直至将重点问题用笔记录下来。

当你专注地倾听客户的需求、目标，乃至他的不满时，会让客户觉得自己存在的重要，同时感觉自己被尊重。假如销售人员仅仅用语言告诉客户——你尊重他，对方恐怕难以相信。然而，当你全神贯注地倾听，将注意力始终集中在客户谈话的内容上，给予客户一个畅所欲言的空间，不抢话，表现出一种认真、耐心的态度，事实上就是表达了你对客户的尊重。

“欲先取之，必先予之。”只有你做了客户“忠实的听众”后，才能赢得他们的好感，接下来他们才会饶有兴趣地听你介绍商品。

2. 要回应，不随意打断谈话

客户谈话时，销售人员可以给予必要的、简单的回应，如“噢”“对”“是吗”“好的”等。除此之外，销售人员最好不要随意打断对方。不管客户是什么态度或谈话内容，中间插话打断、抢过话头等都是不礼貌的。插话如果违背了客户原意或插得不着边际，则明显表示不尊重。如果因未听明白或需了解情况而必须插话，应先征得客户同意，如用这样的话语：“请等等，让我插一句。”“请允许我打断一下。”“请让我提个问题，好吗？”这样可以避免让客户感到你轻视他或不耐烦的误解。话未听明白就下结论，在违背客户原意的情况下就发表你的意见是粗鲁无礼的。

3. 听全听透，不先入为主

先入为主地倾听，往往会扭曲说话者的本意，忽视或拒绝与自己心愿不符的意见，这种做法实为不利。在现实生活中，有些销售人员不能从客户的立场来分析客户的讲话，而是按照自己的主观意愿听取客户的谈话，其结果往往是将听到的信息变形地反映到自己的脑中，导致自己接收的信息不准确而判断失误，从而造成行为选择上的失误。所以，销售人员必须克服先入为主的倾听做法，将客户的意思听全、听透。

4. 要宽容，不苛求客户

销售人员在倾听时，永远不要去苛求客户，要原谅对方说话中表现出的性格弱点。这种宽容的态度会赢得对方的好感，让客户喜欢你，愿意跟你沟通，这在交流中非常重要。要知道，金无足赤，人无完人。在交谈中，客户总会暴露出一些毛病，比如爱炫耀自己、爱吹几句牛或喜欢挖苦别人等。尤其是当客户说出你不愿意听甚至触怒你的话时，销售人员一定要表现出涵养。只要客户未表示说完，销售人员就应倾听下去，不可以直接指责或表现出不屑于听的样子。对于不能马上回答的问题，销售人员应努力弄清其意图，不要匆忙表达，应寻求其他办法解决。

5. 要察言观色，听懂话外之音

谈判场合的倾听，是“耳到、眼到、心到、脑到”四种综合的效应。即不仅运用耳朵去听，而且运用眼睛观察，运用自己的心去为对方的话语进行设身处地的构想，并用自己的脑子去研究判断对方话语背后的动机。

在实际沟通中，客户很少会直接把自己的需求表达出来，因为很多需求是隐性的，连他自己也不清楚。还有的客户不敢直接说出自己真正的想法和感觉，他们往往会运用一些叙述或疑问，百般暗示，来表达自己内心的看法和感受。如下例：

“我叫李小刚，是 ×× 体育用品公司的。我们公司刚开发了一种手套，您可能有兴趣看看。与市面上的手套相比，这批货有不少优点。重量小，因此容易装运，包装也更吸引人。我们提供新的上市优惠价，能给您省一大笔钱，另外还有一些优惠条件。听说你们的手套销量很大，是吗？”

张经理说：“是的，在我们经营的运动用品中，手套是主要品种，但我们已经有供应商了。他们送货上门，可以90天付款，货出现问题也都能处理。你的手套，比如说六号吧，大概多少钱？”

客户已经有理想的供应商了，人家免费送货上门，各种条件都很好，还不用担心质量问题。那么，为什么他还要问价格呢？显然这个客户对目前供应商的要价不满。因此，价格最能抓住他的注意力。销售人员在这方面做文章，就很有可能销售成功。

听出话外之音不是一件容易的事。尽管如此，你也必须要跟着对方的思绪，认真鉴别客户传递过来的信息的真伪，去粗取精、去伪存真，也只有这样做，你才能听得懂对方的立场和弦外之音。

总之，销售人员让客户说话，是一项高明的推销术，因为你可以从话中了解客户所关心的事项。尤其初次见面、对对方一无所知的时候，更要让客户畅所欲言，以便从中搜集对方的资料。

不过有一点销售人员一定要留意，就是话题不能被客户牵着走，而要由自己掌握主动权。有些客户说起话来天马行空，很容易把话题扯远，销售人员有必要把话题拉回来，继续原先的事情。如果担心客户会因此而生气，不妨先让他们畅所欲言，一旦满足了他们的欲望，销售人员说什么，都一定能够听得进去。总之，销售人员不只是要当个演说者，还要适时扮演听众的角色。唯有两者兼顾，才能成为一流的销售人员。

【特别训练】

除了上述礼仪要求外，销售人员要想做一个好的听者，还应注意非语言技巧。在与客户交谈时还要通过某些恰当的方式，如目光的注视、关切同情的面部表情、点头称许、前倾的姿势及发出一些表示注意的声音，促使客户继续讲下去。

1. 利用身体反应

利用身体活动和手势来表示你对客户的理解，用摇头来表示否定，用手势来表明物体大小、比例等。

2. 身体前倾

擅长听人说话的人身体常常微微前倾，这种姿势表示你对对方的尊敬和对话题的兴趣，能给对方留下良好的印象。

3. 采用面对面的体位

不管是站还是坐，都应直接面向对方，身体面对面的体位最有利于倾听或者观察对方的语言和非语言的信息。侧着身体，会留给对方你想离开的印象，这会迫使对方提早送客。

4. 采取轻松而灵活的姿势

没精打采表示你对自己的推销不认真，并不在乎对方是否接受；绷紧着脸则说明你内心紧张，客户会误认为你的推销有诈；抱着臂或跷起二郎腿有凌驾于人之上和傲慢的印象。销售人员的姿态应轻松灵活，给对方一种亲切并寄予希望的感觉为最好。

5. 采取开放的姿势

出于习惯，抱臂和盘腿可能更为舒服，但这种封闭的姿势常常表示出一个人的心理是封闭的，为了表示你的坦诚，应采取开放的姿势。

6. 保持目光接触

客户会从你的眼睛里看出你是否对他的话感兴趣，转移视线则表示你没有认真地听他说话。在客户看来，既然我说话你都没认真听，我又何必要礼貌地去听你滔滔不绝的推销呢?

7. 靠近对方

靠近对方有两个好处，一是能听清对方的话，而且能减少外界干扰；二是能向对方表明你的关注或者赞叹。如果你向客户推销或听客户谈话，都离他很远，会给客户一种疏远感，因而不愿同你多谈。

8. 利用声音的反应

回答时语调、速度、音量要有所变化。如果这种变化妥帖，回答的措辞也恰如其分，那么就能表明你在积极地听。相反，如果回答是公式化的，没一点变化，则表明你表面在听，而心里却在另打算盘。

七、让道歉更易于被客户接受

【导入案例】

我国北宋大文豪苏东坡知识渊博，见多识广。一次，他去拜访王安石，恰巧王安石不在家，只见他的书案砚台底下压着一首咏菊诗：“昨夜西风过园林，吹落黄花满地金。”苏轼看了，心里暗想：谁都知道菊花“抱头死”也不会“零落成泥碾着尘”的，莫非是当朝宰相不懂基本常识？于是苏轼挥笔续诗：“秋花不比春花落，说与诗人仔细吟。”然后拂袖而去。

谁知，苏东坡被贬黄州后的一日，秋风瑟瑟，他缓步来到后花园赏菊，园中十几株菊花枝上，因为连刮了几天大风，金黄色的菊花花瓣纷纷落地。苏东坡大吃一惊，眼珠差点掉到地上了。原来天下的菊花不落瓣，唯独黄州菊花落瓣儿。苏东坡一下子想起那两句续诗，羞红了耳根。想亲自登门向王安石道歉，又怕解释不清，自讨没趣。最后他终于想出了一个两全其美的办法，邀请王安石最亲密的诗友王令来家做客，然后在适当的时候，说出那件乱改诗句的事，吐露自己惭愧内疚之情。后来，王令将苏东坡的歉意转告给了王安石，王安石知道了他的良苦用心，与苏东坡的隔膜便消除了。

苏东坡和王安石在政见上分歧很大，王安石推行新法，苏东坡却极力反对。在这种情况下，如果苏东坡亲自登门，啰唆解释一番或痛骂自己一顿，反而会火上浇油或被视为虚情假意，难以达到预期的效果。苏东坡巧借第三者之口转达自己的歉意，才使王安石更加容易接受和相信。

【要点总结】

有道是：“人非圣贤，孰能无过。”在商务活动中，当你冒犯了客户又想改正时，就要向对方表示歉意。道歉是缓和矛盾、重建友谊的灵丹妙药。道歉是一种勇气，也是有教养的表现，是人际关系中必不可少的润滑剂。

在许多场合，一声真诚的“对不起”简直有排山倒海的力量。真正的道歉不只是认错，也是表示承认自己的言行破坏了彼此关系，而这关系对彼此都很重要，所以希望能重归于好。

衷心道歉不但可以弥补破裂了的关系，而且可以增进感情。当别人用信件或亲自当面向你诚挚道歉时，你能不感动吗？原谅别人的错误能清除掉心中的怨恨。宽恕是一种对健康、对情绪大有好处的事。你如果有怨恨别人之处，试着宽容对方，看效果如何。

当然，我们道歉时也会出现对方不原谅、碰了钉子下不了台的情况，那么我们应该用什么态度去对待呢？首先，既然是自己错了，别人生气也是合理的，这颗苦果还是自己吞下为好，相信对方最终会谅解自己的。其次，我们还是应该多从主观上找出原因，也许是因为自己道歉的方式、场合等不太恰当，而导致了这种情况。

道歉是需要礼仪和技巧的，有技巧的道歉语和态度，会使对方很快地原谅你甚至再度和你合作。那么销售人员应该如何道歉呢?

1. 致歉语应当文明而规范

有愧对客户之处，宜说“深感歉疚”“非常惭愧”。渴望客户见谅，需说“多多包涵”“请您原谅”。有劳客户，可说“打扰了”“麻烦了”。一般场合，则可以讲“对不起”“请原谅”“很抱歉”“打扰了”“给您添麻烦了”等。文明的致歉语能使你与客户之间即将产生冲突的气氛缓和下来，使大事化小，小事化了，甚至化干戈为玉帛。

2. 道歉应当及时

知道自己的过失对客户产生了不好的影响，自己也决定道歉，就应该马上说“对不起”，否则时间拖得越久，就越会让客户窝火，越会失去道歉的机会。道歉及时，还有助于当事人“退一步海阔天空”，避免因小失大。

3. 道歉应当真心实意

既然是道歉，就说明自己真有后悔之意，承认错误一定要出于真心。否则，道歉是没有好结果的。道歉最重要的是如何把检讨的心意向客户表白。人的心理就是这样，许多事情皆可原谅，关键是对方对这件事的态度，要用语言和行动表达出你的歉意。在客户服务中，一定要学会使用“对不起”这三个字，它会化解很多的不愉快。

4. 道歉应当大方

向客户表示歉意时，销售人员首先要明白，道歉是值得尊敬的事，是一个人襟怀坦荡、深明事理、真挚诚恳和具有勇气的表现，体现了一个人的素质和修养。道歉时应当大大方方、堂堂正正、真心实意地表达歉意，绝不能遮遮掩掩、扭扭捏捏、欲说还休或过分贬低自己，说什么“我真笨”，这可能让客户看不起，也有可能让对方得寸进尺，进而提出更苛刻的条件。

5. 道歉应当讲究方式

道歉应当讲究方式，如果道歉说不出口，可以写一封信或留一张字条，都不失为好办法。除了直接表达歉意外，还可以通过书信、第三者转达等方式向客户道歉。这样同样可以达到道歉的目的，又可免去一些难堪的局面。

英国物理学家焦耳曾在一次学术会上要求宣读自己关于能量守恒和转化定律的论文，却遭到了另一位学位更高的物理学家汤姆生的当场训斥。受到汤姆生的刺激后，焦耳更加发奋研究，加上其他人通过多种途径论证，焦耳的结论被公认为是正确的，使他当上了英国皇家学会的会员。汤姆生惭愧不已，于是写了一封长信，向焦耳表示歉意，请求他的宽容与谅解。从此，两位“对手”成为“合作者”，共同研究这一课题。

选择你最适合的方式向客户道歉，大多会有极好的反馈。

销售人员还要注意，有些过失是可用口头表示歉意就能奏效的，但有些过失不仅需要口头向对方表示歉意，而且还需要有改正过失的行动。因为改正过失的行动往往是最真诚、最有力、最实际的道歉。

【特别训练】

销售人员在向客户道歉时切忌辩解。想道歉又先辩解，即使辩解主张中有不少合理的成分，也会使客户反感，情况反而会更加恶化。正确的做法是先向对方道歉，等对方冷静下来之后，再申诉自己的意见和主张。

第三节　与客户交谈的禁忌

一、客户讲话时别贸然插嘴

【导入案例】

推销员：“×× 先生，通过观察贵厂的情况，我发现你们自己维修花的钱比雇用我们干还要多，是这样吧？”

客户：“我也认为我们自己干不太划算，我承认你们的服务不错，但你们毕竟缺乏电子方面的……”

推销员：“对不起，请允许我插一句……有一点我想说明一下，任何人都不是天才，修理汽车需要特殊的设备和材料，比如真空泵、钻孔机、曲轴……”

客户：“是的，不过，你误解了我的意思，我想说的是……”

推销员：“我明白您的意思，就算您的部下绝顶聪明，也不能在没有专用设备的条件下干出有水平的活来……”

客户："但你还没有弄清我的意思，现在我们负责维修的伙计是……"

推销员："现在等一下，×× 先生，只等一分钟，我说一句话，如果您认为……"

客户："你现在可以走了。"

【要点总结】

听客户谈话就要让客户把话讲完，即使客户的意见不是正确的或不符合实际情况也要听下去，千万不要在他讲得正起劲的时候，贸然插嘴打断他。上述案例中，推销员几次三番打断客户的述说，既不符合社交礼仪，也犯了推销中的大忌。

销售员刘波每次与客户洽谈业务，都滔滔不绝地说个不停，完全不给客户说话的机会。并且一旦客户说出与他相悖的意见时，他就会立即打断客户的话，摆出种种"证据"试图说服客户。因此，他的业绩一直都很差。

刘波的这种情况在新销售经理上任后得到很大改善。新销售经理上任不久，就了解了刘波业绩差的原因，针对问题，他找刘波谈话："从今以后，在客户说话时，除非有人冲进来打劫，除非发生了地震或者是火灾，除非你发现自己突然失聪了，否则，你必须遵循多听少说的原则，绝不能轻易打断客户说话。"

这位销售经理的话虽然有点夸张，但是却形象地道出了倾听的真谛——就是在客户讲话未结束、客户没有讲到重点时不要轻易打断客户的谈话。认真倾听的态度是推销活动走向成功的第一步。没有一个客户会喜欢自作聪明的销售人员，除非销售人员表现出对客户及其问题有兴趣，否则他永远不会赢得客户的信任。原一平认为：不认真听取客户在购物时所关心的问题，而只是随意列举自己关心的情况，这样做，到头来会使客户跑掉。

对于喜欢说话的客户，销售人员只要洗耳恭听，他就会非常高兴。在这种情况下，对方关住话匣子，紧接着很可能说："就这么定了，签合同吧！"即使签不了合同，他也会高兴地等待着你的下一次来访。

销售人员在运用认真倾听法时，要注意，认真倾听并不是一味地听客户说，而不做出任何反应。最好的倾听是在客户讲话时认真倾听，销售人员对客户说的话做出回应。例如，点头赞成客户观点，用"嗯""是的""您说得对"等简单的词语应和客户，并形成“乒乓效应”。这里的“乒乓效应”是指销售人员要适时提出关键问题或意见、感想，以配合客户的表达。

另外，销售人员还要明白：在没有准确把握客户的真实意图时，有必要在客户谈话暂告一段落时迅速提出疑问，而不是让问题越积越多。这一点与不打断客户的准则没有冲突。

【特别训练】

虽然唐突地打断客户说话是十分不礼貌的行为，但交谈是双方的事情，良好的沟通关键在于双方要有频繁的互动，一味地听对方讲，自己一言不发，既不礼貌，也不明智。那么，在与客户交谈时，如何才能做到既有效互动，又不失礼仪呢？

1. 插话前礼貌先行

销售人员如果有急事需要打断客户谈话，或是确实想对客户所说的话表达自己的不同见解，可以礼貌地向对方示意有话要讲，并且礼貌地说“请允许我补充一点”，然后再“插”嘴。不过“插嘴”时间不宜过长、次数不宜过多，免得打断客户的思路。

2. 插话时可复述对方的话语

当销售人员倾听客户说话有必要打断一下时，可以通过重复他刚才说的话的方式来进行。这样，一来可以让他觉得你是在认真地听他说，并且理解了他的意思，从而对你产生好感；二来他觉得你可能是有更好的建议要讲，所以就不会责怪你打断他的谈话了。

比如，你可以这样说：“正如您所说的，将供货时间调整到每个月初的确是个不错的建议。”就像这样，你只要把你觉得对方说得正确的地方复述出来，再加上你的观点，对方就一定会很乐意听，并不认为你是在无礼地打断他。

3. 合理地利用肢体语言来“插话”

当你不方便直截了当地打断对方的谈话时，不妨就用一些肢体语言来表达你的想法。比如，点头表示赞同，摇头则表示反对，皱眉则表示他说的并不对或者有问题……不过，正因为肢体语言意义丰富，所以在倾听对方说话时不要随便变化表情或者做出一些小动作，以免让对方误解。

4. 通过提问来插话

不要怕打断对方，而放弃了发问的机会。有了不懂的问题，就要及时地提出来，这样客户不仅不会责怪你，而且会感激你，因为你的提问可以让他的谈话变得更加完美。不过，在提问时要讲究技巧，一定要围绕他讲的主题进行提问，否则，对方会觉得你是在故意打岔，不让他说下去。

二、避免与客户正面交锋

【导入案例】

亚力森是美国一家电器公司的推销员，他费很大劲儿才向一家大工厂销售了两台发动机。他想再卖给他们几台发动机，所以几天后他又去找那家工厂的总工程师。没想到那位工程师说："亚力森，我不能再从你们公司购买发动机了，因为你们公司的发动机太不理想了！"

亚力森大吃一惊，问："为什么？"

"因为你们的发动机太热了，热得连手都不能放上去。"

亚力森知道，跟客户争辩是不会有好处的，于是急忙采用另一种策略。他说："史密斯先生，我想您说的是对的。发动机发热过高，谁都不愿意再买。发动机是发热的，它的热度不应该超过全国电工协会的标准，是吗？"

"是的。"——亚力森得到了第一个"是"。

"按照标准，发动机可以比室内温度高出72华氏度，是吗？"

"是的。但你们的产品却比这高出许多。"——亚力森又得到了第二个"是"。

亚力森没有争辩，只是继续问道："那你们车间有多热呢？"

"大约75华氏度。"

"这么说来，车间是75华氏度，加上发动机应有的72华氏度，一共是147华氏度。您即使把手放在147华氏度的热水龙头上，也一定很烫手，是吗？"

亚力森在得到了第三个"是"之后，紧接着提议说："那么，您以后不要摸发动机了。放心，147华氏度完全是正常的。"

"嗯，我想你说得不错。"工程师赞赏地笑起来。他马上把秘书叫来，当场开出了一张价值35000美元的订单。

亚力森后来对他的同行说："我费了多年的工夫，在生意上损失了无数后才懂得，与客户争辩是不行的。对我们而言，避免同客户进行正面交锋，而从侧面进行软进攻，有时反倒能取得意想不到的效果。"

【要点总结】

销售人员应该清醒地认识到，遇到与客户有争议的问题时，无论客户是对的还是错的，你都不能够和他争执，客户永远是对的，尽管事实上他可能不对。你得谨记，你的工作是销售，而不是争辩。

一句销售行话是："占争论的便宜越多，吃销售的亏越大。"因为如果你与客户争辩，赢了争执，你就会失去了生意；而输了争执，你不一定能得到生意，不管怎样，你都输定了。所以，对于销售人员而言，最好的办法就是不与客户进行争论。

销售过程中，对于那些过于敏感的客户，你要尽量避免直接或间接对他们做出可能引起争辩的评语，即使如"有点儿""可能"这类有所保留的语气，都会让他们心乱如麻。因此，言谈时慎选你的用词，指出事实就好。尤其要让他们了解你只是针对事情本身提出意见，而不是在对他们进行人身攻击。针对他们过度的反应，你不要急于辩解，那可能会越描越黑，只要重申事情本身就好。

假如有了要争辩的苗头，不管客户说什么，销售人员只要点头、微笑，并且欣然同意。客户喜欢和与自己英雄所见略同的人打交道，他们不喜欢和爱抬杠的人相处，甚至当客户明显犯错时，他还是讨厌销售人员把他的问题揪出来。销售人员要努力把眼光放在建立关系上面，以建立关系的利益来考量。

对于一些"为反对而反对"或"只是想表现自己的看法高人一等"的客户，若是你认真地处理，不但费时，还有可能旁生枝节。有时客户提出一些反对意见，并不是真的想要获得解决或讨论，你只要面带笑容地同意他就好了。你要让客户满足表达的欲望，然后迅速地引开话题。

人有一个通病，不管有理没理，当自己的意见被别人直接反驳时，内心总是不痛快，甚至会被激怒。心理学家指出，用批评的方法不能改变别人，而只会引起反感；批评所引起的愤怒常常引起人际关系的恶化，而所被批评的事物依旧不会得到改善。当客户遭到一位素昧平生的销售人员的正面反驳时，其状况尤甚。不要对客户的反对意见完全否定，不管是否在议论上获胜，也会对客户的自尊造成伤害，如此，成功地商洽是不可能的。屡次正面反驳客户，会让客户恼羞成怒，就算你说得都对，也没有恶意，还是会引起客户的反感，因此，销售人员最好不要开门见山地直接提出反对的意见，要给客户留"面子"。

客户的意见无论是对是错、是深刻还是幼稚，你都不能表现出轻视的样子，或者表现出不耐烦、轻蔑、东张西望。不管客户如何批评，销售人员永远不要与客户争辩，争辩不是说服客户的好方法。与客户争辩，失败的永远是销售人员。

【特别训练】

为了避免争论，销售人员应做到以下几点：

1. 时刻想着与客户合作，而不是与他们抗争

销售人员只有时刻想着与客户合作，才能保持良好的情绪，保持与客户的友好关系，客户也会产生同样的情感。要让潜在客户经过自身的思考作出购买决定，而不是被迫的。

2. 树立“客户总是有理的”的观念

实际上，销售不是澄清事实的讨论会，而是在于提供产品和服务，满足需求。客户作为销售活动的中心人物，其一切意见都应成为销售的行动方向。当然，认为客户总是有理的或者客户永远是对的，并不等于行动的错误，销售人员要把争辩视为失策行为，克制和回避争辩，以避免销售失败。

3. 锻炼自己的忍受能力

不管客户怎样反驳自己，怎样与自己针锋相对，怎样一个劲地想与自己争辩，怎样残酷地辱骂自己，都要忍受，不要争吵。俗话说：“忍之忍之再忍之，忍到无可忍之时，再忍一次，方能绝路逢生。”

4. 讲究说服艺术，用启发代替争辩

一位著名的散文家把争辩看作失策行为，他说：“不要争论，要启发，一吨重的争论只值一克重的启发。你启发我的目的是要我慢慢形成自己的结论，你与我争吵的目的是强迫我赞同你的结论，而你希望的是将你的结论变为我的结论，那就巧妙地引导我作出你想让我作出的决定吧！不要逼我，当你在争论中以事实、数字和逻辑击败我时，我会说‘你是正确的’，但第二天我就会变卦。但是，如果你能以高明的手法启发我，最后让我自己说服自己，那么，当你拿出一份合同放在我面前，递给我一支笔，说：‘请在这儿签字吧。’我就会签字的。”销售人员要用启发代替争辩，从而达到销售的目的。

5. 要善于运用防止引起争辩的语言

销售人员在说话时要善于运用防止争辩的语言。比如，销售人员不要说：“我的产品在全市信誉是最高的。”而应该说：“好多人都这样告诉我，我才知道，这种产品在全市信誉是最高的。”再如，不要说：“价格不贵不贵。”而应该说："我不怪您这么说，好多人原来也认为价格太贵，但等他们发现使用这种产品的好处后，就改变了看法。"

三、不攻击竞争对手

【导入案例】

王若华是一家房地产公司的销售员，同事鲁刚对他取得的超高业绩感到非常嫉妒，把王若华视为自己事业发展道路的眼中钉。

一次，鲁刚接待了一位有意向购买4套房子的客户。这位客户是王若华的一位老客户介绍来的，因此他希望能够由王若华为他提供服务，但当时王若华并不在场。房地产公司规定，客户一般情况下应该由第一次接待他的销售员来接待，于是鲁刚开始带着客户四处看房子。

在带着客户四处转的时候，鲁刚一有机会就向客户贬低王若华，他说王若华为人虚伪狡诈，而且有过欺骗客户的经历等。可出人意料的是，第三天客户打来电话，说他不准备通过这家房地产公司购买房子了，原因是"连王若华那么知名的优秀销售员都如此不可信，那么这家公司一定不值得信赖"。

得知了事实真相的公司经理当即辞退了鲁刚，而公司的损失却难以挽回。

【要点总结】

在激烈的市场竞争中，我们肯定会遇到一些目的相同、能力相当或者有差别的竞争对手。竞争对手的出现是无可避免的，因为在每一个行业，只要存在利益，就会有许多相同目的的人去争取，形成竞争的局面。

当我们在评价竞争对手的时候，一些销售人员往往会带有一定的主观色彩，这种感情色彩自然是消极和贬义的。贬低竞争对手难道真的就可以抬高自己吗？

对竞争对手所作的评价，其实最能折射出一个销售人员的素质和职业操守。我们最好保持客观公正的态度评价我们的竞争对手，不要隐藏其优势，也不要夸大其缺点，让客户从你的评价中既可以了解相关的信息，也可以感受到你的素质和修养。

带有明显主观色彩地贬低竞争对手并不能使你的身价抬高，相反，这更表明了你对竞争对手的嫉妒和害怕。客户很少会因为你的贬损而购买你的产品，即使他们会暂时相信你的话，等到发现事实真相之后，他们则会更加鄙视和远离你。

其实竞争对手和你的关系并不是如水火般势不两立，由于客户需求和自身产品特点之间的差异，竞争对手之间常常可以取长补短，互相学习。

我们不妨把那些需求特点更符合竞争对手产品的客户大大方方地“出让”，这绝不是给自己拆台，也不是“长别人志气，灭自己威风”，而是真真正正站在客户的立场上为满足客户的实际需求而提供相应的服务。你的这种付出一定会获得相应的回报——客户会充分感受到你对他的好意，当他们下次有需求时一定会首先考虑到你，而且他们还可能为你带来更多的客户资源；竞争对手也会因为你的大度而不再吝惜那些不适合他们而却非常适合你的客户资源。可以说，这是一种多赢的良好结局，而这一切都必须建立在真心诚意为客户着想、为客户服务的基础之上。

总之，如果你想从竞争对手那里获得客户资源，那就要将不适于你、更适于他们的客户介绍到他们那里，这无论对你自己、对客户还是对竞争对手来说，都具有非常积极的长远意义。

【特别训练】

在竞争中，销售人员该如何面对竞争对手呢?

销售人员在与客户交流时，绝对不要对竞争对手妄加评论，尤其是那些负面的评论。不要随便批评对手，因为不尊重同行的人，也不会太容易获得对方的尊重，最终容易导致互相诋毁的恶性循环。而且如果这样做，不仅容易在客户面前显得缺乏专业素质，更会让客户在心里贬低自己。

假如客户过去曾经与这个竞争对手合作过，那么你在批评竞争对手的同时，无形中也在批评客户，后果当然可想而知。

正确的做法是，假如客户在提到竞争对手的产品时，你可以适当斟酌地给予两句无关紧要的好评。那么作为客户，他的心肯定很舒服，觉得你是自己人，感觉上就亲近了许多。这时你再强调自己产品的优势、服务质量的优良，他就会有耐心听，而且也容易接受。同时，这也可以呈现出你的专业素质和你大度的心胸。

四、不使用消极措辞

【导入案例】

推销员张帆有一个北京的客户，前期的产品试样比较顺利，也给客户报了价。第一次报价比较高，张帆准备做一些让步，但是出于一些考虑，他当时没有表态。客户对此不满，他们不喜欢这种拉锯式的讨价还价方式，希望能一步到位。

针对这种情况，张帆决定请对方的采购主管吃饭。张帆在见到客户后，说去取点儿钱，还顺便给客户买了点儿东西，这种做法令客户感觉很不舒服，觉得张帆对自己不够尊重。张帆在吃饭的过程中喝了点酒，因为不胜酒力，酒多话就多，他开始向客户抱怨自己工作的不如意、老板对自己不厚道等。客户数次指出其太悲观，说话啰唆，张帆都没在意。客户在聊了一会儿后说不谈工作只喝酒，张帆也没有体会到客户情绪的变化，继续大谈工作，大谈生活的艰辛，并猜起客户的年龄，而且把客户的年龄说大了……

结果，张帆这次请客不但没有起到自己想要的效果，反而让客户更加坚定了放弃合作的想法。客户的理由是：和这样消极而悲观的人打交道，能带来效益吗？

【要点总结】

俗话说："饭可以乱吃，但是话不可以乱说。"的确，每一句话只要从嘴里一说出来，就会具有创造或毁灭的力量，如果忽略了这种力量，小则会因彼此心生嫌隙而破坏人际关系或失去成交机会，大则会失去整个人生。

其实，语言本身并不可怕，可怕的是当语言进入一个人的潜意识之后所发挥出来的力量才是真正惊人的。因为人的行为深深受到自己潜意识的影响，就像是计算机程序一般，如果你输入进去的是负面程序，那么它将一直重复着这个负面程序，除非你有意纠正，重新输入新的正面程序，否则它将永远不会自动变成正面。例如，某人潜意识中的天空是蔚蓝的，那么他的生活就是再有挫折，也不会偏离阳光；相反，若一个人的潜意识从一开始就误入了阴霾，那么，很可能他的整个人生都难以离开阴雨和泥泞。

销售是一个必须不断面对挑战的行业，不仅要面对业绩的挑战，面对客户的挑战，还要面对自己极限与能力的挑战。一个成功的销售人员必须要在这种种的挑战当中去挑战自己并且成就自己，因为这是销售人员成功的必经之路，因此拒绝挑战就等于拒绝成功。

一种语言代表一种思想，一种思想如果进入潜意识中，就会盘踞成长。如果那是一粒消极的思想种子，就会生出消极的果实；而积极的思想种子，就会生出积极的果实。

所以销售人员要永远提醒自己，不要让负面语言从你的口中出现，诸如“不可能”“做不到”“我不行”“太难了”等。这些语言只要一在你的嘴巴中出现，最直接的影响就是你和成功的目标会远离一步。

负面语言就像慢性毒药一样会让人在不知不觉中中毒，而中毒的症状就是你会从“行”到“怀疑自己到底行不行”，到最后毒药攻心变成“确认自己真的不行”，这就是消极语言逐渐进入潜意识中之后所结出来的消极果实。在负面语言的带动下，你原本藏在剑鞘中只需磨砺即可呈现的能力，就会在潜意识的控制下逐渐消失、退化，所以不要觉得“我不行”。这样的谦虚不是一种美德，而是对你人生最严重的一种破坏，因为你会从你的生理一直到心理不断地调整，去满足潜意识中那句“我不行”的指令。结果你的行为开始逐渐散漫，嘴里的语言逐渐消极，好心情逐渐跌到谷底，最后终于验证了你语言中“我不行”的结论。

任何事总会有成功的机会存在，问题在于你愿不愿意去努力尝试，如果不去试试看又怎么会知道到底行不行呢？销售人员千万不要让人生输在自己的嘴巴上，所以当你的话即将说出口的时候，记得要提醒自己：“小心嘴巴上的梦想会实现！”

【特别训练】

销售人员在与客户沟通的过程中，应有意识地避免对客户说一些不中听的消极语言，主要有以下几方面：

1. 不说批评性话语

在谈话中引用批评性话语是许多销售人员的通病，他们经常说话不经过大脑，伤了别人自己都不觉得。例如：“你家这楼真难爬！”“这件衣服一点儿都不适合你。”“这茶真难喝。”“你这张名片真土！”这些话语里包含批评，虽然你无心去批评或指责他人，只是想打一个圆场，有一个开场白，但在客户听起来就会感觉不舒服。

2. 不说诉苦的话

有些销售人员在与客户沟通时总是爱诉苦，诉说自己的委屈和种种不幸。若真是不幸，倒也能引起客户的同情；若是小不如意也当作不幸，则会引起客户的轻视。我们应该明白，没有人愿意和心胸狭隘、斤斤计较、对恩怨得失终日耿耿于怀的人打交道。

3. 不说夸大不实的话

如今，人们已不再简单地将推销等同于夸大与欺骗，更多的是将其看作一种艺术。作为一名销售人员，不能为了一时的销售业绩而夸大产品的功能和价值，这势必会埋下一颗“定时炸弹”， 客户在日后享用产品的过程中终究会检验你所说的话是真是假，一旦产生纠纷，后果将不堪设想。其实，将产品卖出去也许并不困难，困难的是让客户与销售人员保持友好、信任的关系。

4. 变通枯燥性话题

当与客户谈论重要问题时，销售人员千万不要将自己的意见硬塞给客户，可以换一种角度，讲一些他们爱听的小故事、小笑话刺激一下，然后再回到正题，这样效果会更佳。

5. 切忌炫耀自己的话

如果销售人员在谈判时提到自己，一定要实事求是地介绍，稍加赞美即可，万万不可忘乎所以，得意忘形地自吹自擂、自我炫耀，炫耀自己的出身、学识、财富、地位以及业绩和收入等，这样会人为地造成双方的隔阂和距离。

6. 少问质疑性话题

有些销售人员在与客户洽谈业务时，总是担心对方听不懂自己说的话，不理解自己的意思，从而问一些“你懂吗”“你知道吗”“你明白我的意思吗”“这么简单的问题，你了解吗”等一些令人反感的话。众所周知，从销售心理学来讲，质疑客户的理解力，往往会令客户不满，感觉得不到起码的尊重，逆反心理会顺之产生。因此，可以说向客户问一些质疑性问题是销售中的一大忌。

7. 禁用攻击性话语

在日常生活中，我们经常可以看到这样一种场面：当一种新产品刚上市时，各家都卖得很好。但过了一段时间，由于竞争激烈，同行之间就开始相互攻击，互揭老底，有的甚至把对方的产品说得一钱不值。于是，一个本来市场潜力很好的产品，在消费者心目中的形象就变得越来越差了，导致价格越来越低，利润越来越薄，最后只好退出市场。其实，攻击同行会起到相反效果，客户会认为你害怕同行，或急于把不合格的产品推出去。

8. 回避不雅之言

每个人都希望与有涵养、有层次的人交往，而不愿与那些“粗口成章”的人交往。同样，在推销过程中，不雅之言必将给销售人员带来负面影响。例如，在推销寿险时，你最好回避“死亡”“没命了”“完蛋了”之类的词语。而一些有经验的销售人员，往往会用委婉的话语来表达这些敏感的词，如“丧失生命”“出门不再回来”等。

五、不直接指责客户的错误

【导入案例】

小王以推销一种与石油工业有关的特种装备为生。有一次他签到了一份大订单，一切进展顺利，装备设计获得客户认可，开始进行批量生产。谁知就在这时突发变故，这位大客户的朋友竟然斥责小王的装备设计有误，并对其蓝图批评得一无是处。最后这位客户终于恼羞成怒，转而以电话痛斥小王，并声称拒绝购买业已在生产之中的那批特殊装备。

“我仔细地将设计重新检查一次，发现我的设计并无错误。”小王回忆此事道，“我知道那位客户和他的朋友对此并不十分了解，但我知道我绝对不能当他们的面说出这话。我决定与客户面谈。那位客户一见我进门，立即暴跳如雷地咆哮起来，还激动地挥舞着拳头，骂了许久之后，才愤愤地说道：‘好吧！现在你打算怎么办？’”

小王冷静地说：“一切尊重您的意见，您是付钱买装备的人。您当然有权要求装备完全合乎您的要求，这件事，总会有人负全部责任的。如果您确定我的设计有错，虽然目前我们已投进10万元，但我们仍将停止生产，只要能取悦客户，我们绝不会吝惜这10万元的损失。但反过来说，如果我们的设计事实上完全合乎您的要求，那么希望您也能扛起这个责任。当然，如果设计无误，仍将继续生产，那么在生产过程中出现的一切问题，我们也自会负全部责任。”

小王说到这里，客户的情绪果然平静了许多，说：“那么你们继续做下去好了！如果错误在你们，到时谁也帮不了你！”

小王后来说，当客户挥舞着拳头，在自己面前飞扬跋扈、气焰嚣张地叫骂时，他的确是费了好大力气才控制住那股想与之据理力争一场的冲动，但他明白，如果真的当场指责客户的错误，甚至诉诸法律，与客户对簿公堂，不但劳民伤财，还将因而损失一名大主顾。“我一直都相信，顶撞客户，当场指出客户的错误，绝对是有百害而无一利的。”小王认真地告诫自己的每一个同行。

【要点总结】

在销售工作中，我们总是希望迅速有效地改变客户的态度，但方法一定不能简单。尤其是客户用一个错误的事实来坚持他的态度时，你千万不能直接指出其错误，而要采取尊重客户的做法，间接地暗示他，让他心里清楚：你是尊重他、理解他的，所以没有当场揭穿他的错误，而是很有涵养地间接暗示他，保全了他的自尊。这样，他在羞愧之余就会对你心存感激，这种感激往往也就成为了推销的突破口，从而使推销一举成功。

美国政治家本杰明·富兰克林年轻时喜欢辩论，尤其是对于别人的错误，更是不能容忍，总是穷追到底。一日，他的一位朋友突然把他拉到一旁，狠狠教训了他一顿，并带给了他改变一生的启示。

教训他的内容大致是这样的：“本杰明！你这人真是不可理喻，当你提出与人相左的意见时，措辞总是那么强硬，这种话别人是听不进去的。有朝一日，你的朋友都将远离你而去，不愿意再与你为伍。事实上，你懂的确实很多，别人根本无法辩赢你，但如此一来，没人与你交流，你的知识将止于你的个人所学，不集思广益，最后你会变得非常贫乏空洞。”

富兰克林冷静地反思了自己的看法为什么常常不能被人接受后，顿悟了。他接受了朋友的训诫，决定痛改前非，并开始着手改变自己。

“我自己定了一个规则，”富兰克林后来在传记中说，“永远不正面违拗别人的意见，同时也绝不固执己见。我甚至不允许自己使用任何过于激烈的言辞，如‘绝对’‘毋庸置疑’‘千真万确’等，而只用‘我想’‘据我了解’‘我推测’等较缓和的语气来陈述自己的意见。当别人发表了我认为不对的论点时，我要做的就是先控制自己当面反驳的冲动，然后举出对方论点中一些值得商榷的地方。我会说他的论点在某些特定场合可能正确，但却不能适用于眼前的状况。很快地，我就感受到这种态度转变所带来的好处，我再与人交换意见，气氛会变得比以往融洽许多。我提出意见时的态度越谦和，受到的反对意见也越少，同时也变得较容易规劝别人放弃错误的成见，接受正确的建议。这种做法，刚开始做的时候确实非常艰难，很难控制到位，但久而久之，就习惯成自然，变得得心应手了许多。”

正是这种转变，使富兰克林在议会里受到了普遍的支持，从而走上了坦荡的仕途之路。

【特别训练】

无论你用什么方式，如用眼神、声调或是手势，甚至当面指责来批评客户的错误，你以为他会同意你的观点吗？绝对不会！因为你直接打击了他的智慧、他的判断力、他的自豪和自尊。这只会招致客户的反击，却不会改变客户的观点。也许你会用柏拉图或康德的哲学逻辑理论予以竭力反驳，但这又有什么用呢？因为你早已伤害了他们的感情。

所以销售人员不要动辄就扬言：“我要证明给你看。”这相当于向客户表明：“我比你聪明，我要让你改变想法。”这种做法是在向客户场挑战，无疑会引起反感并导致一场冲突。如此一来，要想改变对方的观点根本就不可能了。因此，千万不要给自己找麻烦。如果你想证明什么，最好不动声色，努力地去做就好了。正如诗人波甫所言：“你在教人的时候，要好像若无其事一样。”

科学家伽利略说过：“你不能教人什么，你只能帮助他们去发现。”

查斯特·菲尔德爵士告诉儿子：“如果有可能的话，要比别人聪明，但不要告诉人家你比他聪明。”

苏格拉底也告诉弟子：“我只知道一件事，就是我一无所知。”

我们不可能比苏格拉底更聪明，所以从现在开始，最好不要再直接指出别人有什么过错，那是要付出代价的。如果你认为有些人的话不对，就算你确信他说错了，你最好还是这样讲：“啊，等等，我有别一个想法，也许并不对。如果我错了的话，希望你们纠正我。让我们共同来探讨这件事。”

六、拒绝客户切忌无礼

【导入案例】

客户：“小李呀，我们是A地区的经销商大户，在这里，只要我们称自己是第二，就没有人敢说他是第一。你们想进入A地区，还是要通过我们的。这样吧，进货价格就再降5%。”

销售员：“王总呀，对于贵公司的实力，我们当然是知道的，要不然也不会跟您谈判这么久。这次给您的价格已经是最低价了。要不然，您再多进30%的货，我回去向总部打个报告，申请进货价再降低2%，但是不知道能不能批下来。”

【要点总结】

当客户对你有所希求而你办不到时，你不得不拒绝他。其实，拒绝不一定非要声色俱厉、直来直去，它也是有一些技巧的，掌握了拒绝的技巧并恰当地运用，既可以达到拒绝的目的，又不使对方难堪，还不会失去客户。

1. 拒绝的技巧

（1）拒绝时要面带微笑。拒绝的时候，要能面带微笑，让客户感受到你对他的尊重、礼貌，就算被你拒绝了，也能够化悲痛为力量。

（2）不要立刻就拒绝。立刻拒绝，会让客户觉得你是一个冷漠无情的人，甚至觉得你对他有成见。

（3）不要轻易地拒绝。有时候轻易地拒绝客户，会失去许多帮助客户甚至获得友谊的机会。

（4）不要无情地拒绝。无情地拒绝就是表情冷漠，语气严峻，毫无通融的余地。这样会令客户很难堪。

（5）不要在盛怒下拒绝。盛怒之下拒绝客户，容易在语言上伤害到对方，让他记恨你。

（6）不要随便地拒绝。太随意地拒绝，客户会觉得你并不重视他，容易造成反感。

（7）拒绝时向对方提供替代方案，就像上述案例中销售员所做的那样。你可以说：“你跟我要求的这一点我帮不上忙，我用另外一个方法来帮助你吧”这样一来，客户还是会很感谢你的。

（8）要有帮助地拒绝。也就是说你虽然拒绝了，但却在其他方面给他一些帮助，这是一种善意而聪明的拒绝。

2. 拒绝的方法

（1）直接拒绝。就是将拒绝之意当场讲明。一般情况下，直接拒绝客户时，需要把拒绝的原因讲明白。同时，还要向对方表达自己的谢意，表示自己对其好意心领神会。比如有人要请你吃饭，可以说：“今晚有事，以后再说吧。”采取这种方法时，应避免态度生硬，说话不中听。

（2）婉言拒绝。就是用温和委婉的语言去表达拒绝的本意。与直接拒绝相比，它更容易被接受。因为它更大程度上顾全了被拒绝者的尊严。例如，一位男士送内衣给一位关系一般的女士，这非同寻常。女士说："它很漂亮。只不过这种式样的我男朋友给我买过好几件了，留着送你女朋友吧。"这么说，既暗示了自己已经"名花有主"，又提醒对方注意分寸，不要第三者插足，最重要的是彼此也不会伤和气。

（3）幽默拒绝。在与客户谈判中，如果你无法满足客户所提出的不合理要求，那么你可以在轻松诙谐的话语中设一个否定的事情或讲述一个精彩的故事让对方听出弦外之音，既避免了对方的难堪，又转移了客户被拒绝的不快。例如，在一次与客户的谈判中，客户提出了一个很高的价码，这是公司所不能接受的。这时，销售员故作轻松地说："如果您坚持这个价格，请为我们准备过冬的衣服和食物吧，您总不能让我们饿着肚子，瑟瑟发抖地为您服务吧！"

（4）肯定后转折。先肯定对方的说法，再转折一下，最后予以否定。肯定是手段，转折否定是目的。先予肯定，可使客户在轻松的心理状态下继续接受信息，在其心理防线出现放松警惕时进而进行转折。尽管最终是转折了，但这样柔和地表达反对意见，对方较易接受。

（5）用沉默拒绝。就是在面对难以回答的问题时，暂时中止发言。当他人的问题很棘手，甚至具有挑衅、侮辱的意味时，不妨以静制动，沉默是金。这种不说"不"字的拒绝，所表达出的无可奉告之意，常常会产生极强的心理上的威慑力，令对手无从下手。沉默拒绝法虽效果明显，但若运用不当，难免会伤人。实践证明，沉默拒绝具有一定的副作用，所以要慎用。

【特别训练】

俗话说得好，"买卖不成仁义在！"因此，在商务谈判中，切忌不给对方台阶下，赤裸裸地断然拒绝与对方的合作。

当客户提出的要求不便直接表态时，可来个答非所问，先行回避一下。比如当遇到某人提出一些棘手的问题或过分的要求时，既不能说"是"，也不好说"不是"，便可采用"顾左右而言他"，避实就虚，将问题回避开。这种方法在对方提出的问题不便作答又不想将关系搞僵时比较适用。

第五章

沟通顺畅：电话销售及通信礼仪

第一节　电话销售礼仪

一、接听电话

【导入案例】

销售员：“您好，这里是××公司，请问我能帮您什么吗？”

客户：“你们还有特价供应的传真机吗？”

销售员：“这种传真机是您想要的那一种吗？”（此时，任何一个优秀的销售人员都不会用“是”或“否”来回答这个问题，而是以问题回答并引导客户定下约会。）

客户：“是的，是我想要的那一种。”

销售员：“好极了。我可以在今天或明天和您进一步谈谈。您愿意到我的公司来，还是我去拜访您好呢？”

【要点总结】

电话是销售人员从事销售工作的重要工具。对于销售人员来说，接听的任何一个咨询电话，都有可能得到一个做买卖的机会。可惜的是，不少销售人员忽视了接听电话的技巧及礼仪，而白白丧失了这些可以成功销售的机会。其实接听电话看上去简单，但对销售人员的要求却很高。以下是接听电话的几个基本礼仪要求：

1. 态度要热情

如果你接电话的声调无精打采，毫无生气，客户是能够从你的声音中“听”得出来的。因此打电话时，即使看不见对方，也要抱着“对方看着我”的心态，以热情、充满活力的声音回应客户。每当电话铃响你拿起电话时就要意识到，你是在和一个能为你带来订单的人谈话，无论当时遇到怎样的不痛快，你都要控制自己，把个人的感情置于一边，用热情愉悦的声音接电话。这样的销售人员才是一个成熟、称职的销售人员。

2. 三声之内迅速接听

即便电话离自己很远，听到电话铃声后，附近没有其他人，你也应该用最快的速度拿起听筒，最好在三声之内接听。电话铃声响一声大约 3 秒钟，若长时间无人接电话，让客户久等是很不礼貌的。客户在等待时也许会急躁，容易对你产生不好的印象。如果电话铃响了很久你才拿起话筒，应该先向对方道歉：“抱歉，让您久等了。”

3. 重要的第一声

销售人员都想知道来电话者的姓名。这有几个原因，其中之一便是在电话里称呼他们的名字将非常有利于创造亲切友好的气氛。询问客户名字要讲究方法，设想一下，假如你拿起电话后，听到的第一句就是直愣愣的问话：“你是谁呀？”会不会让你感到唐突和生硬？有些销售人员接电话时习惯以“喂，喂”或者“你找谁呀”作为“见面礼”，一张嘴就毫不客气地查一查对方的“户口”，一个劲儿地问人家“你找谁”“你是谁”或者“有什么事儿呀”，这些行为都会令客户反感。正确的方式应是提供对方所要得到的信息，如“您好！这里是 ×× 公司”；继而是文雅的问话，如“我可以知道您的尊姓大名吗”或者“请问您贵姓”。如果对方真正想在你公司买东西打电话来询问，而你又表现诚恳的话，那你应该能用这种办法问出他的名字。

在电话中注意一下自己的第一声，不仅会使客户对你的印象加分，而且也会使客户对你所在公司产生良好印象。比如，同样一句：“我可以知道您的尊姓大名吗？”如果你的声音亲切、悦耳、吐字清晰，客户的感觉就会不同。因此要记住，接电话时，应有“我代表公司形象”的意识。注意控制自己说话的语气，永远不要说“喂”。

4. 准确了解来电目的

接听电话时，一定要准确了解对方来电的目的，不可敷衍。即使对方要找的人不在，切忌只说“不在”就把电话挂了。准确了解就是要尽可能问清事由，抓住客户所反映问题的关键并认真记录下来，力求全面准确。否则，了解不准、头绪不清，在处理问题时，还要打电话向客户再次了解，这样不仅会浪费双方的时间和精力，还会给客户留下“办事不力”的印象。

5. 认真做好接听记录

当接电话受客户之托转达留言时，必须做好电话记录。虽然有些公司有内部专用的记录格式纸，但在多数公司，受托人只能自己加以整理。

在电话记录中除了要写明对方的公司名称、部门名称、人名、事由外，还应写出接电话者，即你的名字。否则，见到留言条的职员即使想询问细节，也会因为不知道接电话的人是谁而无可奈何。

由于销售人员大多白天出门在外，见到留言条通常已到黄昏了。比如销售人员小王刚从 A 公司回来，看见来自于 A 公司的希望与其联系的留言条，慌忙打电话过去，却发现那是自己去 A 公司之前对方留下的口信。为了防止出现这类的差错，一般必须在留言条上填写接到电话的时间。

记录完毕，最好向对方复述一遍，以免遗漏或记错。

6. 别让客户久候

需要客户等待时，有经验的销售人员会让客户拿着电话等一会儿，以便自己集中思考对策。如果有可能，在对方谈话开始不久就想办法让他不挂断电话等一会儿。但这需要做得自然，让对方等的时间绝不要超过 10 秒钟。否则，如果让对方等了 1 分钟以上的时间，即便他没有挂断电话，也可能已经不耐烦了。也许你将听到粗暴的吼声，完全不是开始时那种充满希望的美好言辞。总之，让对方等的时间太长就等于失去了这次销售成功的机会。

7. 对客户一视同仁

无论大小客户都应一视同仁，不要在小客户面前“拿架子”“打官腔”：“谁呀”“什么事呀”，然后“事不关己，高高挂起”。不要让客户感到自己受到轻视，一视同仁的态度，容易为自己赢得铁杆客户。

8. 小心轻放

一般人很少注意到自己结束通话后放回电话的动作，往往在最后挂电话的动作中泄露了情绪，或许自己不觉得声音有多大，但经过电话线的传递，可能远比你认为的声音大出了数倍。如果对方听到你放置话筒所产生的刺耳声音，首先，会让对方感到的是你对这次谈话或交谈者感到不满或不耐烦，于是，对于之前谈话时你所表现出来的诚意及良好印象就会大打折扣；其次，会让对方觉得你在处理事情时较为粗枝大叶，对你的信任就会大为降低。

王强是一家公司的销售主管，该公司的销售业务主要是通过电话联络来完成的。公司定期举办电话礼仪训练，效果也一直不错。

有一天，一个销售代表向王强反映，一个与他跟单的大客户竟转向他人，他自问并没有什么地方得罪客户。王强与该客户熟悉，就去了解情况，客户的反馈是这个销售代表做事缺乏诚意。于是，王强开始观察这个电话销售代表的工作过程，终于发现问题所在——挂断电话的声音让人听起来非常不舒服。

由此可见，放回电话的动作有多么的重要。如果你赶时间，挂断电话可以用手指轻轻按断通话键，如此，可以避免因情绪焦急带来的令人不快的挂断声。切勿用手掌拍断电话或者将听筒重重地摔在话机上，以免引起对方误会。可在电话旁竖立警示牌，提醒自己注意“小心轻放”，借以慢慢训练轻放电话的习惯。

g. 电话中途断线，应主动打过去

我们时常会遇到这样的情形：当通过电话与客户交谈时，电话在中途突然因操作失误而断线。如果事情没有谈完，销售人员应该主动打回去，以使谈话继续下去，不能因事情大致已谈完，就对此听之任之。拨通之后，要向客户致歉：“非常抱歉，刚才电话中途断线了。”

【特别训练】

一般而言，销售人员在接到客户电话时，不宜率先提出中止通话的要求。万一自己正在开会、会客不宜长谈，或另有其他电话要接，需要中止通话时，应说明原因，并告之客户：“一有时间，我马上给您打电话。”免得让客户觉得你厚此薄彼。这样虽然可能浪费一些时间，但却可以赢得客户的理解和信任。

有时候来电要找的人不在，如果你只说一句“他不在”或者“她不在，过会儿再打”，不等客户说什么，立刻就挂上了电话。这样突然而且是单方面地结束对话，会使客户对接听人和所在公司的印象大打折扣。

假如换一种温和的方式问：“你可以留下姓名和电话号码吗？有什么事我可以转告吗？”如此一来，客户肯定会感谢这种答复，也许会留下口信，或者决定过会儿再打。不管怎么说，双方都愿意怀着愉快的心情结束电话。

如果客户在电话中讲个没完没了，且毫无有用信息，非得让其“适可而止”

不可的话，你可以先提出结束通话，但是话要说得委婉、含蓄，不要让对方感到难堪。比如，不宜说“你说完了没有？我还有别的事情呢”；而应当说“好吧，我不再占用您的宝贵时间了”“真不希望就此道别，不过以后真的希望再有机会与您联络”。

二、转接电话

【导入案例】

某日，销售员小杨值班，恰巧有个客户王先生打电话询问一件商品的情况。由于不在自己职责范围之内，小杨对客户说：“对不起，这里是业务接待部，您问A产品价格的事，应该找销售部李经理，可是李经理现在出去了，您能留个口信吗？”

客户：“当然，你可以让他一会儿给我回个电话吗？”

小杨：“好的，号码是多少？”

客户：“0778736××××。”

小杨：“我再重复一次，是0778736××××吗？”

客户：“没错！”

小杨：“我记下来了，我让他什么时候给您回话呢？”

客户：“今晚6点之前都可以。”

小杨：“好的！王先生，我会让李经理今晚6点前给您回电话的。”

客户：“谢谢你！”

小杨：“不客气！”

客户：“再见！”

小杨：“再见！”

【要点总结】

在办公室或其他场合，转接电话是销售人员经常要遇到的情况。转接电话很微妙，如果把握不好，可能造成阻碍，使电话意外中断，或使信息识传失真。如何才能正确地转接电话？以下一些礼仪是销售人员要注意的：

1. 确认对方身份

替人转接电话，确认对方姓名时，尽量要用褒义词语。不要脱口而出，用习惯用语去确认对方的姓名。比如“您姓孙，是孙子的孙吗？”“您姓冷，是冷淡的冷吗？”诸如此类，让对方听了感到不快。其实可以改成“是孙子兵法的孙吗？”“是冷热的冷吗？”

2. 确认转接者身份

转接电话时，最好重复一遍，以确认要转接给公司里的哪一位：“×××对吗？请您稍等。”如果有多名同姓员工，一定要用全名来确认。放下电话找人时，千万不要忘了对方也能听见，因此不要说“是个男的”“一个有外地口音的人”或者说“一个声音挺娇的小姑娘”之类的话。当对方在电话里听到这样的形容时，会感到不愉快。因此转接时，要同样用客气的方式叫人，或者用手捂上话筒，注意隔音。

如果要转接的同事正在打电话，不要让对方一直等，而要询问：“真不巧，他正在接别的电话，我能为您做些什么呢？”

对方说要等的话，就说“那请您稍等”。对方说要再打过来的话，就说“好的，那我转告他您打过电话了”。如果对方希望打过去，就回答“好的，那请告诉我您的联系方式吧”。

3. 做好电话记录

如果对方要找的人不在，要尽量做好电话记录工作。记录内容包括：什么人、什么时间打的电话、大概是说什么事（如果对方不愿意不必强问）、对方有什么要求（一看到字条马上回电话，还是晚上再打电话）等。通常很多人在转接电话时不予记录或者记录得非常简单，只有一个姓和一个电话号码，如果对方要找的人工作繁忙的话，这种电话可能会得不到及时的回复。另外，在挂电话之前要报上自己的名字，并说“一定会转告他”。

4. 不要轻易将他人的手机号码告诉对方

转接电话时，如果来电者要找的人不在，对方询问手机号码时，转接者一定不要轻易把手机号码告诉对方。因为可能会严重干扰到要接电话者的工作或生活。

【特别训练】

如果接到了一个敏感人物找他人的电话，比如大家怀疑A某跟B某有特殊关系，恰好A某打电话找B某时被你接到了，这时千万不要捕风捉影，不要去转告第三人“谁给谁来电话了”，更不能在旁边偷听对方的电话内容。不论是绯闻还是面对关系过于紧密的上下级，接电话者都不能妄自猜测，随意传播，否则会破坏到正常的人际关系。

三、拨打电话

【导入案例】

销售人员小侯在给客户打电话的中途需要用到一些资料，因此向对方说了一句“请稍等片刻”，就开始查阅资料。可是，她想要找的资料临时却找不到。过了5分钟后，她好不容易将资料搬到了办公桌上，并且终于拿起了听筒，电话却已经被客户挂断了。

【要点总结】

销售人员给客户拨打电话，必须事先做好准备，将所需的相关资料找齐，以免像上面案例中一样，出现电话打到一半时突然想起对方所需的资料没有，于是不得不让客户等待的情形。其实，既然是有目的地拨打客户的电话，销售人员就应该做好充分的准备，并注意相关的礼仪细节，这样才能达到拨打电话的目的。

1. 拨打前要做好准备工作

拨打电话前除了要准备必要资料外，销售人员还要做好以下准备：

（1）清楚拨打电话的目的。只有明确了打电话的目的，才能根据目的设想应如何提问，在电话当中可能会出现哪些情况，如客户可能不在或正在忙其他事情，针对这些情况又应如何处理等。打电话前，先将需要谈的事情罗列出来，列出要点，可以构思一下如何交谈，这样既可以节省时间，也不至于忘记一些必须说明的要点。看看自己有多少次和别人通话时发生了疏漏，就明白打电话前的思考有多么重要了。

（2）在拨打电话前再次确认电话号码无误。通话之前应该确认对方公司或单位的电话号码是否正确，如果没有把握，那就查一下电话本。拨打电话时，不要按数字键太快，以避免误按又需重新拨号，欲速则不达。同时在办公桌上放有电话记录用的纸和笔以及必要的资料和文件。一手拿话筒，一手拿笔，以便能随时记录。

2. 开头语要有礼貌

打电话时，开口所讲的第一句话是给客户的第一印象，所以应当慎之又慎。

打电话所用的规范的“前言”有两种。第一种要求用礼貌用语把双方的单位、职衔、姓名一一道来，其标准的模式是：“您好！我是 ××× 公司 ×× 部副经理 ×××，我要找 ××× 分公司经理 ××× 先生，或者是副经理 ××× 先生。”第二种适用于一般性的人际交往，在使用礼貌性问候以后，应同时准确地报出双方完整的姓名，其标准的模式是：“您好！我是 ×××，我找 ×××。”

如果电话是由总机接转或对方秘书代接的，在对方礼节性问候之后，应当使用“您好”“劳驾”“请”之类的礼貌用语与对方应对，不要对对方粗声大气或随随便便将对方呼来唤去。

若你找的人不在，可以请接电话的人转告，如“对不起，麻烦您转告 ×××”，然后将你所要转告的话告诉对方。最后别忘了向对方道一声谢，并且问清对方的姓名。切不可“咔嚓”一声就把电话挂了，这样做是不礼貌的，即使你不要求对方转告，你也应该说一声：“谢谢，打扰了。”

3. 用语言与声调传递感情

拨打电话时，对销售人员形象影响最大的，是他的语言与声调。从总体上讲，打电话时所使用的语言应当简洁、明了、文明、礼貌和谦恭。

打电话时音调会有所变化，因此，销售人员不能完全按平时说话的习惯来讲话，而要注意打电话的节奏与速度，音量也要加以调整，太轻太重都会使客户听起来不清晰。

客户拿起听筒后，销售人员应当有礼貌地称呼对方，亲切地问候“你好”。如果需要讲的内容较长，可以问：“现在与您谈话方便吗？”打电话时，嘴部与话筒之间应保持 3 厘米左右的距离。这样的话，对方接听电话时，才能听得最清晰。同时，你的声音应当保持柔和清朗，吐字清晰，语速适中，使人感到悦耳舒适，这样才能打动对方。

4. 让你的声调充满笑意

销售人员应该明白，客户在电话的另一端可以“看”到你的笑容，微笑可以通过电话线传给客户。你的声调有笑意吗？有温暖吗？如果你能把你的友好与真诚输入到你的声调中去，即使对方看不见你，但是从平和喜乐的语调中也会被你感染，给客户留下极佳的印象。

所以，打电话时第一件事，就是用声调表达出你友好的微笑来。尽管客户不能从电话中看见你的笑容，但他是可以从电话中听出来的。你的声调要充满笑意，要比平时高兴的时候有更多的笑意。

5. 掌握好通话的时间

打电话应遵循同一原则，即达到打电话的目的就可以结束通话。如果你在电话里喋喋不休，客户可能会有机会提出新的异议，或者给客户增添更多的顾虑。因此，目的一旦达成，即刻结束通话。

在正常的情况下，一次打电话的时间最好不要超过 3 分钟。每天拨电话时间总和以 2 小时为限。如果电话时间过长，效果不会好。这就要求你的通话内容简明扼要，干脆利索，不要吞吞吐吐，东拉西扯。这种做法，在国外叫做“打电话的 3 分钟原则”。要求打电话的一方要有很强的时间观念，抓住主题，在尽可能短的时间内表达自己的意思。时间过长，造成电话占线，会影响正常的通讯。打电话要讲究效率，既节约自己的时间，也不要浪费他人的时间。

掌握好打电话的时间，从根本上讲是关心客户，体谅客户，不造成对方的不方便，从而维护自己的“电话形象”，达到良好沟通的目的。绝不能只顾自己的利益，不顾他人的利益，这样做的结果最终会损害自己的利益。

6. 礼貌结束通话

当通话结束时，别忘了向对方道一声“再见”，或是“谢谢”“祝你成功”等恰当的结束语。一般来说，应是打电话的人先挂断电话，接电话的人再放下电话。但如果是与上级、长辈、客户等通话，无论你是打电话的人还是接电话的人，都最好让对方先挂断电话。

【特别训练】

销售人员打电话时还要注意掌握合适的拨打时机。客户为什么会对陌生电话感到反感呢？常常是因为这些电话经常来得不是时候。电话推销的优点在于客户无法拒绝与你沟通，但如果对此不加以合理利用的话，就会成为电话推销最大的弊病。在电话铃响时，客户不知道来电的具体意图，这使他丧失了拒绝的权利。在接起电话后，即使有急事，也会出于礼貌不去挂断电话，但他心里可能早已产生了拒绝的心理，这对你的电话推销就非常不利。要想克服这个弊病，就需要选择一个合适的时间拨打电话。

1. 按星期来分

星期一：一般公司都在星期一开商务会议或安排工作，所以大多会很忙碌。如果你要洽谈业务的话，尽量避开这一天。如果你找客户有紧急的事情，应该避开早上的时间，选择下午会比较好。

星期二到星期四：这三天是最正常的工作时间，也是电话行销最合适的时间。电话营销人员，应该充分利用好这三天。这也是业绩好坏与否的关键时间。

星期五：一周的工作结尾，如果这时打过去电话，多半得到的答复是："等下个星期我们再联系吧！"这一天可以进行调查或预约的工作。

2. 按一天来分

8:00 ~ 10:00：这段时间大多客户会紧张地做事，这时接到推销电话也无暇顾及，所以这时电话营销人员不妨安排一下自己的工作。

10:00 ~ 11:00：这时客户大多不是很忙碌，一些事情也已处理完毕，这段时间应该是电话行销的最佳时段。

11:30 ~ 14:00：午饭时间，除非你有急事，否则不要轻易打电话。

14:00 ~ 15:00：这段时间人常常会感觉到烦躁，尤其是夏天，所以这时不要去和客户谈生意。

15:00 ~ 18:00：努力地打电话吧，你很可能会在这时取得成功。

要避免在吃饭的时间与客户联系，如果你需要打电话到客户家里时，下午4点以后就不太合适，这时候一般客户家里都已经开始准备晚饭了，谁有心情接你的电话？接下来是晚饭时间和一天的休息时间，大家都知道，这时候打电话是多么不礼貌。

3. 按职业来分

会计师在月初和月末最忙，不宜在这个时间联系；家庭主妇最好是上午10点至11点；行政人员10点30分后到下午15点最忙；教师最好是放学以后；医生最忙是上午，下雨天比较空闲；股票行业最忙是开市的时间；银行工作人员10点前16点后最忙；公务员最适合的时间是上班时间，但不要在午饭前后和下班前；忙碌的高层人士最好是8点前，即秘书上班之前。

总之，选择合适的打电话时间，关键是站在客户的角度来考虑时间合适不合适。当然，也要视你和客户的熟悉程度而灵活掌握。

四、电话约访

【导入案例】

总机："国家制造公司。"

汤姆："请问比尔·西佛董事长在吗？"

总机把汤姆的电话转到董事长办公室，由董事长的秘书小姐接听。

秘书：“董事长办公室。”

汤姆：“你好。我是汤姆·贝柯。请问比尔·西佛董事长在吗？”

汤姆先自我介绍，然后说出西佛董事长的名字。这让人觉得：汤姆跟比尔早就认识，他们是朋友。如果秘书真是这么想，那她一定把电话转接给比尔。这样，汤姆希望和比尔通话的目的就达到了。不过，秘书没有这么想，她小心翼翼地继续问：“西佛先生认识你吗？”

汤姆：“请告诉他，我是温彻斯特公司的汤姆·贝柯。请问他在吗？”

汤姆并不认识比尔，他不能回答秘书的问题。汤姆只好再自我介绍一次，这次他说出了公司的名字。汤姆在谈话中，一直不忘记说“请问他在吗”，这是不断地对秘书询问，使秘书不得不对这个询问做适当的答复。汤姆也希望秘书小姐不再问问题。

秘书：“他在。请问你找他有什么事？”

秘书很直爽地回答，但附带了一个问题，问对方有什么事。

汤姆：“我是温彻斯特公司的汤姆·贝柯。请教你的大名。”

汤姆没有正面回答秘书的问题。汤姆只是重复说着公司的名称。他也附带问了一个问题，他想知道秘书小姐的名字，待日后再通话时，能拉近彼此的距离。

秘书：“我是玛莉·威尔逊。”

汤姆：“威尔逊小姐，我能和董事长通话吗？”

秘书：“贝柯先生，请问你找董事长有什么事？”

汤姆：“威尔逊小姐，我很了解你做秘书的处境，也知道西佛先生很忙，不能随便接电话。不过，你放心，我绝不占用董事长太多的时间，我相信董事长会觉得这是一次有价值的谈话，绝不浪费时间。请你代转好吗？”

汤姆确实遇到了困难。但他不气馁，仍再接再厉，试图突破困境。他坚持一个原则——不向秘书小姐说出自己的真正目的，因为他顾虑，一旦向秘书小姐说出自己的目的，再经由秘书小姐转达，难免会产生误解。

秘书：“请等一下。”

汤姆的坚定语气，使秘书小姐不再难为汤姆。她把汤姆的电话转给董事长。

比尔：“喂！”

汤姆：“比尔，我是温彻斯特公司的汤姆·贝柯。温彻斯特公司是专门为企业经理定制西装的公司。请问你知道温彻斯特公司吗？”

汤姆以介绍自己和公司作开场白，然后说明公司的业务，简洁扼要。汤姆以一句问话结束，这能使对方有接着回答的机会，使彼此的谈话一来一往，增加交谈的气氛。

比尔："不知道。贵公司卖的是什么产品？"

汤姆："我们是专门为经理定做西服的公司。有许多企业对我们颇为赞赏。这些企业包括城市国民银行、西方动态公司、国际食品公司、环球实业机器公司等。我希望下个星期能拜访你，当面向你作详尽的介绍。我想在下星期二上午8点15分或星期三下午2点45分拜访你，你觉得方便吗？"

汤姆提到了几家就在附近的大公司，希望借此能引起比尔的兴趣。汤姆不问比尔"是否愿意见面"，而问比尔"什么时候见面"，这样会使比尔在无意之中忽略"愿不愿见汤姆"的问题。汤姆还自己先挑选了两个时间让比尔选择，两个时间都在下星期，这使比尔不会感到窘迫而断然回绝汤姆的请求。

比尔："嗯，让我想想……就安排到下星期二上午7点钟好了。"

【要点总结】

汤姆的电话约访非常成功，得益于他的目标非常明确，且措施有效。对方问问题，汤姆总会以简洁明了的话语答复，然后继续向"目标"迈进。获得对方的邀约是汤姆此时唯一的目标。汤姆是一位有专业素养的推销员，他认为在没有获得对方的邀约之前，任何推销上的说服行动都是没有必要的。先和对方敲定见面的时间，再在见面时展开缜密的说服行动也不迟。电话约访在销售中非常重要，很多成功的经验证明，电话约访的功效每提升10%，就能提升5倍销售绩效。

那么销售人员怎样才能成功地让客户接受约访呢？

1. 要明确电话约访的目的

电话约访的目的是为了约定与客户见面的时间和地点，让客户提前调整工作安排，在他认为比较合适的时间会面。所以在电话约访中，只需简短有力地讲述你的约访目的，而不要过多提及产品、自己和公司。

记住，你打电话约访的唯一目的是争取面谈机会，并无其他用意，切记不要在电话里展开销售，不要谈与产品有关的任何细节问题，否则会拉长谈话时间，客户不会有耐心和兴趣听你长篇大论，反而影响约访的目的。不过，简单介绍产品的功能倒是吸引客户与你见面的桥梁，但要记住点到为止，别讲太多。

2. 熟悉电话约访的步骤并准备好话术

（1）自我介绍。首先销售人员要介绍自己及公司，并询问对方是否方便接电话："喂，陈总您好，我是泰康人寿的业务主任 ×××，有打扰到您吗？"开篇言语一定要简洁明了、开宗明义，不跟客户绕圈子。"有打扰到您吗"，这句话很多销售人员都不会说，要知道没有获得客户的允许，接下来的通话可能随时被诸如"我在开会""我在开车"等理由拒绝，并有可能让客户厌烦。

（2）说出打电话目的。销售人员要说出打电话的目的并要求见面拜访："您是一位成功的企业家，想必您对节税及员工保障福利会很关心，我为许多企业家提供过保险理财节税的服务。我对客户服务就像您对您的客户一样，是建立在相互信任的基础上的，因此非常希望能有机会与您见面。"在这个环节上，注意以客户的利益为谈话重点并适当寒暄和赞美。

（3）"二择一法"提出会面要求。接下来你要单刀直入地要求见面。电话约访的目的就是约访，因此不要过多纠缠，要尽快直奔主题。"您看周三上午 10 点半还是下午 2 点比较方便呢？"在电话约访过程中，你可以不断重复运用这一方法，直到敲定会面为止。

（4）再次要求见面。若客户出现拒绝，从容进行处理并再次要求见面。"我确实了解并且心存感激，很多人都有同样的感受。像您这么成功的企业家，时间是非常宝贵的，我只要求您给我 10 分钟，不会浪费您太多的时间，周三上午 10 点半您方便吗？还是星期三下午 2 点您比较方便呢？"若客户再次拒绝，你可以说："我了解这个时间不是见面的好时机，真的非常感谢您，我有这个荣幸把您登录在我的备忘录中，在两三个月以后再与您联络好吗？两个月好还是三个月好呢？"

为了会面时间，可要求三次，同时，不要轻易放弃一个约访客户，尽量给自己留下再次约访的机会，要知道更多的客户是在三次通话后获得见面的。

（5）选择最适宜的约访地点。根据约访对象的不同情况，你可以灵活选择以下约访地点：

①客户住所。如果销售的对象是个人或家庭，拜访地点无疑以对方的居所最为适宜。有时，销售人员去拜会某法人单位或团体组织的有关人士，选择对方的家庭作为上门拜访的地点，也往往能收到较好的促销效果。

②客户公司办公地。如果是向某个单位、集体组织或法人团体销售产品时，通常是选择办公室作为造访地点，这时，销售人员应设法争取客户对自己的注意和兴趣，变被动为主动，争取达成交易。

③气氛轻松的社交场所。许多销售生意往往不是在家里或办公场所谈成的，而是在气氛轻松的社交场所，如酒吧、咖啡馆、周末沙龙、生日聚会等。

如果约见对象为老客户、企业或部门最高负责人、与销售人员同性别者，约见地点除办公地点外，还可考虑在饭店、茶室、舞厅等娱乐场所，在共餐、共饮、共娱乐的同时洽谈业务。约见异性客户，约见地点最好安排在办公地点或适宜的公共场所，这样可以避免使客户心理上产生不安。

（6）确认见面时间。客户同意见面请求后，销售人员可以通过确认和祝福的方式，礼貌结束通话。

3. 不要给客户压迫感

你在电话里的语气要客气、语言应简洁明了，不要让对方有受压迫的感觉，这样才可取得客户的信任。如果是面对面接触的话，客户至少还能凭对销售人员的印象来判断，但是在电话中根本没有一个实体可做判断的依据，只能凭声音来猜测，因此，你应注意以下几点：

（1）调整好语速。一般人在讲电话时说话速度会比面对面交谈快很多，可是对方并不是你的亲朋好友，并不熟悉你的语调和用词。如果你说话速度太快，往往会使对方听不清楚你所讲的内容，也容易给对方留下强迫接受你的观点的感觉。

（2）语气、语调与客户尽量保持一致。在电话中，开场白通常是普通话，但是如果对方以你熟悉的其他方言回答，你可以马上转成同样的语言与对方说话，这样就会拉近彼此的距离。

（3）强调“完全由您来决定”。电话约见的一般目的只是让对方同意你前去约谈，取得预约拜访的机会，而不是在电话中推销成功，不要向对方强行推销，而是应当再三强调“只是向您介绍一下产品的意义和功用，至于是否购买完全由您自己决定”，以低姿态达到会面的目的。

4. 打电话越多，成功的概率就越大，成本就越低

电话约访成功与否，关键是数量。数量越多，成功的概率就越大，成本就越低。你可以粗略地算一笔账：你打了 30 个电话，每个电话 3 分钟，费用 0.40 元，你的成本就是 12 元，加其他费用 200 元（交通费、资料费、饮料费等），总共费用为 212 元。而直接拜访，你可能要拜访同一位准客户几次，甚至十几次，还可能请他吃饭，向他送礼物。可成交的概率又是多少呢？假设经过 8 次拜访（费用 100 元），请他吃 2 次饭（300 元），给他的孩子送礼物（100 元），其他费用 100 元，总共花费 600 元。显然，电话约访所花费的成本要比直接拜访所花费的成本少很多。

【特别训练】

对客户拒绝电话约访的每一种话语，你可用以下相应技巧来处理：

（1）“哦！是关于哪方面的事呢？”

销售人员：“×××先生，这些东西有可能对您非常重要，我希望能够当面向您解说清楚。另外，我还有一些细节性的问题必须与您讨论，请问您明天有空还是后天有空，我可以去拜访您吗？”

（2）“你把资料寄过来就可以了。”

这一答复方式也许是最难对付的一种。潜在客户的言外之意是，会看一下，考虑一下，再明智地做出答复。问题是90%的销售人员说，他们所寄出的资料根本无法到达目标客户手中。显然，资料肯定寄到了，只是你的那些潜在客户们对此并不关心，也不会看那些资料。其实你的资料到哪儿去了并不重要，关键是你寄资料并不能对你争取一个潜在客户起到丝毫的帮助作用，对你取得预约也帮不上一点儿忙。

销售人员：“当然可以，这些资料具有很高的商业价值，我今天下午正好就要去您公司附近，我可以把资料直接拿给您。”

（3）“不行，那时我有事要做。”

销售人员：“很抱歉，我一定是选了一个不恰当的时间，那么约在明天下午4点是否会更好？”

（4）“我有个朋友也在从事这项服务！”

销售人员：“如果您这位朋友就是您的服务代理人，我相信他一定给您提供了很好的服务。不过，我并不是想重复您已拥有的东西。请问您明天有空或后天有空，我可以去拜访您吗？”

（5）“你说的产品我知道了，就算想买，现在也没钱。”

销售人员：是的，×××先生，我相信只有您最了解公司的财务状况，是吧？而我们这套系统就是帮助您更好地节约成本、提高绩效。你一定不会反对吧？

（6）“您只是在浪费您的时间！”

销售人员：“您这样说是不是因为您对××服务不感兴趣？”

（衔接下面一个回答）

“是的，我对××服务没兴趣！”

销售人员：“我也觉得您不会对您从来未见过的东西产生兴趣，这也是我要去拜访您的原因。我希望我所提供的资讯足够让您作出明智的决定。”

“信我看过了，你提的东西我们没有兴趣。”

销售人员：“这我理解，没有见过的产品谁也不会贸然做决定，你说是吧？所以我在想今天下午或明天上午亲自去拜访您，我们曾经作过详细的市场调查，这个产品对像您这样的企业有很大的帮助，您看我是今天下午还是明天上午亲自把资料带给您看比较方便，还是……”

（7）“我很忙！”

销售人员给客户打电话，对方可能会说：“我太忙了，现在没时间听电话。”一般而言，销售人员的反应是问一句：“那什么时间打电话方便呢？”对方可能会说：“你 11:00 再来电话吧。”

实际上，十之八九客户是不会坐在那里等到 11:00，只为了接销售人员的一个电话，告诉你 11:00 再打电话，只不过是他摆脱你的一种方式而已。如何应付那些说“我很忙”的潜在客户呢？你可以使用以下行之有效的方法。

销售人员：“王先生，我给您打电话的目的是为了跟您约一个见面的时间，您看下周二下午 3:00 如何？”别忘了，你现在并不是真想跟他谈正题，你只是想跟他约定一次面谈的机会。事实是：接电话的对方现在不想谈话，他一般不会同意这一提议，而且他很可能还会提出其他的拒绝理由：“我对现状感到满意。”

销售人员可以说：“哦，您说得是！许多人在了解这一服务的好处之前，也说过和您同样的话。”要注意：此时不要试图用超过三个问题来扭转形势。如果客户坚持他的意见，你可以直接说：“您先忙，我以后再打电话给您。”

王先生：“这段时间我一直忙，下个季度吧。”

销售人员：“是啊，您管理这么大一个大公司，忙是一定的。所以我才会先给您打电话，以便确认一下您的时间，不至于浪费您更多宝贵的时间。”

王先生：“我真的没有时间。”

销售人员：“事实证明，您能把这个企业发展成这样的规模，就证明您是一位讲效率的人。我想您一定不会反对拥有一个可以帮助贵公司更好地节约成本、节省时间、提高工作效率的系统，是吧？”

（8）“你这是在浪费我的时间。”

销售人员：“如果您看到这个产品会给您的工作带来一些帮助，您肯定就不会这么想了。很多客户使用了我们的产品后，在寄回的‘客户意见回执’中，对我们的产品都给予了很高的评价，真正帮助他们有效地节省了费用，提高了效率。”

（9）“你就在电话里说吧。”

销售人员：“我去拜访您，大概只需要 5 ~ 10 分钟时间，向您亲自做个演示，以便于您更好地了解我们的产品，您说是吧？”

（10）“我不需要。”

这是明拒，销售人员不要灰心，继续争取。

销售人员：“在您没有看到我们的资料之前，您的这些想法我都理解。这也是我想拜访您的原因之一。”

销售人员：“我希望与您见面，仅仅是为了介绍本公司的新产品，同时也就一些问题向您请教，买与不买，决定权自然在您，多了解一些关于 ××× 产品的最新发展趋势，交流一些新的信息也不错，而且我也很想认识您这样的……”

五、电话催账

【导入案例】

有一位客户欠公司 10 万元的账款长期不还，曾有多位销售人员前去索要未果。后来公司又派了一位销售人员去催账，结果发生了变化，他电话催款时是这样说的：

“我知道，你们现在的状况不是很好。我不会逼你关门大吉，那只会结束我们的关系，我是想跟你们长期合作的。

“你应付款总数是 10 万元，我知道你现在没有办法全部付清。不过我们还有其他的办法，可以让你既能付款，又能继续做生意。第一个办法是你每个月付 1 万元，付 10 个月，不加利息。这样，不会影响你每个月的现金周转。还有一个办法。如果你觉得比较方便的话，这一季度你可以先还 4 万元，其他 6 万元可分两个季度付完。那样你的时间比较充裕，可以事先计划好一切。

“要不你也可以先付 5 万元，然后再每个月付 5 千元，付 10 个月。头一笔款虽然重一点，不过以后你的负担就轻松多了，这也有好处。

“陈先生，我想只有你对自己的情况最清楚，上面这几个方案中哪一个对你最方便呢？请你告诉我。”

让客户选择自己的还债计划，等于邀请他参与设计他自己的命运。只要对方感觉到对自己的命运有自主权，愿意根据自身条件挑选付款方案，销售人员收回钱的机会就多了。

【要点总结】

如果希望电话催账次次奏效，那么销售人员一定要特别注意自己的态度和方法。其中双方对话交流沟通的好坏占了相当重要的分量，话说得好，口齿留香。别用指责式的话来要债，多制造给对方表达、陈述和说明的机会。

催账高手常说："口为祸福关，成败常在于一张嘴的开与闭。嘴角上扬的人，一生多福气。"这句话用在电话催账的场合里特别适用。

不知道销售人员在打催账电话时，有没有注意到自己的"嘴角上扬"还是"嘴角下垂"？你有没有面带微笑讲话？

催账人员可以在电话机前面或旁边贴个"笑脸"的标志，并写上"微笑"两个字，时时刻刻提醒自己"面带微笑"，把自己的"善意、诚意和敬意"透过看不见的电话光纤，让对方能够感受到。

有位国际级的催账专家说："电话催账最前面的几句话都带着微笑致意。我的方法就是这样。用微笑可以避免所有——或至少百分之九十——问题的发生。"

听了这些，你或许会疑惑："爱说笑，这太容易了吧，不可能一微笑就能解决问题——把钱收回来！"事实正是如此，不容置疑。所有催账绩效卓著的人都明白：解决问题的最好方法，就是一开始就防患于未然，避免它们发生。而真心地微笑，别人可以从你的声音中听出来，是最棒、最神奇的见面礼。

电话是做催账工作时最有用、最经济的利器。这项工具可以帮销售人员了解问题的症结所在，帮你找到对方为什么不结清旧账的原因。打催款电话，有些技巧非学会不可，诸如别闲话家常，勿起争执，带着微笑打电话，审慎使用你的词汇，小心措辞。最重要的要像心理医生一样，冷静而专业地找出问题，当机立断，突破心理防线，让债务人觉得你在全心全意处理他的问题。少说多听，千万不要和债务人起争执，要关心客户。

电话催账有哪些礼仪要求呢？

1. 避免贬损对方，抬高自己

当谈到清理债务的方法时，避免使用"我是债权人，你是债务人""依法依理都应该马上结清"等太直接、太伤人、太强势、太霸道的语气，同时也要避免义正词严、得理不饶人等大声说话的表达方法。

2. 讲究对话交流的基本礼貌

得宜合体、受人欢迎的对话，可以避免不必要的争吵，有助于债权债务问题的实时解决，并确保双方良好的人际关系。

3. 审慎掌握用语，调和客户的情绪

不满意的客户会不平则鸣，所以他们拒绝付清账款，他们想要的只是讨回公道，或许只想听一句道歉的话。所以，销售人员在知道实情后，要做得更多，远超过客户的预期，他们基于“相互回报”法则便会结清旧欠，继续光顾。

4. 响应客户的抱怨，百分之百负起责任

要让电话催账产生最高的效益，销售人员一定要正确地回应客户的抱怨。记住细节和方法同样重要。经多年实践证明，有一个方法成效极佳。要使用这个方法，最基本的态度就是：百分之百负起责任——就算错不在你，你也不是该负责的人。请千万要记住：客户才不管你是谁，他气得跳脚，一心只想解决问题，马上处理。

【特别训练】

销售人员如果希望自己的催账电话有所收获，就必须有应付任何借口的心理准备。首先，你要能分辨对方的答复是事实还是托词，如果只是借口，你要想办法解决。

当碰到对方提出借口时，一般人通常不知如何反应才好，只好说：“哦，好，我会注意这个星期的邮件。”大概两个星期之后，你终于感到支票是等不到了，只得鼓起勇气再打电话。打了好几个电话都找不到人，好不容易接通了，你听到对方夸张地叫道：“真糟糕，我们的电脑坏了……”“……哎呀，说来你也许不信，可是我们的会计整个星期都请假，所以没法开支票。”

应付电话那头千奇百怪的借口有一个简单而有效的办法。首先，你到文具店去买一盒名片大小的空白卡片，再买一本塑料套子的相册装这些卡片。回到办公室后，把你得到的每个借口登记在卡片上，也可以问同事们还听过什么借口，然后集思广益，针对每个借口想出一两个可以判别真假的问题，把这些问题写在每一个借口下面。下一次你在电话上碰到一个听过的借口时，立刻翻阅你自制的资料卡，提出里面列出的问题。

“支票已经寄出去了。”“哦，太谢谢了。请您告诉我支票号码和寄出来的日期好吗？这样我就可以留心查收，不必再麻烦您。是不是请您现在查一下，我等着您。”

“我们的会计病了一个星期。”“真是遗憾，他的心情一定很不好。请问他

住哪一家医院？我想寄张慰问卡给他。”（万一会计真的在医院，你寄这么一张慰问卡，保证他病好回来马上就会付清你的账款）“哦，他没有住院，那他请多长时间病假？他不在时谁代理他的工作呢？”

“银行弄错了我们的账目。”“哎呀，这真够你们麻烦的！我一向觉得只要多打几个电话过去，银行的办事效率就会高一点。我会告诉他们，这件事对我们也非常重要。你们往来的银行是哪一家？是谁负责你们的账？”

“这笔款项已经拨下来，就等着送出去了。”“哦，太好了。不知道贵公司具体交给谁经办的，麻烦您告诉我，我直接和他联系。”

“我们公司正在搬家，所有的东西都装箱了。”“那你们恐怕还要整理好些天，下个星期我再打电话来提醒您好了，到时我会派个人到你们公司去拿支票。对了，你们决定哪一天搬？”

第二节 手机使用礼仪

一、手机接打

【导入案例】

公司晨会上，小李受到了点名批评。原因是在与客户的谈判中没有将手机关机，结果在谈判的关键时刻，手机来电的铃声响起，谈判被迫中断，让公司蒙受了损失。正当小李做诚恳检讨时，他的手机铃声又响起了……

【要点总结】

销售人员往往工作繁忙，时常“身无定所”，这种情况下，销售人员使用手机这一实时通信工具也就成为必然。但是销售人员在日常客户交往中使用手机时，必须严格遵守相关的礼仪规范。尤其是在与客户谈判、签约以及出席重要的仪式、活动时，必须将手机调至静音或暂时关机。这样做，既表明自己一心不可二用，也是对客户的尊重和对有关活动的重视。

1. 置放到位

在与客户交往中，销售人员应将手机放在适当之处。大凡正式的场合，切不可有意识地将它们握在手中、别在衣服外面或挂在脖子上，也不要放在桌子上。外出之际放置手机的最佳位置有二：一是公文包里，二是上衣口袋内。穿套装、套裙时，切勿将其挂在衣内的腰带上。否则撩衣服取用时，即使不想自己与身旁之人“赤诚相见”，也会因此举而惊吓到客户。

2. 遵守公德

手机来电一般应在第二声铃响之后立即接听，因为手机是私人联络方式，所以接起电话后，在问候“您好”之后，一般不必自报家门了。结束电话交谈时，通常由打电话的一方提出，然后彼此客气地道别。无论什么原因电话中断，主动打电话的一方应负责重拨。

使用手机当然是为了方便自己，不过，这种方便是不能够建立在他人的不便之上的。换而言之，销售人员在接听和拨打手机时，一定要讲究社会公德，切勿使自己的行为骚扰到其他人士。因此，在工作场所，尤其是公共场合，销售人员尽量不要接听或拨打手机。当其处于待机状态时，应使之静音或转为震动。如确实需要与他人通话时，要尽可能把自己的声音压低，绝不能大声说话，特别是在客户面前。

陪同客户用餐或在要求“保持寂静”的公共场所，诸如音乐厅、美术馆、影剧院、歌剧院、体育比赛场馆等地，销售人员不要大张旗鼓地使用手机，这时应将手机关机或调至静音状态。

在客户面前接打手机，应该当着客户的面三言两语解决掉，不应该回避客户或在手机里长篇大论，让客户干等着。

在接听和拨打手机时，声音要适度，没必要大声嚷嚷。遇到信号不好或通信中断的时候，千万不要大声一味地“喂！喂！”大叫，可以先挂机，过一会儿再联络。

3. 尊重对方

打电话前要搞清地区时差以及各国工作时间的差异，不要在休息日给客户打电话谈生意，以免影响他人休息。即使客户已将家中的电话号码告诉你，也尽量不要往家中打电话。

给对方打电话时，最好避开休息和用餐时间，并且做好对方不便接听的准备。在给对方打电话时，应注意从听筒里听回音来鉴别对方所处的环境。如果很静，应想到对方在会议上；当听到噪声时，对方就很可能在室外。有了初步的鉴别，对对方能否顺利通话就有了准备。但不论在什么情况下，是否通话还是由对方决定为好，所以“现在通话方便吗”通常是拨打手机的第一句话。

另外，对待打错电话的人要有风度，不要粗暴地挂断。

4. 尊重隐私

手机的功能不断强化，所以一部手机里面可以收纳很多我们的隐私。我们应该从以下方面考虑客户的隐私：

（1）不随便翻看客户的手机短信或相册。

（2）不随意接听客户的电话。虽然有时你听到客户的手机在响，但要是没有得到客户的允许，还是不能随意接听客户的电话。

（3）未经客户同意不能随意拍照。

5. 注意安全

销售人员使用手机时，对于有关的安全事项绝对不可马虎大意。任何时候都不可在使用时有碍自己或他人的安全。

按照常规，在驾驶车辆时，不宜使用手机或是查看短信内容，以防止发生车祸。乘坐飞机时，必须自觉地关闭随身携带的手机，因为它们所发出的电子信号，会干扰飞机的导航系统。在加油站或是医院里停留期间，也不准开启手机，以免其所发出的信号妨碍治疗，或引发火灾、爆炸。此外，在标有文字或图示禁用手机的地方，均须遵守规定。

【特别训练】

告诉客户自己的手机号码时，务必力求准确无误。如系口头相告，应重复一两次，以便对方进行验证。若自己的手机改动号码，应及时通报给客户，免得双方的联系中断。必要时，除手机号码外，不妨同时告诉客户其他几种联系方式，以备急需。

二、手机铃声

【导入案例】

在一次洽谈会上，主宾双方正在讨价还价，突然会场中间传出了“汪、汪、汪”的狗叫声，客户惊诧地问：“哪里来的小狗？”在场人士均忍俊不禁：“这好像是最新的手机铃声。”而销售人员小李则面红耳赤、手忙脚乱地关掉了手机。

【要点总结】

澳大利亚电信公司与有关专家以及餐厅剧院等行业的代表共同合作，发布了一项新的研究成果——对使用手机的态度的研究。研究发现，大部分人都认为吵闹的铃声现在已经成为最烦人的噪音。那么销售人员在手机铃声使用上要注意哪些问题呢?

1. 铃声不能怪异

现在越来越多的人不满足于传统的手机铃声，而是喜欢上了彩铃。有些彩铃幽默、搞笑或怪异，与千篇一律的铃声比较起来，确有吸引人之处。但是过于个性化的铃声应注意使用场合。这就像穿衣打扮一样，分家里和家外两种。过于暴露的衣服可以在家里随便穿，但在办公室、在拜会客人时就不能穿。手机铃声也是如此。

现在很多年轻一族喜欢选用“爸爸，来电话了！”“妈妈，来电话了！”及狗叫声、女鬼声等，这些铃声在办公室和一些严肃场合不断响起的话，对周围人是一种干扰。如果确实喜欢用，就应当适时将铃声调到振动上。

2. 铃声内容不能粗俗

从彩铃内容来说，不能有不文明的内容。像“有话快说，有屁快放”之类的，着实不雅，让拨打者倍感尴尬。试想一下，如果是客户或上司突然有紧急工作找你，听到这种铃声一定非常不适。还有一些铃声比较容易让人反感和导向性不好，比如“鬼子进村了”“我是主人的心肝小秘……”等铃声，无疑会增加对方的不快。

3. 铃声音量不能太大

手机铃声不能调得过大，以离开 2 米可以听见为宜。有些人的手机铃声像是“凶铃”，在大家埋头干活时突然刺耳地响起，让人心跳都会加快。另外，在医院、幼儿园等特殊场所，过大的铃声会成为一种公害。

4. 铃声不能给公众传导错误信息

在海口市，曾经发生过这样一件令人啼笑皆非的事。一队巡警在经过一辆豪华旅游车时，突然听到一阵急迫的呼救声：“抓贼呀，抓贼呀，抓偷手机的贼！”巡逻的官兵急忙将这辆旅游车拦住。可巡警上车一看，根本没有偷手机的贼，乘客们全都在呼呼大睡。忽然，“抓贼呀……”的喊声再次响起。巡警寻声找去，原来这“呼救”声是从一名熟睡的乘客手机里传出的。

可想而知，如果这样的铃声到处都是的话，公众秩序一定会大乱。

【特别训练】

销售人员在工作时，应注意不要让自己的手机使用有碍于工作、有碍于他人，尤其是在开会、会客、上课、谈判、签约以及出席重要的仪式、活动时，必须要自觉地提前采取措施，令自己的手机静音或调成震动。在必要时，可暂时关机，或者委托他人代为保管。

三、手机短信

【导入案例】

防辐射服销售人员小张，每逢节假日都会准时发给潜在客户一条祝福短信，类似于：“在这炎热的夏日，防辐射服祝您和您的家人有个清凉的假日，小张衷心祝愿您开心快乐！”

开始，客户不予回应，慢慢地小张便会接到一些客户的回复：“你谁啊？”“哦，谢谢你。你也一样。”

后来，当客户有防辐射服需要时，便想起了每个节假日的那条短信。

【要点总结】

销售人员与客户之间的关系不仅仅是买卖关系，更应是朋友的关系。既然是朋友关系，就应互相关心。对于竞争激烈的市场来说，销售人员更应对客户积极主动，在节日中以感恩的心去问候和关心客户，可以缩短彼此之间的距离，使自己的“人脉”更加丰富，为日后销售工作打下坚实的基础。那么销售人员应该如何通过手机短信同客户进行交流呢？

销售人员可从以下几方面进行：

1. 对客户要有称谓

对客户的称呼，既是对客户的尊重，也容易引起对方的注意。所编写的短信一定要让客户注意到，这条信息是写给他的。不要用“各位”“你们”之类的话，尽可能让对方感觉是“一对一”的方式。

2. 文字简练生动

手机短信60~70个字为一条，最好不要超过这个字数，因为超过了不利于一次性读完。如“没有”可用“无”，“因为”可用“因”。

此外，能用个性的语言，自然可以使自己的短信“脱颖而出”，但注意不能矫揉造作，只需要把你想说的话用自己特有的方式表达出来。

3. 落款要巧妙

也许有些客户记得你，也有些客户根本就没有存储你的号码。因此，巧妙的落款是非常必要的。根据对象的不同，可以写上“弟××”“小×（姓）”“××（企业简称）××”或者“一定合作愉快的××”“××随时为您效劳”等。

最后，需要明确的是，节假日的问候不能过于功利。一旦客户发现你只是盯着他的钱袋，客户不仅不会产生好感，反而会怀疑你的诚意，使节日问候的作用大打折扣。因此，我们一定要注意：节假日应该多问候，少推销，尽量不推销。如果你能够站在客户的立场看问题，客户总会有感谢你的一天。

【特别训练】

对于你的客户，尤其是目前并不需要购买你产品或服务的客户，手机短信无疑是彼此沟通的桥梁。销售人员应该在节假日、周末，利用手机短信送去你的祝福。久而久之，客户会被你的真心感动，以后你再打电话给他，他即使不要你的产品，也会对你非常客气的。一旦他需要选择产品时，你会成为他的首选。

可以这样说，手机短信是电话营销中的重要组成部分。如果要让一个客户认可你，不断地发短信，一定是一个好方法。但是，发短信也要注意时间，不要任何时间都发，掌握不好时间，也会让客户反感。发短信的时间最好在上午的10点30分到12点，下午的15点30分到18点，晚上的19点到21点，这些时间一般人们比较容易接收你的短信。一般周末晚上、星期六、星期天，没有特别的预约不要发短信给客户。

避免换一个称呼发同一条相同的短信，以为大功告成。殊不知，对象不同，内容应该有所不同。起码应该根据性别、年龄、身份的不同，合作与否、合作深度而“创作”不同内容的短信，这是要量身定做的，绝不可以图省事而掉以轻心。

第三节 收发传真、电子邮件和书信的礼仪

一、收发传真

【导入案例】

小王和小李是同事，他们是一家地板生产企业的销售人员。

一天，小李出门跑业务，不在公司。小王接到小李客户发来的一份更改订货数量的通知单，收到传真后，小王打算等小李回来后交给他，结果一忙起来就忘记了。

两天后，当小王想起这事的时候，运输部已经按原订货单规格、数量将货发走了。

【要点总结】

传真是利用光电效应，通过安装在普通电话网络上的传真机，对外发送或是接收外来的文件、书信、资料、图表、照片真迹的一种现代化的通信联络方式。利用传真通信的主要优点是：操作简便，传送速度迅速，而且可以将包括一切复杂图案在内的真迹传送出去。缺点主要是：发送的自动性能较差，需要专人在旁边操作；有些时候清晰度难以确保。

在现代商务中，由于传真机使用非常普及，因而有其独特的使用规则。

1. 规范操作

使用传真设备通信，必须在具体的操作上力求标准和规范。不然，也会令其效果受到一定程度的影响。

（1）本人或本企业所用的传真机号码，应正确无误地告之客户。一般而言，在商用名片上，传真号码是必不可少的一项重要内容。

（2）客户的传真号码也必须认真地记好。为了保证万无一失，有必要在向客户发送传真前，先打电话通知对方。因为很多单位是多人共用一台传真机，如果不通知客户，信件就可能会落到别人的手里或因别人不知道是谁的传真而被丢入

垃圾桶。

（3）发送传真时，必须按规定操作。传真机有自动和手动两种方式。

①自动方式。不需对方人工操作，拨通传真电话，在几声正常电话回音后，就会自动发出“嘀嘀”的长音，此后就可以开始传真文档。

②手动方式。需接听传真电话的人给传真开始的信号，传送者在听到“嘀嘀”的长音后再开始传真文档。

（4）不要用传真机传送太长的文件。由于传真机所用的纸张质量一般不高，印出的字迹可能不太清楚，要长久保存，应将传真件复印。如果接收人需要原件备案，诸如一些需要主管人员亲笔签字的合同等资料，则应在传真后将原件用商业信函的方式寄出。

（5）企业所使用的传真设备，应当安排专人负责。无人在场而又有必要时，应使之自动处于接收状态。为了不影响工作，传真机尽量不要同办公电话使用同一条线路。

2. 行文礼貌

书写传真件时，在语气和行文风格上，应做到清楚、简洁且有礼貌。传真信件时必须用写信的礼仪，如称呼、敬语等均不可缺少，尤其是信尾签字不可忽略，这不仅是礼貌问题，因为只有签字才代表这封信函是发信者同意发的。

3. 明确信息

在发送传真时，应检查是否注明了本公司的名称、发送人姓名、发送时间以及自己的联络电话。同样，应为对方写明收传真人的姓名、所在公司、部门等信息。所有的注释均应写在传真内容的上方。

在发送传真时，即便已经给予了对方口头说明，也应该在传真上注明以上内容，这是良好的工作习惯，对双方的文件管理都非常有利。

4. 注意保密

未经许可，不应传送保密性强的文件或材料。因为传真机保密性不高，任何刚好经过传真机旁边的人，都可以轻易窥得传真纸上的内容，传真件不能确保完全保密。因此，若是较私密的事，最好不用传真机，除非你想让事件变成“公开的秘密”。

5. 注意时效性

在使用传真设备时，要注意它的时效性。在收到客户的传真后，应当在第一时间内采用适当的方式告知客户，以免客户惦念。需要办理或转交、转送他人发来的传真时，千万不可拖延时间，耽误对方的要事。

【特别训练】

使用手动方式发送传真，在接通电话时首先应口齿清晰地说“你好”，然后报出自己的公司或单位的名称以及详细的部门名称等。通话时，交流语气要热诚，声音要清晰，语速以平缓为佳。

二、使用电子邮件

【导入案例】

小胡是一家外贸公司的销售人员。由于公司主要使用电子邮件与客户沟通联络，所以，一进公司，小胡就在国内的免费门户网站注册了几个邮箱。然后就是广发推销邮件。然而，那些邮件要么遭遇退信，要么石沉大海，连个回应都没有。

这是为什么呢？小胡百思不得其解。推销的邮件使用的是公司统一的范本，不应该存在问题。那问题出在哪儿呢？

小胡带着问题去找经理。结果经理告诉她：“你不应该用国内免费邮箱作为商务邮件往来的工具，一是因为这些邮件可能被国外的服务器列为垃圾邮件而直接退回，二是因为即使通过服务器到达客户手中，国外客户也可能不相信这样的邮件地址。当你发邮件信息给客户时，进口商第一个考虑的问题就是：这是不是一个严肃的邮件或这个人是不是在试图欺骗我？

“目前，我们企业还没有企业邮箱，所以你最好注册一个国内付费的邮箱，或者再考虑国外的免费邮箱，如 gmail、yahoo 和 hotmail 等。而且你还要注意，一天一个邮箱发邮件数量不能超过 50 封，如果超出太多，那些国外免费邮箱会被收回的，那就损失惨重了。”

在经理的指导下，小胡注册了一个国内付费邮箱，其外贸推销开始见到成效。

【要点总结】

随着因特网和电子邮件在商务领域中的普及应用，电子邮件礼仪已经成为商务礼仪的一部分，并且对于客户关系成败的影响日益显著。

1. 撰写电子邮件礼仪

虽然是电子邮件，但是写信的内容与格式也应与平常书信一样，称呼、敬语一样不可少。向他人发送的电子邮件，一定要精心构思，认真撰写。若随想随写，是既不尊重客户，也不尊重自己的行为。在撰写电子邮件时，以下四点尤其必须注意：

（1）主题要明确。写邮件时最好在主题栏写明主题，以便让收件人一看就知道来信的主旨。一个电子邮件，大都只有一个主题，并且往往需要在前注明。若是将其归纳得当，收件人见到它便对整个电子邮件一目了然了。

（2）语言要流畅。电子邮件要便于阅读，就要以语言流畅为主。尽量别写生僻字、异体字。引用数据、资料时，则最好标明出处，以便收件人核对。

（3）内容要简洁。客户的时间极为宝贵，所以电子邮件的内容应当简明扼要，越短越好。没有人喜欢看长篇大论。说出精华部分，引导客户登录你们公司网站，以获取更多信息。这样，既宣传了公司和产品，又大大节约了你的时间，何乐而不为呢？

（4）字符表情要少用。一定程度上，视觉提示是成功地面对面沟通的关键。究竟表情和肢体语言对于沟通有多重要？一个简单的眼神就可以区分“肯定”和“非常肯定”。那么听觉提示呢？答案显然也一样。因为电子邮件无法使用视觉或听觉提示，所以人们发明了“字符表情”。它们是一些简单的字符串，穿插于邮件之间，用于表达作者的情绪（或暗示）。最常见的字符表情有“:-)”。如果你把头向左转，就会看到一个笑脸（比例号是眼睛，连接号是鼻子，右括号代表嘴巴）。字符表情通常出现在句末。推销员在使用字符表情要适可而止。它们不仅数量惊人，而且意思也模棱两可，一不小心表错情，可能会惹火上身。

2. 发送电子邮件礼仪

销售人员要适时地与客户保持电子邮件联络，每半个月发一封邮件给客户就可以了。少于这些他们会忘记你，多于这些他们就厌烦你了。电子邮件的发送有如下讲究：

（1）不要滥发邮件。在信息社会中，任何人的时间都是无比珍贵的。对商界人士来讲，这一点就显得更加重要了。所以有人才会说：“在商务交往中要尊重一个人，首先就要懂得替他节省时间。”

有鉴于此，销售人员要有选择性地发邮件给客户，把邮件发给那些对你们产品感兴趣的客户，否则你的邮件始终无法逃脱成为垃圾邮件的命运。也许就因为你这一不理智的举动，让你丧失了潜在的客户。

（2）提前通知收件人。尽量在发邮件前得到客户的允许或者至少让他知道有邮件过来，确认你的邮件对他有价值。没有人会喜欢垃圾邮件。收件人对于满篇废话的不速之“件”的态度，通常是作为垃圾邮件处理一删了之。

（3）把握发送时间。电子邮件的发送时间也比较讲究，一般来说周一不适合发信，因为通常周一客户的邮箱会充满业务信件或是垃圾邮件，这时候他处理邮件就没那么认真了，也许随便扫一眼就拖进垃圾箱了。对时差相差较大的客户，如欧洲客户比较适合在下午发信，他们可以在工作时间内马上看到信，这对提高他们的回复率至关重要。一般来说发信的时间最好集中在周二至周四。周五由于临近周末，客户需要处理的事情会比较多，可能比较忙，这时候客户可能也不会那么认真看你的业务推荐信了。所以，发信一定要注意把握时间，这是提高回复率的有效手段。

（4）小心使用抄送功能。你也许会把自己的邮件像备忘录一样抄送给其他同事或者客户。不要滥用抄送功能，否则收件人会以处理垃圾邮件的方式一删了之。

发送完毕后，可通过电话等询问是否收到邮件，通知收件人及时阅读。

应尽快回复客户来信（1日内，甚至更快），如果暂时没有时间，就先简短回复，告诉客户自己已经收到其邮件，有时间会详细说明。

【特别训练】

写邮件注意不要用黑色以外的其他颜色，邮件内容用不同颜色或字体就会暴露你的不专业身份，而且不便于阅读；也不要用信纸背景。空白背景加黑色正文才是商务领域的正统书写样板。尽量少用缩写，因为用缩写会显得你很懒惰。写完后还要核定所用字体和字号大小，太小的字号不仅收件人读起来费力，也显得你粗心和不够礼貌。

三、书信

【导入案例】

孟昭春是中国知名营销学专家，曾经在2个月内做出7张百万大单，赢得了“孟百万”的美称。他的营销学专著《成交高于一切》记录了他通过五封信敲开客户大门的故事。以下为其正文内容（选入本书有删减）：

我的第一个目标是海南某房地产公司的俞总。我给他写了一封求见信，邮去以后，七八天也没回音，根本联系不上他。后来我就给他写了第二封信，这是一封介绍我人格的信，这封信也仍然没回音。

我又准备了第三封信，是谈保险理念的信。我觉得保险这个东西，它把人的无价的生命标上了价格，在社会保障比较低的情况下，应该自己为自己的健康和生命买保险。

我把这第三封信揣在兜里，就到了这家公司，但却没有见到俞总。公司的前台陈小姐接待了我，我看陈小姐人挺好，就递上一张名片。我说："是这样的，陈小姐，我前不久给你们俞总写了两封信，这次来拜访他，如果他不在，麻烦你帮我把这第三封信转交给他。"陈小姐说没问题。

离开这家公司之后，我想：陈小姐很重要，她在这家公司里边，一定比我了解情况。所以，第三天时，我带了一个小礼物，送给了陈小姐。并嘱咐陈小姐："俞总方便时，希望你能告诉我一下。"陈小姐点头同意了。后来，她又跟我说："孟先生，你见到我们俞总好像也没有用啊，因为我们俞总很有钱，他好像对保险不太感兴趣。"

一个销售员，当面对对方的拒绝时，不要追问或是试图解释，而应该先表示理解、表示接受。所以我反问了她一下："哎呀，陈小姐，谢谢你啊，看来你想得挺周到。我想请教你，你说该怎么办呢？"

陈小姐说："我看你还不如去见见我们的吴总，吴总是我们公司的副总，又是我们公司的财务总监。他管钱，还对我们老总有点影响力。他在公司，你要不要见见他啊？"

陈小姐就打电话给吴总，她很会说话，一个电话打过去，吴总二话没说就同意了。我高兴地拎着包就往里跑，陈小姐说："哎，你回来。我告诉你，吴总也是你们东北老乡啊。"就这么一句话，我到门口之前，心里就明白了，知道见面时的第一句话要说什么。

第一个印象是很重要的，所以我一见面，就说："您好，吴总，我是咱东北老乡，我们有一个东北人联谊会。联谊会里，有好多朋友都提起您了，说您特别有成就。我们 5 月 24 日还要搞个活动，他们说这个活动不能没有您啊，所以我特意来拜访您。"吴总很高兴，就这样，我很快就和他熟起来了。末了，我嘱咐吴总帮我把第四封信送给俞总。

这是一封批评信，是这么写的："尊敬的俞总，给您写了三封信，都没能与你谋面，这是我给你写的第四封信，有一些意见供你参考。我想说说我的看法，首先您是有很多资产，但难道都是现金吗？俞总，您天天走南闯北，难道没风险吗？您几乎都在飞机上办公，难道你的妻子儿女不惦记吗？这份中国最高等级的人寿保险，如果被您所拥有，难道不是身份地位的象征吗？如果这个百万大单被您所拥有，难道不是对妻子儿女的爱心的最好体现吗？”

信送过去以后，我在想：这个第四封信，写得有点儿不客气，俞总看了会不会生气呢？我有点犯愁，过了三四天，我就给吴总打电话。吴总一听是我，就说：“老弟，我告诉你一个好消息啊，我们俞总昨天在开会时，把你给表扬了。”

客户表扬了我锲而不舍的推销精神，但却没有签约的表示，于是我再接再厉，又写了第五封信。第五封信更是站在客户的角度，深入浅出地分析了买保险的理由，言之有理、言之有据，“好处说透了，痛苦也讲够了”，从而彻底打动了客户的心。

后来我去拜访俞总，跟俞总说了不到10分钟，就把单子给签了。

【要点总结】

对许多销售人员来说，在没有和客户面对面沟通的情况下，居然拿下了百万大单，这看似一件不太可能的事情，但却是事实。孟昭春所靠的，就是信的魔力。

1．书信推销的优点

虽然现代通讯事业发展迅速，电话、电子邮件等各种通讯工具越来越多，但书信的价值和功能仍不可忽视。它主要具有以下三个方面的优点：

（1）有利于销售人员接近客户。一般而言，书信比较容易传到客户手里，由客户亲自处理，即便是助理或秘书有权拆阅，他们也会及时呈交上司。因此，倘若客户戒备森严，销售人员想亲自进行约见，又怕遭人阻隔而难以如愿时，便可利用书信约见。客户看到书信，一般都会慎重对待，确有必要时往往会接见，不想会面时会做出解释。借故推托通常也会讲出一些理由，如果客户拒绝接见，销售人员也不会难堪。如果客户置书信于不理，日后销售人员登门拜访，客户可能会感到自己有所失礼，在心不安、理不得的情况下，往往便会向销售人员敞开欢迎的大门，以弥补过失，寻求一种心理平衡。可见书信是有助于销售人员敲门的“金砖”。

（2）有利于避免表达错误。销售人员在写信时，由于时间比较充裕，便可以把措辞从容推敲，便于将所述要点在书信中充分表达，以求尽善尽美，避免语病和错误，不给客户留下借口。而且，在从容不迫的情况下，可以多写几句，保证内容准确无误。

（3）有利于降低推销费用。无论从哪方面来说，书信推销所需费用都是最低的。首先，书信所用工具简便，仅需一支笔、几张纸即可，而且写好以后放入信封、写上地址、贴上邮票、投入邮筒即可，不需要花交通费用。因此，无论就目前的交通条件和通讯条件的限制而言，还是就推销工作的实际要求而言，在销售人员无法面约客户的情况下，书信则可以大显身手。

除了上述三点优点之外，由于书信的传播媒介是文字，比较便于销售人员畅所欲言，表达出口头语言难以表达的种种难言之隐和言外之意，让客户尽情体会，细细读来，回味无穷。而且书信便于客户保存，反复查阅。

2. 书信的一般礼仪要求

销售人员写给客户的书信要遵循书信礼仪的规范。书信的礼仪规范如下：

（1）格式要正确。公务书信有既定的格式，一般包括称呼、正文（包括问候、正文、结束、祝颂）、具名和日期、信封等四个组成部分，每个部分的书写都应符合礼仪规范。写信时一般应使用印有公司抬头的专用纸，书写要美观大方，不可密密麻麻一大片，令人看而生厌。段落要有长有短，句型要参差有致。重点地方不妨加框，采用列表形式，或使用黑体字、斜体字，给人以美感。

（2）称谓要合适。书信抬头就要写称呼，称呼语在信的第一行起首的位置单独成行，以示尊重。对客户的称呼一定要合适，要正确表现收信人的身份、性别等。称呼语使用不当，可能会得罪人，使收件人没兴趣往下看信件的具体内容。

要正确使用对方的姓名与头衔，这是一个重要的礼节问题。写给客户的称呼语一般是在姓氏、名字或姓名后加职务、学衔或职称，如张经理、孙文远博士、李总工程师等。如果不知道对方的姓名和头衔，在发函前最好先打电话询问收信人的姓名与头衔。

一般统称女性为“女士”是可接受的称呼，如果不是万不得已不要写“亲爱的先生/小姐”和“致有关人士”的称呼，这等于告诉对方，你连他是谁、是男是女都不清楚。如打听不到客户的姓名，可以用职务等中性名称代替，比如称对方为经理、代表之类，并在前面加上其公司或部门的名称。如果从姓名上判断不出对方的性别，可称其全名，在前面加上“尊敬的”而略去“先生”“小姐”等字样。

（3）内容要得当。正文是书信的主要内容，即写信人要说的话，要交代的事情。正文通常包括问候语、正文主体、结束语、祝颂语四部分。

①问候语。写信犹如见面，无论是初次相识还是久别重逢，向对方问候一声总是必不可少的礼节。常用的问候语是“您好”“近好”“新年好”等。问候语一般在称呼之下另起一行空两格书写，并自成一段。

②正文主体。正文是书信的中心段落，包括的内容十分广泛。不论写什么内容都要讲究礼貌，即使是辩论问题，也应心平气和地讲道理。

正文写作，要求段落清楚，说理叙事层次分明。写信也如讲话一样，要讲完一件再讲另外一件，内容多的可分段写。切忌毫无头绪，不要一事未说清，又去说另外一事。这既让客户费解，又是一种不尊重对方的表现。

同时，正文写作还要求简明扼要。一封信不可写得太长，要谈的问题，只要表述明白清楚了就可以。特别是给不熟悉的客户写信，更要简洁，客套话需要说，但不要说得太多。无端地耗费他人的时间，也是不礼貌的行为。

书信内容一旦跃然纸上，发给对方，便是"君子一言，驷马难追"。故对表述内容要仔细考虑，三思而后写，切不可草率下笔，以免自寻烦恼。

③结束语。结束语通常是总结全篇，表达书写者的情感和意图等。俗话说"编筐编篓，全在收口"，有礼貌的结束语会令人回味。结束语的内容常用于请托、承诺、婉辞、请教、商讨、馈赠礼物、邀约、催办、附言、代言以及其他客套用语等。试举几例如下：

表请托：拜托之处，乞费神代办，不胜感激。

表承诺：托付之事，不敢忘怀，敬请放心。

表婉辞：所托之事，能力所限，无法奉命，尚希见谅。

表请教：拙作幼稚，恳请大加斧正。

表商讨：相见以诚，请恕不谦。

表赠物：千里鹅毛，聊表寸心。

表邀约：祈望一会，共叙友情。

表催办：如蒙速复，不胜感激。

④祝颂语。正文写完后，要写上表示敬意、祝福或祈愿的话，作为书信的结尾。习惯上，它被称为祝颂语。这是对收信人的一种礼貌。

祝颂语要根据写信人和收信人的关系，以及收信人的具体情况而定。一般可用"此致敬礼""顺致发财""敬祝工作顺利""恭祝元旦快乐"等；给年长客户的信，可写"敬祝安好"；给团体客户的信，一般写"此致敬礼"就可以了。

祝颂语在格式上要符合规范，一般是分两行书写。"此致""祝""敬祝"等词语可以紧接正文书写，也可另起一行前面空两格书写；而"敬礼""安好""愉快"等词语，都必须另起一行顶格写，与开头的称呼平齐。

（4）具名要谦虚。祝颂语之后，按书信规范要签署自己的姓名，即具名。为了体现写信人与收信人之间的关系，并表示对收信人的尊重及写信人的谦虚，写信人在自己姓名的前后还需加上适当的致敬词。如果收信人是比较熟悉的客户，那么具名可只写名字，并在名字前加上一个“弟”或“妹”字等。如果收信者是陌生客户，则具名以写姓名为好。

署名、签名可并用，也可签名单独用，函件一般还需要加盖公章。人们很重视亲笔签名，有人接到信后还要仔细辨认亲笔签名还是签章。

（5）审校要严谨。为避免出错，公务信函写好后最好先核查一遍再寄出。信件在寄出之前，在可能的情况下，最好“晾”上一两个小时，或等到第二天上班或午饭以后再投递，以便能在冷静下来时再看一遍，看看还有没有不妥之处。比如用词是否得体？表达是否清楚？要设身处地地替收信人考虑。此外，还要审校以下几处细节是否严谨：

①日期是否写准。日期在书信中是一个很重要的细节，有些人往往把它遗忘或者写错，这都是不应该的。收信人往往就是根据这点来了解来信是什么时候写的。

②附言及说明。如果写完信后，又想起有事要补充。可在信的后边加上“又”“另”“附言”等，然后把要补充的话写上，写完后，加上“又及”表示结束。

③地址要写全。如果对方不知道自己的地址或自己的地址有变动，可在信后附上自己的详细地址。信封是给邮递员看的，因此收信人的地址务必写得准确、清楚、具体，地名要写全称，信封的落款一般也应写上自己的详细地址及真实姓名。

【特别训练】

除了以上书信礼仪外，还有两类特种信函礼仪需要销售人员特别注意。

1. 请柬的礼仪

请柬也称请帖，是一种礼貌的书面邀请。当企业举行宴会、酒会、茶话会、招待会、博览会、订货会、展销会、联欢会、新闻发布会等，都是用请柬邀请各界朋友和客户参加。当然，邀请宾朋的方式很多，如打电话、写信等，但是请柬这种方式比较正式、礼貌，显示了对所邀宾朋的重视和尊重，是一种比较流行且很受欢迎的社交方式。

请柬是一种比较正规、隆重的文书，是一种具有特殊意义的书信，常被应邀者当做纪念品收藏，因此，发请柬者一定要注意请柬的设计、制作，它不仅代表着你对所邀者的真诚、重视，也体现着你自身的形象。

请柬的形状、大小可根据各自喜好自行确定，没有统一标准。请柬最好自己设计、制作，极具纪念意义。其基本格式包括以下几个部分：

（1）封面。颜色、图案可自行设计，封面上写明“请柬”二字。

（2）称谓。与信函称谓基本相同。

（3）正文内容。主要包括活动性质、规格、活动时间、地点及其他有关事项。

（4）祝颂语。与信函的祝颂语基本相同，但较之于信函要简单些。最常用的祝颂语是“敬请光临”。

（5）署名和日期。与信函相同。

请柬一般应提前 4 ~ 10 天寄出或亲自送达，以便受邀请者及早做出应邀与否的决定或准备。

2. 便条的礼仪

便条是日常交际的轻便通讯工具，包括便笺和留言条。与一般书信相仿，便条的使用范围很广泛，几乎不受限制。

（1）便笺。即便函，俗称便条。其书写要求和格式与一般书信大致相同。特点是文字简短，内容单一。便笺的内容，如果是就某一问题发表意见的，应有真知灼见，写得言简意深；如果拜托对方帮办某一具体事情的，宜礼貌周全、简洁明确。

（2）留言条。是一种临时性的书面留言，通常在访问客户未遇而有事要告知对方时所书写的一种便条。在这种情形下，留言条一般应写明来访目的、未遇心情以及希望、要求等。如果以前与对方没有交往，还需作自我介绍。

应该说，留言条上的内容一般都比较简单，写起来也是开门见山。可以把要说的事情写在纸条上，也可以只把再联系的时间、地点、方法提出要求或建议，而不写具体事项。

如果是给从未见过面的人留条，应该比较郑重，可按一般书信的要求和格式书写。如果比较熟悉友好，那么，留言条的写法就有较大的自由性，可以活泼，可以简单，可以语言幽默些，要以对方能够完全理解为原则。

第六章

中规中矩：专题活动与应酬礼仪

第一节　专题活动礼仪

一、洽谈会

【导入案例】

小赵到某酒店参加洽谈会。在洽谈会上，她看见一位女士化着浓妆，发型十分夸张，浑身上下戴满各式首饰，从耳垂一直“武装”到脚脖子。给人一种与洽谈会格格不入的感觉。这种打扮的人，留给他人的印象，不是不尊重自己、不尊重别人、不重视洽谈、自以为了不起，就是没有一点儿教养。

【要点总结】

洽谈会又叫磋商会、谈判会，是指谈判各方充分阐述己方的各种设想，听取他方的不同意见，并通过详细陈述己方理由，反复同对方交换看法或做出某种让步，最后各方取得一致，达成协议。对销售人员而言，洽谈是一场知识、信息、心理、修养、口才乃至风度的较量，为了取得洽谈的成功，在洽谈会上要遵循一定的礼仪规范。

1. 座位安排

在洽谈会上，如果身为东道主，那么你不仅应当布置好洽谈厅的环境，预备好相关的用品，而且应当特别重视座次问题。

只有在某些小规模洽谈会或预备性洽谈会的进行过程中，座次问题才可以不必拘泥。在举行正式洽谈会时，则对它不能不予以重视。因为它既是洽谈者对规范的尊重，也是洽谈者给予对手的礼遇。

一般洽谈会以用长桌子或椭圆形桌子为宜，双方人员各自坐于桌子两侧。倘若谈判桌横放，那么面对谈判室正门的一方为上座，应请客方就座；背对谈判室正门的一方为下座，应留主方就座。如果桌子是竖放的，则应以进门的方向为准，右侧为上座，由客方就座；左侧为下座，由主方就座。

在进行洽谈时，各方的主谈人员应在己方一侧居中而坐。其余人员则应遵循右高左低的原则，依照职位的高低自近而远地分别在主谈人员的两侧就座。假如需要译员，则应安排其就座于仅次于主谈人员的位置，即主谈人员右侧。

2. 衣着打扮

销售人员在参加洽谈时，应整理好自己的仪容仪表，在衣着打扮上要正式一些，以表示对洽谈的重视和充分的准备；如果是非正式洽谈，可以穿得随便一些，给人以轻松、随和的感觉，这样显得更容易接近，有助于交流，取得共识。一般到豪华宾馆去洽谈，西装革履能够证明自己的身份和气度，使你感到心灵与环境的和谐；在普通的办公场所进行洽谈，可以穿得和平时上班一样，不用刻意打扮。

3. 谈吐举止

洽谈时，销售人员的谈吐要轻松自如，举止文雅大方，谦虚有礼，尽可能创造出友好、轻松的良好谈判气氛。自我介绍时要自然大方，不可露傲慢之意。被介绍到的人应起立微笑示意，可以礼貌地道“幸会”“请多关照”之类的话语。介绍完毕可略事寒暄，以沟通感情，创造温和气氛，此时话题宜以旅途经历、季节气候、文体活动、各自爱好或以往合作经历等为主，但要注意，开头的寒暄不宜太长，以免冲淡洽谈气氛。

洽谈时，销售人员应注视对方，目光应停留于对方双眼至前额的三角区域正方，这样使对方感到被关注，觉得你诚恳严肃。手势自然，不宜乱打手势，以免造成轻浮之感。切忌双臂在胸前交叉，那样显得十分傲慢无礼。

4. 语言使用

洽谈的实质性阶段，主要是报价、查询、磋商、解决矛盾、处理冷场等几个阶段。在这几个阶段中，销售人员要注意语言的规范性和灵活性，用语要清晰易懂，口语要尽可能标准，注意使用文明礼貌用语，体现自身的职业道德和商业形象。洽谈时应注意抑扬顿挫、轻重缓急，避免吐舌挤眼、语句不断、嗓音微弱或大吼大叫。

（1）报价。销售人员报价要明确无误，恪守信用，不欺骗客户。在谈判中，报价不得变化不定，客户一旦接受价格，即不再更改。

（2）查询。在洽谈中，事先要准备好有关问题，选择气氛融洽时礼貌地提出，问话方式要委婉，用词要斟酌，不能把提问变成审问和责问。咄咄逼人的提问容易给对方以居高临下的感觉，使其产生防范心理，不利于洽谈。

一般提问的时机应选择在对方发言完毕之后、对方发言停顿间歇时、在自己发言前后及在议程规定的辩论时间等进行提问。当对方回答问题时，作为提问者应耐心倾听，不能因为对方的回答没有使自己满意，就随便插话或任意打断对方的话。在一般情况下，插话应借助一些特定的套话来实现，如“对不起，我能打断您一下吗”或“请停一下”等。切忌气氛比较冷淡或紧张时提问，言辞不可过激或追问不休，以免引起客户反感甚至恼怒。但对原则性问题应当力争不让。

有提问就有回答，洽谈过程中，作为被提问者答话时，要本着真诚合作的态度，针对提问者的真实心理，实事求是地回答对方的提问，不能闪烁其词，态度暧昧，“顾左右而言他”。如果对方对某个问题不甚了解，应以浅显易懂的语言进行解释，切不可流露出不耐烦的神情。如有些问题涉及商业秘密和技术机密，则应委婉说明，避免出现令人尴尬和僵持的局面。

（3）磋商。洽谈是什么？洽谈就是有关各方在合理、合法的情况下进行讨价还价。讨价还价事关双方利益，容易因情急而失礼，因此更要注意保持风度。应心平气和，求大同，存小异，发言措辞文明礼貌。

（4）解决矛盾。在洽谈会的整个过程中，销售人员要排除一切干扰，始终如一地对自己的客户有礼貌，时时、处处、事事表现出对对方不失真诚的敬意。要就事论事，保持耐心、冷静，不可因发生矛盾就怒气冲冲，甚至进行人身攻击或侮辱对方。

在洽谈过程中，不管发生了什么情况，都始终坚持礼敬客户，无疑能给客户留下良好的印象，而且在今后的进一步商务交往中，还能发挥潜移默化的功效，即所谓“你敬我一尺，我敬你一丈”。

（5）处理冷场。洽谈中无论出现什么情况都不能使用粗鲁、污秽的语言或攻击性的语言。当出现冷场时，主方销售人员要灵活处理，可以暂时转移话题，稍作松弛。如果确实已无话可说，则应当机立断，暂时中止谈判，稍作休息后再重新进行。主方要主动提出话题，不要让冷场持续过长。

5. 学会妥协

有一位驰名世界的谈判大师说过：“所谓洽谈，就是一连串的要求和一个又一个的妥协。”他的这句话，会有助于销售人员深化对洽谈本质的理解。

在任何一次正常的洽谈中，都没有绝对的胜利者和绝对的失败者。相反，有关各方通过洽谈，多多少少都会获得或维护自身的利益。也就是说，大家在某种程度上达到了妥协，彼此都“山重水复疑无路，柳暗花明又一村”。

6. 互利互惠

最理想的洽谈结局，是有关各方达成了大家都能够接受的妥协。说到底，就是要使有关各方通过洽谈，能够互利互惠。

在商务交往中，洽谈一直被视为一种合作或为合作而进行的准备。因此一场商务谈判的最圆满的结局，应当是洽谈的所有参与方，都能各取所需，都取得一定成功，获得更大的利益。也就是说，商务洽谈首先是讲究利益均沾、共同胜利的。如果把商务洽谈视为“一次性买卖”，主张赢得越多越好，甚至要与对手拼个“你死我活”，争取以自己的大获全胜和对手的彻底失败来作为洽谈会的最终结果，则必将危及与对方的进一步合作，并且使社会上其他商界人士对己方产生“心狠手辣”“不能容人”的恶劣印象。

因此，销售人员在参加洽谈会时，必须争取的结局应当是既利己，又利人。现代商界社会，最讲究的是伙伴、对手之间同舟共济。既要讲竞争，又要讲合作。自己所获得的利益，不应当建立在损害对手或伙伴的基础上，而是应当彼此双赢。对于这种商界的公德，销售人员在洽谈中务必遵守。

【特别训练】

在现实生活中，洽谈的具体形式可谓多种多样。不管销售人员面对的是何种形式的洽谈，都有必要为此做好准备，以求有备无患。

洽谈准备主要包括两方面工作：

1. 知己知彼

孙子曰：“知己知彼，百战不殆。”他的这句至理名言，对洽谈者准备洽谈也有一定的意义。在洽谈之前，如能对对手有所了解，并就此有所准备，则在洽谈之中，洽谈者就能够扬长避短、避实就虚，“以我为长，击敌之短”，取得更好的成绩。

对洽谈对手的了解，应集中在如下方面：在洽谈对手中，谁是真正的决策者或负责人；洽谈对手的个人资讯、谈判风格和谈判经历；洽谈对手在政治、经济以及人际关系方面的背景情况；洽谈对手的谈判方案；洽谈对手的主要商务伙伴、竞争者以及他们彼此之间相互关系的演化，等等。

2. 熟悉程序

虽说洽谈的经验需要积累，但是因为洽谈事关重大，所以不允许人们视之为儿戏，不允许人们在“知其一，不知其二”的情况下仓促上阵。

从理论上来讲，洽谈的过程是由“五部曲”一环扣一环，一气呵成的。它们是指报价、查询、磋商、解决矛盾、处理冷场等五个具体的步骤。在其中每一个洽谈的具体步骤上，都有自己特殊的“起、承、转、合”，都有一系列的台前与幕后的准备工作要做，并且需要当事人具体问题具体分析，随机应变。

因此销售人员在准备洽谈时，一定要多下工夫，多作案头的准备工作，尤其是要精心细致地研究洽谈的常规程序及其灵活的变化，以便在洽谈中能够胸有成竹、处变不惊。

二、展览会

【导入案例】

某打印机公司为使新产品迅速占领市场，在北京国际展览中心举行了展览会。展览会上，优质的产品、现代化的宣传手段，吸引了大批的潜在客户和现实客户。与此同时，该公司还举行了记者招待会，对这次活动大力地宣传。结果公司知名度迅速上升，产品很快便为市场所接受。

【要点总结】

展览会也是一种常见的营销活动。展览会是指一种以实物、文字说明、图片、模型、幻灯、录像等来展示成果、树立形象的宣传活动。成功地举办展览活动，可以达到吸引公众的注意、实现与公众的双向沟通、树立良好形象的目的。

展览会礼仪，就是指销售人员在组织、参加展览会时，应当遵循的规范与惯例。在一般情况下，展览会主要涉及展览会的类型、参加展览会的礼仪、参观者礼仪等三个方面的大问题。现分别对其介绍如下：

1. 展览会的类型

要开好一次展览会，首先必须确定其具体类型，然后再进行相应的定位。否则，很可能就会出现不少的漏洞。根据不同的标准，展览会可以分为以下六类：

（1）根据展览会的目的划分。根据开办目的，展览会可分为宣传型展览会和销售型展览会。

①宣传型展览会，是展出照片资料、图表和有关实物，目的在于向外界宣传、介绍企业的成就、实力、历史与理念，所以它又叫作陈列会。

②销售型展览会，主要是通过展示企业的产品、技术和专利，来招徕客户，促进其生产与产品销售。通常，人们又将销售型展览会称为展销会或交易会。

（2）根据展览的内容划分。根据展出种类的不同，展览会可以分为单一型展览会与综合型展览会。

①单一型展览会，是专门围绕某一门类、某一专题进行的，要求主题鲜明，内容集中，有一定的深度。在一般情况下，单一型展览会的参展单位大都是同一行业的竞争对手，因此这种类型的展览会不仅会使其竞争更为激烈，而且对于所有参展企业而言不啻为一场公平的同台竞技。

②综合型展览会，是围绕一个地区或一个组织进行的，要求内容系统、重点突出。与前者相比，综合型展览会所侧重的主要是参展企业的综合实力。

（3）根据展览会的规模划分。根据规模的大小，展览会可以分为大型展览会、小型展览会和微型展览会。

①大型展览会，通常由政府或专门机构主办，众多企业、组织、团体联合参展，因参展单位多、项目广而规模较大。举办此类展览会，要求一定的操作技巧。因其档次高、影响大，参展单位必须经过申报、审核、批准等一系列程序，有时还需支付一定的费用。

②小型展览会，一般由企业自行举办，主要展出本单位最新的各种产品、技术和专利等，其规模相对较小。

③微型展览会，是小型展览会的进一步微缩，多利用橱窗、展车、剧院、图书馆、车站的门厅以及旅馆房间等举办展出活动。

（4）根据参展者的区域划分。根据参展单位所在的地理区域的不同，展览会可以划分为国际性展览会、洲际性展览会、全国性展览会、全省性展览会和本地性展览会。规模较大的国际性展览会、洲际性展览会和全国性展览会，往往被人们称为博览会。应当明言的是，组织展览会不一定非要贪大求全不可，特别是忌讳虚张声势、名不副实，动辄以“世界”“全球”“全国”命名。若是根据参展单位所属行业的不同，则展览会也可分为行业性展览会和跨行业展览会。

（5）根据展览会的场地划分。根据场地的不同，展览会可以分为室内展览会与露天展览会。

①室内展览会，大都被安排在专门的展览馆、宾馆和本单位的展览厅室之内。其设计考究、布置精美、陈列有序、安全防盗、不易受损，并且可以不受时间与天气的制约，显得隆重而有档次，但是费用较高。在展示价值高昂、制作精美、忌晒忌雨、易于失盗的展品时，室内展览会自然是其首选。

②室外展览会，通常在露天举办，可以提供较大的场地，花费较小。绝大多数花展、农产品展、汽车展等多在露天举行。

（6）根据展览会展出时间划分。根据展出时间的不同，展览会可以分为长期性展览会、周期性展览会和临时性展览会。

①长期展览会，有比较固定或稳定的展出内容，如文物展览。

②周期性展览会，是定期举行的，如每三年举行一次或者每年秋季举行一次等。其展览主题大都既定不变，但允许变动展览场所或展品内容。一般来看，周期性展览会往往呈现出连续性、系列性的特征。

③临时性展览会，可根据需要随时举办。所选择的展览场所、展品内容乃至展览主题往往不尽相同，但其展期大都不长。

2. 参加展览会的礼仪

参展时，必须要求全体工作人员齐心协力、同心同德，为“大获全胜”而努力奋斗。为此，有以下三个方面的礼仪要求：

（1）整体形象。企业在参与展览时，企业整体形象会直接映入观众的眼里，因而对自己参展的成败影响极大。总的来说，企业的整体形象主要由工作人员的形象与展示物的形象两部分构成。

①工作人员的形象，主要是指在展览会上直接代表企业露面的工作人员的穿着打扮等。在一般情况下，参展单位的工作人员要统一着装，最佳的选择是身穿本单位的制服，或者是穿深色的西装、套裙，胸前佩戴标明本人单位、姓名、职务的胸卡。在大型的展览会上，参展单位若安排专人迎送宾客时，则最好请其身穿色彩鲜艳的单色旗袍，并胸披写有参展企业或其主打展品名称的红色绶带。

②展示物的形象，主要由展品的外观、展品的质量、展品的陈列、展位的布置、发放的资料等构成。用以进行展览的展品，外观上要力求完美无缺，质量上要优中选优，陈列上要既整齐美观又讲究主次，布置上要兼顾主题的突出与观众的注意力。而用以在展览会上向观众直接散发的有关资料，则要印刷精美、图文并茂、资讯丰富，并且注有参展单位的主要联络方法，如公关部门与销售部门的电话、电报、电传、传真以及电子邮箱的号码等。

（2）待人礼貌。参展单位的工作人员除了具备与产品有关的专业素质外，还要掌握展览知识和技能，礼貌地对待每一位参观者，达到公众满意的效果。

工作人员应热情、诚恳、公平地接待每一位参观者。当参观者进入展位时，要主动与之打招呼以示欢迎。对于参观者提出的问题，要做到百问不烦、认真回答；当参观者离开时，工作人员应主动道别。

展览会期间参展单位的工作人员要各尽其责，不得东游西逛、无故脱岗，更不允许在参观者到来时怠慢对方。对于个别不遵守展览会规则、乱摸乱动展品的观众，要以礼相劝，必要时可请保安人员协助，避免与参观者直接发生冲突。

（3）热情解说。作为参展单位的讲解员，在讲解时要注意语言流畅、语调清晰、声音洪亮。对于介绍的内容要实事求是，并突出自己展品的特色，必要时还可做一些现场示范。讲解完毕，应对听众表示感谢。

3. 参观者礼仪

作为展览会的参观者，要服从展会的管理，遵守展会的秩序，不嬉笑打闹，不乱摸乱拿展品，与组织者共同维护展览会的秩序和声誉，做一个文明、守法的参观者。

【特别训练】

在宣传性展览会与销售性展览会上，其解说技巧既有共性可循，又有各自的不同之处。

1. 解说技巧的共性

在宣传性展览会与销售性展览会上，解说技巧的共性在于：要善于因人而异，使解说具有针对性。与此同时，要突出自己展品的特色。在实事求是的前提下，要注意扬长避短，强调“人无我有”之处。在必要时，还可邀请观众亲自动手操作，或由工作人员为其进行现场示范。此外，还可安排观众观看与展品相关的影视片，并向其提供说明材料与单位名片。通常，说明材料与单位名片应常备于展台之上，由观众自取。

2. 解说技巧的不同之处

宣传型展览会与销售型展览会的解说技巧有一些不同之处。

（1）宣传型展览会。解说的重点应当放在推广参展单位的形象上。要善于使解说围绕着参展单位与公众的双向沟通而进行，时时刻刻都应大力宣传本单位的成就和理念，以便使公众对参展单位给予认可。

（2）销售型展览会。解说的重点应当放在主要展品的介绍与推销上。按照国外的常规说法，解说时一定要注意“FABE”并重。其中，“F”指展品特征，“A”指展品优点，“B”指客户利益，“E”则指可资证明的证据。要求工作人员在销售性展览会上向观众进行解说时，注意“FABE”并重，就是要求其解说应当以客户利益为重，要在提供有力证据的前提之下，着重强调自己所介绍、推销的展品的主要特征与主要优点，以争取使客户觉得言之有理，乐于接受。不过，争抢、尾随观众兜售展品，弄虚作假或是强行向观众推介展品，则是不可取的。

三、新闻发布会

【导入案例】

销售人员小王所在的××公司于2010年7月25日在北京拉开了继深圳、上海、重庆等地新闻发布会的序幕，这次活动既是为公司9款新产品进行市场推广，同时也是公司对外宣传战略调整的一次机会。小王作为销售部主力参与了公司此次发布会的策划组织工作。

此次活动公司邀请了新闻记者、产品设计人员和新老客户参加。发布会在会场设立了现场观摩台并进行详细的现场产品解说。期间，到展台参观、询问的新老客户络绎不绝，新老客户对新产品的面市有浓厚的兴趣，现场积极提问，精彩纷呈，欢笑声和掌声迭起，一系列的产品促销活动更使得发布会现场异常火爆。

此后，不少媒体发布了新品发布会消息。新老客户纷纷订货，新产品销量随之大增，终于在列强林立的视音市场上脱颖而出。

【要点总结】

从会务礼仪的角度上来看，上述案例中的公司为推出自己的新品举行的新产品发布会，即为我们通常所说的新闻发布会。

新闻发布会简称发布会，它是发布人主动召集各类媒体宣布某类信息的会议。新闻发布会礼仪主要包括时机的选择、举办地点的安排、人员的安排、确定邀请对象、现场问答等几方面内容。

1. 时机的选择

在确定发布会的时机之前，其消息是否有新闻价值是必须要确认的，此新闻为什么现在必须发布，其紧迫性应当确认，不要将无新闻价值的东西硬拉上新闻发布会。通常而言，企业新闻发布会的由头有以下几种：新产品开发、企业经营方针的改变、企业首脑或高级管理人员的变更、新工厂的启动或旧工厂的扩建、企业合并、企业创立周年纪念日、企业的产品获奖、与企业相关的重大责任事故的发生等。

如果确认召开新闻发布会的话，应选择恰当的召开时机。要避开节日与假日，避开本地重大的活动和纪念日，还要避免与新闻界的宣传报道重点相左或撞车。记者们大都是大忙人，他们没有分身术，不要使所邀请的记者因公务繁忙而无法脱身，影响发布会的效果。

新闻发布会会务日期的安排一般选在周一至周四上午 10 点或下午 3 点为佳，这样方便记者到会。一般的新闻发布会，正式发言时间不超过 1 小时，应留有时间让记者提问。发布会后，一般为记者准备工作餐，最好的形式是自助，自助餐的目的在于给记者提供交流和对企业领导人进行深入采访的机会。确定好具体时间后，要提前 1 ~ 2 周向记者发出书面邀请，让记者安排好时间。并非所有记者都能到会，因此，为使新闻发布会圆满成功，最好在邀请函上附回执。

2. 举办地点的安排

选择新闻发布会的地点，应选在受众熟悉、交通方便、环境良好及影响大、方便与会的地方。同时，要考虑到新闻发布的硬件因素，如电话、传真、打字、照明设备等。考虑到上述要求，通常企业的新闻发布会安排在宾馆或新闻中心等地举行。

选定发布会地点以后，还应注意会场的环境布置，气温、灯光、噪声等问题要考虑周全。请具有时代感的公关设计人员来布置会场，使会场既体现企业精神，又使记者及其他来宾有宾至如归的感觉。会场应设有记者或来宾签到处，签到处最好设在入口或入场通道处。会场座次安排要分清主次，特别是有贵宾到会的情况下。在每个记者席上准备有关资料，供记者们深入细致地了解所发布消息的全部内容。

3. 人员的安排

新闻发布人的作用在于把握主题范围，掌握会议进程，控制会场气氛，促成会议的顺利进行。新闻发布人胜任条件有：准确地了解发布会内容，透彻地掌握本企业的总体状况及各项方针政策，面对新闻记者的各种提问，能够头脑冷静、思维清晰、反应灵敏、语言流畅、措辞准确，同时仪表端庄。

除了新闻发布人，现场服务人员也要严格挑选，从外貌到自身的修养均要符合要求，并注意服务人员的性别比例，以便发挥“异性效益”。服务人员的主要工作有：安排与会者签到；引导与会者入座；准备好必要的视听设备；分发宣传材料和礼品；安排好餐饮；安排一名摄影师专门拍摄会场情况，以备将来宣传和纪念之用。

4. 确定邀请对象

在举办大型的新闻发布会时，应首先选择国内外及本地区有影响力的媒体参加，同时本着一视同仁的原则，不厚此薄彼，将新闻记者当作合作者对待。另外，在邀请新闻界人士时应有所侧重，但通常多多益善，主要为提高本企业的知名度。

5. 现场问答

为确保会议有条不紊地进行，预先制订的方案中要有紧急预案，避免冷场与混乱局面。新闻发布人在回答记者提问时，应该做到提供准确的新闻素材，表达简明扼要，冷静、灵活，态度友好。不便回答的问题，新闻发布人应采取适当的方式委婉地拒绝回答。主要有以下几点技巧可供参考：

（1）李代桃僵。指用桃李共患难来比喻兄弟相爱、相助，后被人引申为互相顶替的意思，当对方提的问题不便回答时，就可以采用此法。

（2）避正答偏。故意避开正题，将话题引向一些细节，让对方自己去揣摩话中的含义。

（3）诱导否定。在记者提出问题后，不马上回答，先讲一点理由，提出一些条件或反问一个问题，诱使对方自我否定，自动放弃原来提出的问题。

（4）回以自解。有些时候，对方的提问是明知故问，想借你的口来证明一点什么，这时可以用回以自解的方法来回答，将皮球踢回对方，不授人以柄。

（5）幽默诙谐。在对方提出问题后，机智地以诙谐幽默的话题作为遮掩，避开对实质性问题的回答。幽默诙谐既能巧妙地避开难题，又不至于伤害提问者的感情。

如果做到了以上几点，那么，新闻发布会必将取得满意的效果。

【特别训练】

当公司考察是否举办新闻发布会时，首先应对照下列问题检查一下：

（1）新闻通稿或声像资料带（附带事件简介、背景材料）是否完全可以提供给记者所需的、媒介受众喜欢的故事？

（2）让记者们亲眼看到或试用某一新产品，是否可以给新闻通稿增加些什么？

（3）公司高层管理者或董事会成员公开露面是否能为公司获得或提高凝聚力或可信度？

（4）能否提供给记者在别处得不到的新闻？

（5）是否存在其他有效向记者传递信息的途径？如一次舞会、一次聚餐。

（6）公司新闻发言人能否有效传递信息并经受得住提问的考验？

（7）与记者面对面地交流是否可以为他们提供一个询问公司其他方面情况而我们又不希望将之公开化的机会？如公司战略等。

四、商务谈判

【导入案例】

巴西一家公司到美国去采购成套设备。巴西谈判小组成员因为上街购物耽误了时间。当他们到达谈判地点时，比预定时间晚了45分钟。美方代表对此极为不满，花了很长时间来指责巴西代表不遵守时间，没有信用，如果这样下去的话，以后很多工作很难合作，浪费时间就是浪费资源和浪费金钱。对此，巴西代表感到理亏，只好不停地向美方代表道歉。

谈判开始以后，美方代表似乎还对巴西代表来迟一事耿耿于怀。一时间弄得巴西代表手足无措，说话处处被动，无心与美方代表讨价还价，对美方提出的许多要求也没有静下心来认真考虑，匆匆忙忙就签订了合同。

合同签订以后，等到巴西代表平静下来头脑不再发热时，才发现自己吃了大亏，上了美方的当，但为时已晚。

【要点总结】

商务谈判是一项特殊的商务活动，对谈判者的礼仪有着特殊的要求。商务谈判礼仪，既是谈判者及其所代表的组织的一种形象体现，也是商务谈判本身内在运动的要求。同时，商务谈判礼仪，也是谈判者之间相互交流、沟通的一种行为规范，是对他人表示尊重的一种方式，它在一定程度上反映了一个国家或地区、一个民族或个人的文明、文化程度和社会风尚。

1. 严格遵守时间

进行商务谈判时，按照事前的约定必须准时到达洽谈地点。这可是分秒必争的事，千万不能马虎。在现实中，有很多由于耽误了几分钟时间，一大笔生意就被别人抢走了的事例。

2. 见面问候对方

商务谈判中双方人员见面，先要相互介绍，可由第三者介绍，也可自我介绍。作自我介绍时要自然大方，不可露傲慢之意。被介绍到的人应起立微笑示意，礼貌地说“幸会”“请多关照”之类的话。询问对方要客气，如“请教尊姓大名”等。如有名片，要双手接递。介绍完毕，可选择双方共同感兴趣的话题进行交谈，以沟通感情，营造温和气氛。

3. 坦诚进入正题

在营造轻松和谐的气氛后，顺利进入谈判的正题是双方所期待的。可根据日程安排，先谈双方都容易达成的话题，本着协商原则与对方商定程序，主客双方或多方分别陈述有关事项的看法和见解。要注意主旨鲜明，中心突出，简明扼要。切忌含混不清，拖泥带水。力争引起对方的关注和好感，以求得到对方理解和肯定。注意尊重和理解对方，避免一开始触怒对方，引起焦虑和抵触情绪，这会严重影响后面谈判的顺利进行。

4. 平等协商问题

交谈磋商活动是商务谈判的核心。商谈过程中，特别是在报价阶段以后，不可避免会出现分歧。讨价还价事关双方利益，容易因情急而失礼，因此更要注意保持风度，应心平气和，求大同，容许存小异。

重要的是正视矛盾，知难而进，以积极的态度商讨辩论，在平等互信的基础上协商，不时进行换位思考，寻找双方都能认可的切入点，深入交流，扩大成果。这就要求双方坦诚相见，在理解和信赖的基础上，毫无掩饰地表明己方对某个问题的看法、希望和担心。打消对方顾虑，消除戒备心理，平等对待对方，心平气和地表达双方意愿，并向既定目标逐渐靠拢。谈判人员具有开诚布公的豁达风度正是有修养的表现。

5. 倾听、提问有礼

在商务谈判中，倾听与提问有技巧，要注意相关礼仪规范。

（1）倾听。听对方的发言时，要心、耳、脑并用，要专心并有鉴别地倾听，学会分析表面现象与深层原因，作客观公正的评判。不可偏听偏信，为表象所迷惑。不要抢话，在未领会对方意图的情况下就匆忙插话是不尊重对方的表现，不利于良好谈判气氛的营造。不要刻意回避话题，对对方提议充耳不闻。而应主动做出反馈性表示，诸如面部表情、动作或语言，表达自己的理解程度及希望要求。

（2）提问。提问在谈判中起着重要作用，有利于了解对方看法，收集信息，摸清对方意图。谈判者事先应准备好有关问题，选择气氛和谐时提出，态度要开诚布公。切忌气氛比较冷淡或紧张时发问，言辞不可过激或追问不休，以免引起对方反感甚至恼怒。对方回答问题时不宜随意打断，问题答完后要向解答者表示谢意。

【特别训练】

谈判中能否说服对方接受自己的观点，对谈判能否成功至关重要。双方坦诚相见，在追求己方利益的同时，尽量考虑满足对方的要求，这是双方达成共识的关键。努力寻求双方的共同点，强调彼此利益的一致性，消除对抗情绪，赢得对方信任，淡化矛盾争端，多从对方的角度思考，让对方更容易接受己方的观点和看法。

说服要有足够的耐心，回答问题要讲究技巧。必须做深入细致的思想工作，做到动之以情、晓之以理、明之以法。要适当尊重对方的意见，给予对方足够的时间，让对方心悦诚服地接受你的意见。要诚信感化、成功说服，适当运用技巧，声东击西、欲擒故纵也是可以的。但是不能用欺诈的方法骗服，或用威逼的方法压服等，不得用其他涉嫌违法犯罪的手段谋求不法利益。

第二节　营销仪式礼仪

一、开业仪式——营造出隆重的气氛

【导入案例】

销售人员小王所在公司的一家下属分公司开业，公司全体人员参加了开业仪式。开业那天，小王恰巧碰到了下派到分公司开展工作的老同事。长时间未见的两人热烈交谈，甚至在仪式过程中也窃窃私语，引起周围人侧目而视。

回到总公司后，小王受到了销售部经理的严厉批评。

【要点总结】

开业仪式是指在企业创建或开业、项目完工或落成、某一建筑物正式启用、某项工程正式开始之际，为了表示庆贺或纪念，而按照一定的程序所隆重举行的专门仪式。从仪式礼仪的角度来看，开业仪式其实是一个统称，在不同的适用场合，它往往会采用其他一些名称。例如，开幕仪式、开工仪式、奠基仪式、破土仪式、竣工仪式、下水仪式、通车仪式、通航仪式，等等。它们的共性，都是以热烈而隆重的仪式，为企业的发展创造一个良好的开端。

销售人员参加开业仪式时，无论是作为主办单位的人员还是外单位的宾客，均应注意自己临场的举止表现，遵行礼仪惯例。

1. 主办方人员礼仪

对于主办方人员来说，整个仪式过程都是礼待宾客的过程，销售人员的仪容、仪表都不能忽视。假如你在庆典中精神风貌不佳，穿着打扮随便，举止行为失当，很容易造成对本企业形象的反面宣传。

按照仪式礼仪的规范，作为东道主的销售人员在出席开业仪式时，应当严格遵循以下七点：

（1）仪容要整洁。所有出席开业仪式的人员，事先都要洗澡、理发，男士还应刮光胡须。无论如何，届时都不允许蓬头垢面、胡子拉碴、浑身臭汗，以免有意无意地给企业形象抹黑。

（2）服饰要规范。有条件的企业最好穿着统一式样的企业服装，无统一服装的企业则必须穿着礼仪性服装。即男士穿深色西装套装，配白衬衫、素色领带、黑色皮鞋；女士穿深色西装套裙，配长筒肉色丝袜、黑色高跟鞋，或者穿花色素雅的连衣裙。绝不允许在服饰方面任其自然、自由放任，把一场庄严隆重的庆典，搞得像一场万紫千红的时装或休闲装的博览会。倘若有条件，将本单位出席者的服饰统一起来是最好的。

（3）要遵守时间。仪式的起始时间要严格遵守，这是基本的礼仪之一。身为主办方的一员，更不得小看这一问题。无论你是公司高层负责人，还是普通员工，都不得迟到、无故缺席或中途退场。如果开业仪式的起止时间已有规定，则应当准时开始，准时结束，向社会证明本单位言而有信。

（4）表情要庄重。在开业仪式举行期间，不允许嬉皮笑脸、嘻嘻哈哈，或是愁眉苦脸、一脸晦气、唉声叹气，否则会使来宾产生很不好的想法。在举行开业仪式的整个过程中，都要表情庄重、全神贯注、聚精会神。假若庆典之中安排了唱国歌的程序，一定要依礼行事：起立，脱帽，立正，面向主席台行注目礼，并且认认真真、表情庄严肃穆地和大家一起唱。此刻，不许不起立、不脱帽、东张西望、不唱或乱唱国歌。在起立或坐下时，把坐椅搞得乱响，一边脱帽一边梳头，或是在此期间走动和与人交头接耳，都应被视为严重危害本单位形象的行为。

（5）态度要友好。在开业仪式的现场，主办方人员要以主人翁的身份热情待客。遇到了来宾，要主动热情地问好。对来宾提出的问题，要立即予以友善的答复。不要围观来宾、指点来宾或是对来宾持有敌意。当来宾在仪式上发表贺词或是随后进行参观时，要主动鼓掌表示欢迎或感谢。在鼓掌时，不要对对象“挑三拣四”，不要“欺生”或是“杀熟”。即使个别来宾在仪式中表现得对主人不甚友善，也不应当“仗势欺人”，非要向对方讨个说法。不论来宾在台上台下说了什么话，主办方人员都应当保持克制，不要吹口哨、鼓倒掌，不允许打断来宾的讲话，向其提出挑衅性质疑，与其进行辩论或是对其进行人身攻击。

（6）行为要自律。既然参加了开业仪式，主办方人员就有义务以自己的实际行动来确保它的顺利与成功。至少不应当因为自己的举止失当，而使来宾对仪式作出不好的评价。在出席仪式时，主办方人员在举止行为方面应当注意的问题有：不要想来就来，想走就走，或是在仪式举行期间到处乱走、乱转；不要与周围的人说悄悄话、开玩笑；不要朝他人甚至主席台上的人挤眉弄眼、做怪样子。不要有意无意地做出对仪式毫无兴趣的举动，如看报纸、读小说、听音乐、玩游戏、打瞌睡等。不要让人觉得自己心不在焉，比如，玩手机、东张西望、不时看手表等。

（7）发言要简短。倘若你有幸在企业的开业仪式中发言，则务必谨记以下四个重要的问题：

①上下场时要沉着冷静。走向讲坛时，应不慌不忙，不要急奔过去，或是慢吞吞地“起驾”。在开口讲话前，应平心静气，不要气喘吁吁、面红耳赤、满脸是汗、急得讲不出话来。

②要讲究礼貌。在发言开始，勿忘说一句“大家好”或“各位好”；在提及感谢对象时，应目视对方；在表示感谢时，应郑重地欠身施礼；对于大家的鼓掌，则应以自己的掌声来回礼；在讲话结尾，应当说一声“谢谢大家”。

③按规定时间结束发言。发言一定要在规定的时间内结束，而且宁短勿长，不要随意发挥、信口开河。

④少做手势。含义不明的手势，在发言时坚决不用。

2. 外单位宾客礼仪

假如销售人员是受邀参加客户的开业仪式，就更要注意自己的言行举止，以自己上佳的临场表现，来表达对于主办方的敬意和对仪式本身的重视。

（1）要注意着装打扮整洁得体，仪表潇洒，风度庄重，表情愉悦，这样才能与喜庆气氛相协调。

（2）要守时。准时参加开业仪式，为主办方捧场。如有特殊情况不能到场，应尽早通知主办方，以便让对方另做安排。

（3）宾客可在开业仪式前或开业仪式时送些贺礼，如镜屏、画幅、花篮、楹联等，并在贺礼上写明庆贺对象、庆贺原由、贺词及祝贺单位。

（4）见到主办方负责人应向其表示祝贺，并说“开业大吉”“大吉大利”“财源滚滚”等吉利话。入座后应礼貌地与邻座打招呼，可通过自我介绍、互换名片等方式结识更多的朋友。

（5）在仪式上祝贺词时，应简短精练，不能随意发挥，拖延时间。而且要表现得冷静沉着、心平气和，注意文明用语。

（6）在仪式的进行过程中，宾客要做一些礼节性的附和。例如，当其他人致辞完毕，应一同鼓掌；典礼结束前，应一同跟随主人进行参观、写留言等。

（7）宾客离开时要与主办方领导、主持人、服务人员等握手告别，并致谢意，切不可悄悄走掉。

【特别训练】

开业仪式尽管进行的时间极其短暂，但要营造出现场的热烈气氛，取得彻底的成功，绝非一桩易事。由于它牵涉面广，影响面巨大，不能不对其进行认真筹备。筹备工作认真、充分与否，往往决定着一次开业仪式能否取得真正成功。主办方人员对于此点，务必给予高度重视。

筹备开业仪式要遵循热烈、节俭与缜密的三原则。

（1）热烈：是指在开业仪式的进行过程中要营造出一种欢快、喜庆、隆重而令人激动的氛围，而不应过于沉闷、乏味。有一位曾在商界叱咤风云多年的人士说过：“开业仪式理应删繁就简，但却不可以缺少热烈、隆重的氛围。与其平平淡淡、草草了事，或是偃旗息鼓、灰溜溜地走上一个过场，倒不如索性将其略去不搞。”

（2）节俭：是要求主办方勤俭持家。在举办开业仪式以及进行筹备工作的整个过程中，在经费的支出方面量力而行，节制、俭省。反对铺张浪费，暴殄天物。该花的钱要花，不该花的钱千万不要花。

（3）缜密：是指主办单位在筹备开业仪式时，既要遵行礼仪惯例，又要具体情况具体分析，认真策划，注重细节，分工负责，一丝不苟。力求周密、细致，严防百密一疏、临场出错。

具体而论，筹备开业仪式时，对于舆论宣传、来宾邀请、场地布置、接待服务、礼品馈赠等几个方面的工作，尤其需要事先做好安排。

1. 舆论宣传工作

举办开业仪式的主旨在于塑造企业的良好形象，因此要对其进行必不可少的舆论宣传，以吸引社会各界的注意，争取社会公众对自己的认可和接受。为此要做的常规工作有：

（1）选择有效的大众传播媒介，进行集中性的广告宣传。其内容多为：开业仪式举行的日期、开业仪式举行的地点、开业之际对客户的优惠、开业单位的经营特色，等等。

（2）邀请有关的大众传播界人士在开业仪式举行时到场进行采访、报告，以便对本单位进行进一步的正面宣传。

2. 来宾邀请工作

要力争多邀请地方领导、上级主管部门与地方职能管理部门的领导、合作单位与同行单位的领导、社会团体的负责人、社会贤达、媒体人员等参加开业仪式。为慎重起见，向邀请人发请柬。用以邀请来宾的请柬应认真书写，装入精美的信封，由专人提前送达对方手中，以便对方早作安排。

3. 场地布置工作

开业仪式多在开业现场举行，其场地可以是正门之外的广场，也可以是正门之内的大厅。按惯例，举行开业仪式时宾主一律站立，故一般不布置主席台或坐椅。为了显示隆重与敬客，可在来宾尤其是贵宾站立之处铺设红色地毯，并在场地四周悬挂横幅、标语、气球、彩带、宫灯。此外，还应当在醒目之处摆放来宾赠送的花篮、牌匾。来宾的签到簿、本单位的宣传材料、待客的饮料等应该提前备好。对于音响、照明设备以及开业仪式举行之时所需的用具、设备，必须事先进行认真检查、调试，以防使用时出现差错。

4. 接待服务工作

在举行开业仪式的现场，一定要有专人负责来宾的接待服务工作。在接待贵宾时，需由本单位主要负责人亲自出面。在接待其他来宾时，则可由本单位的礼仪小姐负责。要为来宾准备好专用的停车场、休息室，并应为其安排饮食。

5. 礼品馈赠工作

举行开业仪式时赠予来宾的礼品，属于宣传性传播媒介的范畴之内。若选择得当，必定会产生良好的效果。根据常规，向来宾赠送的礼品，应具有如下三大特征。

（1）宣传性。可选用本单位的产品，也可在礼品包装上印有本单位的企业标志、广告用语、产品图案、开业日期等。

（2）荣誉性。要使之具有一定的纪念意义，并且使拥有者对其珍惜、重视，并为之感到光荣和自豪。

（3）独特性。它应当与众不同，具有本单位的鲜明特色，使人一目了然，并且可以令人过目不忘。

二、剪彩仪式——剪出喜庆

【导入案例】

20世纪初，在美国的一个乡间小镇上，有家商店的店主慧眼独具，从一次偶然发生的事件中得到启迪，以它为模式开一代风气之先，为商家独创了一种崭新的庆贺仪式——剪彩。

事情是这样的：这家商店即将开业，店主在门框上系了一条布带子，防止拥挤的人群涌入店内，将用以优惠客户的便宜货抢购一空。不料，此举竟然更加激发了店外客户的好奇心，促使他们更想早一点儿进入店内，对即将出售的商品先睹为快。凑巧，当店门之外的人们好奇心上升到极点的时候，店主的小女儿牵着一条小狗突然从店里跑了出来，那条不谙世事的可爱小狗若无其事地将拴在店门上的布带子碰落在地。店外不明真相的人们误以为这是该店为了开张志喜所搞的把戏，于是立即一拥而入，大肆抢购。让店主转怒为喜的是，小店在开业之日的生意居然红火得令人难以置信。

店主认为自己的好运气全是由那条被小狗碰落在地的布带子所带来的，于是，在他旗下的几家连锁店陆续开业时，他便将错就错地如法炮制。久而久之，他的小女儿和小狗无意之中的发明创造，经过他和后人不断提炼升华，逐渐成为一整套的仪式。它先是在美国，后是在全世界广为流传开来。在流传的过程中，被人们赋予了一个极其响亮的大名——剪彩。

【要点总结】

“剪彩”这项由一次偶发“事故”发展而来的商务仪式，现在广泛用于庆贺公司的设立开工、宾馆的落成、商店的开张、道路或航线的开通、展览会的开幕，或新设施、新设备竣工启用等。尽管剪彩往往也可以被单独分离出来，独立成项，但是在更多时候它是附属于开业仪式的。

剪彩仪式上有诸多惯例、规则必须遵守，其具体的程序也有一定的要求。剪彩的礼仪，就是对此进行的基本规范。

1. 剪彩准备工作的礼仪

剪彩仪式的准备工作，一般来说和开业典礼的准备工作大同小异。

剪彩仪式前，要运用各种媒介广泛宣传，造成轰动效应。目的也是为了使剪彩仪式能够引起社会上众多人士的注意，扩大宣传效果，提高企业的知名度。

向有关单位和个人发送请柬，特别是对剪彩者应发出郑重邀请。剪彩者一般是由上级领导、合作伙伴、社会名流、员工代表或客户代表所担任。因此，应由举办剪彩仪式的单位领导亲自出面或委派代表专程前往邀请。若是邀请几位剪彩者一起剪彩时，应事先征求每位剪彩者的意见，得到同意后才能正式确定下来。否则，对剪彩者是失礼的，甚至会闹出误会，把剪彩气氛弄僵。

除了媒体宣传、邀请剪彩者，剪彩前的准备工作还涉及场地的布置、环境的卫生、人员的培训、灯光与音响的准备。在正常情况下，剪彩仪式应在行将启用的建筑、工程或者展销会、博览会的现场举行。正门外的广场、正门内的大厅，都是可予优先考虑的。在活动现场，可略作装饰。在剪彩之处悬挂写有剪彩仪式的具体名称的大型横幅，是必不可少的。剪彩仪式上所需的某些特殊用具的准备，诸如红色缎带、新剪刀、白色薄纱手套、托盘以及红色地毯等。

2. 剪彩者礼仪

剪彩者礼仪，指的是在剪彩仪式中持剪刀剪彩的人员应遵守的礼仪。剪彩者是剪彩仪式的主角，一定要注意仪容仪表。剪彩者一般都具有极高的威望，深受大家尊敬和信任。剪彩者的仪容仪表直接关系到剪彩仪式的效果和企业的形象。因此，作为剪彩者，既要有荣誉感，也要有责任感。衣着服饰要大方、整洁、挺括，容貌适当修饰，看上去容光焕发，充满活力，以求给人精干和文明的印象。

剪彩者必须注意剪彩中的仪态举止。剪彩过程中，要使自己保持一种稳重的姿态、洒脱的风度和优雅的举止。当主持人宣布开始剪彩时，剪彩者要面带微笑、步履稳健地走向剪彩礼仪小姐扯起的彩带。

当礼仪小姐用托盘呈上剪彩用的剪刀时，可用微笑来表示谢意并随即拿起剪刀。剪彩者要向拉彩带的礼仪小姐微笑致意，然后聚精会神、严肃认真地把彩带一刀剪断。如果有几位剪彩者共同剪彩时，处在外端的剪彩者应用眼睛余光注视处于中间位置的剪彩者的剪彩动作，力争同时剪断彩带。同时，还应和礼仪小姐配合，注意让彩球落入托盘内，然后把剪刀放回托盘内。有的剪彩者将彩带一刀剪断后，举剪向众人微笑示意也是一种礼仪举止，但示意一下即可，不可久停。

在剪彩仪式的过程中，剪彩者言谈举止要有节制。剪彩仪式开始前，可以和举办单位领导、来宾及共同剪彩者随意交谈。当宣布剪彩仪式开始后，即应中断谈笑，全神贯注地听主持人讲话。如果继续谈笑或向别人打招呼，是有失礼仪的。剪彩完毕，应转身向四周的人们鼓掌致意。这时可与主人进行礼节性谈话，或同其他剪彩者进行赞赏性谈话，但时间都不宜过长。在这种场合，无休止地高谈阔论或旁若无人地纵情谈笑，都是不合礼仪的。

3. 助剪者礼仪

助剪者是指剪彩者剪彩的一系列过程中从旁为其提供帮助的人员。一般而言，助剪者多由礼仪小姐担任。礼仪小姐有的是从本企业中挑选，有的可向外单位临时聘请。

礼仪小姐的基本条件是：相貌姣好、身材颀长、年轻健康、气质高雅、音色甜美、反应敏捷、机智灵活、善于交际。礼仪小姐的最佳装束应为：化淡妆，盘起头发，穿款式、面料、色彩统一的单色旗袍，配肉色连裤丝袜、黑色高跟皮鞋。一般不佩戴任何首饰。有时，礼仪小姐身穿深色或单色的套裙也可。但是，她们的穿着打扮必须尽可能地统一齐整，要展示端庄而非艳丽的形象。

当主持人宣布进行剪彩之后，礼仪小姐应率先登场。在上场时，礼仪小姐应排成一行行进，从两侧同时登台或是从右侧登台。登台之后，拉彩带者与捧花者应当站成一行，拉彩带者处于两端拉直红色缎带，捧花者各自双手手捧一朵花团。托托盘者须站立在拉彩带者与捧花者身后一米左右，并且自成一行。

在剪彩者登台时，引导者应在其左前方进行引导，使之各就各位。剪彩者登台时，宜从右侧出场。当剪彩者均已到达既定位置之后，托托盘者应前行一步，到达前者的右后侧，以便为其递上剪刀和手套。

4. 剪彩程序的礼仪

剪彩的程序必须有条不紊。一般来说，剪彩仪式宜紧凑、忌拖沓，所耗时间越短越好，短则 15 分钟即可，长则至多不超过 1 个小时。

按照惯例，剪彩既可以是开业仪式中的一项具体程序，也可以独立出来，由其自身的一系列程序所组成。独立而行的剪彩仪式，通常应包含如下五项基本程序：

（1）请来宾就位。在剪彩仪式上，通常只为剪彩者、来宾和本单位的负责人安排坐席。在剪彩仪式开始时，应敬请大家在已排好顺序的座位上就座。在一般情况下，剪彩者应就座于前排。若不止一人时，则应按照剪彩时的具体顺序就座。

（2）宣布仪式正式开始。在主持人宣布仪式开始后，乐队应演奏音乐，现场可燃放鞭炮，全体到场者热烈鼓掌。此后，主持人应向全体到场者介绍到场的重要来宾。

（3）发言。发言者依次应为：东道主单位的代表、上级主管部门的代表、地方政府的代表、合作单位的代表等。发言内容应言简意赅，每人不超过3分钟，重点是介绍、道谢与致贺。

（4）剪彩。此刻，全体人员热烈鼓掌，必要时还可奏乐或燃放鞭炮。在剪彩前，须向全体到场者介绍剪彩者。

（5）参观。剪彩仪式结束后，主办方一般应组织参观或聚会。展览会、展销会应由举办单位主要负责人陪同参观；新设施、新设备可正式启用，向来宾介绍性能、优点等，仪式至此宣告结束。随后，主办单位可向来宾赠送纪念性礼品，并以自助餐款待全体来宾。

【特别训练】

剪彩的方法必须标准无误。剪彩者与助剪者的具体做法必须合乎规范，否则就会使其效果大受影响。

剪彩时，剪彩者起立，稳步向彩带走去；多位剪彩者时，应让中间主剪者稍在前走，其他剪彩者紧随其后向自己应处的剪彩位置走去。一般的规矩是：中间高于两侧，右侧高于左侧，距离中间站立者越远位次便越低。需要说明的是，之所以规定剪彩者的位次“右侧高于左侧”，主要是因为这是一项国际惯例，剪彩仪式理当遵守。其实，若剪彩仪式并无外商参加时，执行我国“左侧高于右侧”的传统做法，也无不可。

剪彩者行至既定位置之后，应向拉彩带者、捧花者含笑致意。当托盘者递上剪刀、手套，也应微笑着向对方道谢。

按照惯例，剪彩以后，红色花团应准确无误地落入托盘者手中的托盘里，切勿使之坠地。为此，需要捧花者与托盘者的合作。剪彩者在剪彩成功后，可以右手举起剪刀，面向全体到场者致意。然后把剪刀、手套放于托盘之内，举手鼓掌。接下来，可依次与主人握手道喜，并列队在引导者的引导下退场。退场时，一般宜从右侧下台。

待剪彩者退场后，礼仪小姐方可列队由右侧退场。不管是剪彩者还是助剪者在上下场时，都要注意井然有序、步履稳健、神态自然。在剪彩过程中，更是要表现得不卑不亢、落落大方。

三、签字仪式——签出共识

【导入案例】

某外贸公司同德国一家公司在中国举行签字仪式。签字仪式正式举行时，德国客户看到自己被安排在签字桌的左侧，恼火不已，甚至拒绝进入签字厅。原来，目前所通行的国际惯例是“以右为上”。外贸公司工作人员不熟悉国际惯例的做法，将中方安排在了签字桌的右侧，使一向十分自信、自负的德国人认为这是对于他们的极大不尊重。

这场风波经过调解虽然平息了，但它给了人们一个教训：在商务交往中，对于签约礼仪的无知会导致严重的后果。

【要点总结】

签字仪式，通常是指与客户就某一事项谈判达成协议后，签订合同或协议时所举行的仪式。举行签字仪式，不仅是对谈判成果的公开化、固定化，而且也是有关各方对自己履行合同、协议所做出的一种正式承诺，它表明双方已形成共识，愿受法律约束和保护。

1. 位次排列

从礼仪上来讲，举行签字仪式时，一定要郑重其事。其中最为引人注目的，当属举行签字仪式时座次的排列方式问题。一般而言，举行签字仪式时，座次的排列有三种基本形式，它们分别适用于不同的具体情况。

（1）并列式。并列式排座，是举行双方签字仪式时最常见的形式。它的基本做法是：签字桌在室内面门横放，双方出席仪式的全体人员在签字桌后并排排列，双方签字人员居中面门而坐，客方居右，主方居左。

（2）相对式。相对式签字仪式的排座，与并列式签字仪式的排座基本相同。二者之间的主要差别，只是相对式排座将双方参加签字仪式的随员席移至签字人的对面。

（3）主席式。主席式排座，主要适用于多方签字仪式。其基本做法是：签字桌在室内横放，签字席仍设在桌后面对正门，但只设一个，并且不固定其就座者。举行仪式时，各方人员包括签字人在内，皆应背对正门、面向签字席就座。签字时，各方签字人应以规定的先后顺序依次走上签字席就座签字，签后即应退回原处就座。

2. 基本程序

在具体操作签字仪式时，可以依据下述基本程序进行：

（1）宣布开始。此时，有关各方人员应先后步入签字厅，在各自既定的位置上就位。

（2）签署文件。通常的做法是，先签署应由己方所保存的文本，然后再签署应由他方所保存的文本。依照礼仪规范，每一位签字人在己方所保留的文本上签字时，应当名列首位。因此，每一位签字人均须首先签署将由己方所保存的文本，然后再交由他方签字人签署。此种做法通常称为“轮换制”。它的含义是：在文本签名的具体排列顺序上，应轮流使有关各方均有机会居于首位一次，以示各方完全平等。

（3）交换文本。各方签字人此时应热烈握手，互致祝贺，并互换刚才用过的签字笔，以示纪念。全场人员热烈鼓掌，以表示祝贺之意。

（4）饮酒庆贺。有关各方人员一般应在交换文本后当场饮上一杯香槟酒，并与其他方面的人士一一干杯。这是国际上所通行的增加签字仪式喜庆色彩的一种常规性做法。

【特别训练】

签订合同与协议，必须把双方的权利、义务写清，必要时还应加上附件说明。俗话说“先小人，后君子”，许多事提前写清楚了，即使将来没有这些情况发生也没关系；相反，不写清楚，或许会给以后带来麻烦。签合同时，尤其要写清楚容易产生歧义之处。合同或协议一经签订，就要认真履行。

无论是签合同还是签协议，双方都必须穿着具有礼服性质的深色西装套装、中山装套装或西装套裙，并且配以白色衬衫与深色皮鞋。男士还必须系上单色领带，以示正规。

签完合同后，双方要起立，互相握手致意。

四、营销宴请——有所讲究

【导入案例】

销售人员小赵在一家西餐厅宴请一位女客户。就餐时，小赵发现有根鱼骨头塞在牙缝中。他觉得用手掏不雅观，就用舌头舔，发出“啧啧喳喳”的声音，舔吐出来后随手放在餐巾上。喝汤时，小赵觉得汤很烫，就不停地用嘴吹，吹凉后他端起碗“咕噜咕噜”喝起来。刚开始，两个人谈得还比较愉快，但慢慢地，女客户的话少了许多，饭也没怎么吃。过后小赵就再也没有拨通过这位女客户的电话。

【要点总结】

销售人员小赵由于没有遵守宴请时的礼仪规范，造成了尴尬的局面，这种现象目前在生活和商务活动中比较常见。在现代社会，随着商业和市场经济的繁荣，私人交往和公务交往中宴请是其中一个极重要的方面。无论是应邀赴宴，还是招待宴请客户，销售人员若能与客户一直处在轻松愉快的气氛中，一般就能够比较容易地取得销售业绩。因此，了解并遵循参加宴请的礼仪，对销售人员来说十分必要。

1. 招待宴请礼仪

如果销售人员所在企业为了销售业务等原因准备设宴招待客户时，有以下几点需要注意。

（1）提前发出邀请函或请柬。宴会的邀请函或请柬一定要提前发出，电话邀请也应提前几天进行。在紧迫的时间内请客户赴约是不礼貌的，容易让客户认为自己是补充不能应邀前来人的空缺的。

邀请函上应注明活动主题、形式、具体时间、地点，必要时可事先征求一下主宾的意见，然后再定夺。宴请地点一般不宜选在客户投宿的酒店，因为客户往往会把投宿的酒店当自己的家一样看待，所以在他们所住的地方招待客户，就等于在客户家里招待他们一样，一般不妥。

（2）席位安排。销售人员作为主人在客户到达前，要事先安排好桌次和座次，以便参加宴会的人都能各就各位，入席时井然有序。按国际上的习惯，席位安排原则为：桌次地位的高低，以距主桌位置的远近而定。以主人的桌为基准，右高左低，近高远低。座次的高低，以距离主人的座位远近而定，右高左低，近高远低。

外国习惯男女穿插安排，以女主人为主，主宾在女主人右上方，次主宾在男主人右上方。我国习惯按个人职务排列，以便谈话。若夫人出席，通常把女方排在一起，即主宾坐在男主人右上方，其夫人坐在女主人右上方。陪同人员要坐在末端，避免让客人坐末端。

（3）仪容仪表修饰。作为宴会的主人，销售人员招待客户进餐，要注意仪容仪表修饰，最好穿正式服装，整洁大方。女士要适当化妆，男士应梳理头发并剃须，显得隆重、有气氛。

（4）迎宾。宴会开始前，主人应站在门口迎接来宾。对规格高的贵宾，还应组织其他人员到门口列队欢迎客人。客人抵达后，主人要主动上前握手问候，随即由工作人员将客人引到休息厅小憩。若无休息厅，可请客人直接进入宴会厅，但不可马上落座。主宾到达后，主人应陪同他进入休息厅与其他客人会面，当主人陪同主宾进入宴会厅后，全体人员方可入座。此时，宴会即可开始。

（5）斟酒。斟酒在客人右侧，上菜在客人左侧。斟酒只需至酒杯三分之二即可。

（6）用餐。用餐时，主人应努力使宴会气氛融洽，活泼有趣。要不时找话题进行交谈，还要注意主宾用餐时的喜好，掌握用餐的速度。客人在用餐完毕，吃完水果后告辞时，主人应热情送别，感谢他的光临。

上述宴请礼仪的要求，较为严格规范。销售人员在一般销售宴请时，可适当灵活一些，但基本的礼节要遵守，重要的是培养自身的礼仪习惯。

2. 应邀宴请礼仪

宴会是否成功，主人处于主导地位。主人要以客人的需要、习惯、兴趣安排一切。而应邀赴宴的客人的配合也是绝不可忽视的。

（1）应邀。销售人员接到宴会邀请后，不论能否出席均要及时答复对方，以便对方安排。一些涉外的宴会活动，一般希望得到答复的主方都会在请柬一角印上 R.S.V.P 字样，这是法语“请复”的缩略语，接到这样的请柬应迅速答复。注有 Re-ets Only 字样的，则是在不能出席时必须尽快答复。有些邀请是先口头约定而后又发请柬，这主要是起备忘提醒的作用，可不必答复。答复最好用书面形式，不能前往应简单明了地说一下原因并道歉。

接受邀请后，除非万不得已的情况，不要随意改动。临时有事不能赴约，必须立刻写信或打电话告知对方，诚恳地解释并道歉。如果推销人员是主宾，这种解释与道歉更应该郑重其事，必要的话，还应该写封短信给所有其他来宾道歉或登门向主人道歉。

（2）遵守赴宴时间。因为赴宴抵达时间的迟早不但反映出你的性格、修养，而且从某种意义上反映出了对主人的尊重程度。赴宴时迟到、早退或逗留时间过短，都会被视为失礼或有意冷落主人。过早，显得过于心急，自己闲着也不太好；过晚，则会给人应付的感觉。所以，销售人员最好提前几分钟到达宴请地点，这样既可以有时间整理好脱下的衣帽，又可以见缝插针与其他准客户寒暄或略作业务交谈。

（3）入席。入席时，不要急于就座，要听主人的招呼和安排。就座时，也应向其他客人表示礼让。邻座如果是位年长者或妇女，每位男客都应该帮助拉开椅子协助他们坐下。邻座若不相识，可先作自我介绍，应热情有礼地与同桌的人交谈，不应只同熟人或一两个人说话。

宴会开始前，可与主宾进行简短的交谈，在此期间可结识新朋友，并通过老朋友介绍，主动与陌生人攀谈。不要玩弄碗筷、左顾右盼或离座乱走动。

（4）进餐。宴席进餐伊始，服务员送上的第一道湿毛巾是擦手的，不要用它去擦脸。用过后，把用脏的部分折进去，然后再放在餐具旁就行了。

上菜后，主人可先向客人敬酒，客人应立即回敬，喝过酒后再夹菜。同席的人都未动筷时，不要自己先动筷；夹菜时动作要轻，不要碰到杯盘；也不能把筷子伸得老远，要尽量在离自己较近的盘中夹菜；夹菜不能太多，也不能频频去夹一种菜；对不合口味的菜，不要露出难堪的表情。

进餐时尽可能将嘴巴闭合，吃时不要发出不必要的声音。喝汤时“咕噜咕噜”，吃菜时嘴里“叭叭”作响，这都是粗俗的表现。食物或汤过热，不可用嘴吹，待稍凉后再吃；不宜把许多食物同时放入口中；吃剩的骨头、残屑等物不要直接吐在桌子上，可用餐巾掩口，用筷子取出来放在碟子里；进餐过程中不要玩弄碗筷；不要用手去嘴里乱抠；用牙签剔牙时，应用手或餐巾掩住嘴。

（5）交谈。边吃边谈是宴会的重要形式，销售人员应当主动与同桌人交谈，特别注意同主人方面的人交谈，不要总是和自己熟悉的人谈话。话题要轻松、高雅、有趣，不要涉及对方敏感、不快的问题，不要对宴会和饭菜妄加评论。

（6）退席。用餐结束后，应该等到大家都放下筷子，待主人示意可以散席，才可离座。在主人还没示意结束时，客人不能先离席。

退席时，一定要等主要客人先走或者留意主人的暗示。有事提前退席，则应悄悄向主人说明一下或事先打招呼，以不惊动其他客人为原则。

【特别训练】

请客户吃饭，应注意以下事项：

1. 事先应了解客户的饮食习惯

一般南方沿海地区像福建、广东人爱吃甜味的菜，而北方人则口味较重，菜要放盐多一点。四川人偏爱辣的，一顿饭没有辣的，他会觉得吃得不过瘾。如果实在不知道对方的饮食习惯，也可直接询问客户或由客户自己来点菜。

2. 喝酒要照顾到客户的酒量

酒席中，遇酒量大的客户可以奉陪一下；遇到酒量小的客户，如果你强行劝酒，他一定会非常反感。此外，喝酒的过程中，自己要注意控制酒量，以免先醉倒而在客户面前出丑。

3. 请客要请到点子上

与其花大笔钞票请客户到大饭店、大酒家去吃饭，还不如在一些有当地特色的饭店或比较出名的饭馆请客户。

4. 饭后要送客户回家

送客户回家，一则是出于礼貌，二则为了客户的安全起见，一定要负责到底。这也是与客户增进感情的一个好机会。

五、营销舞会——舞出气质

【导入案例】

小王是一个很帅气的小伙子，穿着很时髦。一次，他穿了一件漂亮的大衣，恰逢周末公司举行舞会，许多关系单位与客户都参加。当他来到会场时，只见大家都已在翩翩起舞，气氛非常热烈。于是小王兴致勃勃地邀请一位女士跳舞，那位女士看了他一眼，礼貌地拒绝了他。接着小王又邀请了另外两位女士跳舞，结果都被拒绝了。

【要点总结】

舞会，是一个高尚且讲究礼仪的社交活动；舞会，无疑也是展示魅力的场所。参加舞会必须要严格遵守舞会礼仪的基本规范，否则就会失敬于人，令人见笑。一般而言，舞会礼仪规范主要包括修饰、邀人、拒绝、舞姿等几个方面。

1. 修饰

无论是男士还是女士，参加舞会之际，都必须先期进行必要的、合乎惯例的个人形象修饰。修饰的重点主要在以下三方面：

（1）仪容。在仪容方面，舞会的参加者均应沐浴，并梳理适当的发型。男士务必要剃须，女士在穿短袖或无袖装时须剃去腋毛。特别需要强调的有两点：其一，务必注意保持口腔清新，如保证没有口臭、酒味等，并禁食气味刺激的食物。其二，外伤患者、感冒患者以及其他传染病患者不要参加舞会，否则不仅有可能传染他人，而且还会影响大家的情绪。

（2）化妆。舞会参加者最好都要根据个人的情况，进行适度的化妆。男士化妆的重点通常是美发、护肤和祛味。女士化妆的重点主要是美容和美发。由于舞会大都是在晚间举行，在灯光闪烁下起舞，舞会上的光线一般都比较幽暗，所以与家居妆、上班妆相比，舞会妆要相对画得浓烈一些。参加化装舞会化舞会妆时，仍须讲究美观、自然，切勿搞得新奇怪诞，令人咋舌。

（3）服装。一般来说，无论是男士还是女士，参加舞会都必须做到着装干净、整齐、美观、大方，选择与舞会氛围相协调的服装。

①男士。可以穿比较正规的深色、深蓝、灰色西装，显得大方、文雅，而灯芯绒或格子呢质地以及在肘部打补丁的休闲西装则不宜出现在十分正规的舞会上。如果在夏季，可以穿淡色的衬衣，打领带，最好穿长袖衬衣。即使再热，男士也必须穿长裤参加舞会，穿西装短裤或沙滩裤跳舞是很不礼貌的。另外，男士还要把皮鞋擦亮。

②女士。最好穿便于翩翩起舞的裙装或旗袍，搭配颜色协调的高跟皮鞋，能使步态和舞姿显得更加飘逸动人。有条件的话，还可以穿格调高雅的礼服、时装、民族服装。若举办者对此有特殊要求的话，则需认真遵循。

此外还要注意以下几个问题：在舞会上，通常不允许戴帽子、墨镜或者穿拖鞋、凉鞋、旅游鞋。在较为正式的民间舞会上，一般不允许穿外套、工作服。服装过露、过透、过短、过小、过紧，动一动就有可能令自己“春光外泄”，既不庄重，也不合适。

2. 邀人

在舞会上，邀请他人与自己共舞，是其参加者必做之事。在邀请舞伴时，销售人员要注意以下问题：

（1）邀请禁忌。邀请舞伴时，最好是邀请异性。通常讲究由男士去邀请女士，不过女士可以拒绝。此外，女士也可邀请男士，男士却不能拒绝。

在较为正式的舞会上，尤其是在涉外舞会上，同性之人切勿相邀共舞。两位男士共舞等于宣告他们不愿意邀请在场的任何一位女性，无形中表明他们有异乎寻常的关系。两位女士也应尽量不共舞，尤其是在有外商的情况下以及在国外的舞会上。

根据惯例，结伴而来的一对男女，只要一同跳第一支舞曲就可以了。从第二支曲子开始，销售人员需要通过交换舞伴去扩大自己的交际面。如有必要，大家还可以在演奏舞会的结束曲时再同跳一次。

（2）邀请方法。邀请他人跳舞，应当力求文明、大方、自然，并且注意讲究礼貌。千万不要勉强对方，尤其是不要出言不逊，或者与其他人争抢舞伴。

一般来说，邀请舞伴时，有两种具体的办法可行。

①直接法。即自己主动上前邀请舞伴。可先向被邀请者的同伴含笑致意，然后再彬彬有礼地询问被邀请者："能否有幸请您跳一支舞？"

②间接法。自觉直接邀请不便或者把握不是很大时，可以托请与彼此双方相熟的人士代为引见介绍，牵线搭桥。

不论采取何种方法请人，均须保持风度，遵守先来后到的顺序，礼让邀请。

（3）舞伴选择。在舞会自行选择舞伴时，不要急于行事，最好是先适应一下四周的气氛，细心地观察。一般说来，以下八类对象是自选舞伴之时最理智的选择：

①年龄相仿之人。年龄相似的话，一般是容易进行合作的。

②身高相当之人。如果双方身高过于悬殊，难免会令人感到尴尬难堪。

③气质相同之人。邀气质、秉性相近的人一同共舞，往往容易亲近，产生好感，从而和睦相处。

④舞技相近之人。在舞场，舞艺相近者"棋逢对手"，相得益彰，有助于更好地发挥技艺，产生愉悦的心情。

⑤少被邀请之人。邀请较少有人邀请之人，既是对其表示重视，也不易遭到拒绝。

⑥未带舞伴之人。邀请未带舞伴的人共舞，成功的机会往往是较大的。

⑦希望结识之人。想结识某人的话，不妨找机会邀对方或其同伴共舞，以舞为桥，接近对方。

⑧打算联络之人。在舞会上碰上久未谋面的旧交，最好请其或其同伴跳一支曲子，以便加强今后的联系。

除以上几种情况之外，在舞会上倘若发现有人遇上异性的纠缠骚扰，最得体的做法是挺身而出，主动邀请被纠缠者跳一支曲子，以便“救人于水火之中”。

（4）顺序。在较为正式的舞会上，根据舞会礼仪的规定，人们除了要与自己一起来的同伴同跳开始曲、结束曲，或是可以酌情自择舞伴之外，还须按照某些既定的顺序，去“毫无选择”地邀请其他一些舞伴。以下是男士邀请舞伴的合礼顺序：

①就主人方面而言，自舞会上的第二支舞曲开始，男主人应当前去邀请男主宾的女伴跳舞，而男主宾则应回请女主人共舞。接下来，男主人还需依次邀请在礼宾序列上排位第二、第三……的男士的女伴，男宾应同时回请女主人共舞。

②就来宾方面而言，有下列一些女士，是男宾应当以礼相邀，共舞一曲的。一是舞会的女主人，二是被介绍相识的女士，三是自己旧交的女伴，四是坐在自己身旁的女士。以上女士若被男宾相邀后，与其同来的男伴最好回请该男宾的女伴。

3. 拒绝

舞会是通过跳舞交友、会友的场合，所以在舞会上女士不能轻易拒绝他人的邀请。女士可以拒绝个别“感觉不佳”的男士的邀请，但要注意分寸和礼貌用语，要委婉地表达。

当碰到两位男士同时发出邀请时，从国际礼仪的角度考虑不难解决，女士面对两位或者两位以上的邀请者，最能顾全他们面子的做法，是全部委婉地谢绝。要是两位男士一前一后走过来邀请，则可以“先来后到”为顺序，接受先到者的邀请，同时诚恳地对后到的人说：“很抱歉，下一次吧。”并要尽量兑现自己的承诺。

4. 舞姿

参加舞会时，不仅要舞姿优美，表现也必须优雅大方。在舞场上男士邀请女士跳舞，步入舞池的时候，女士必须在先，男士在后，并由女士选择跳舞的具体方位。而在跳舞的过程中，则应由男士带领在先，女士配合在后。跳舞时双方的行动方向、旋转的方向应按照逆时针方向进行，这样才能确保舞池的正常秩序，不至于发生跳舞者互相碰撞及拥挤的状况。同时，还要注意与其他跳舞的人保持适当的距离，以防相互影响。万一不慎碰撞或踩踏了别人，应当立刻向对方道歉或微微点一下头表示歉意。如果是他人不慎碰撞或踩踏了你而向你道歉，则应当大度地向对方表示“没关系”。

在跳舞的时候，身体应该保持平衡，心情要放松、愉快，跟着音乐轻轻移动脚步，步法不要零碎、杂乱。在需要前进或后退的时候要移动自如，要认真准确地迈出脚步、分配身体重心。要掌握旋转方向的技巧，在变换方向时，应记住要以自己前脚掌为轴心进行转动。跳舞时，每个人的舞姿应文明规范。跳舞时的具体动作，要与当时演奏的舞曲协调一致。在任何时候，都不要为了吸引他人的注意而标新立异、乱跳一气。尤其不要做出怪异、粗野甚至色情的舞蹈动作。

进入舞池后，与他人共舞时，言行一定要检点，不可失敬于对方。注意舞姿的同时，更要注意双方身体之间的距离，在舞会上最能体现一个人的绅士风度。例如，跳舞中要保持一定的距离，左手轻扶舞伴的后腰（略高于腰部），右手轻托舞伴的右掌，尤其在旋转的时候，男士一定要舞步稳健，动作协调，同舞伴一起享受华尔兹的优美。万一发现女士晕眩，男士一定要做好“护花使者”，把她护送回原位。在一支曲子结束后，要礼貌地将女士送回原座位，道谢后，再去邀请另一位女士。

不论与舞伴是何种关系，两个人在一起合作跳舞时，一般要保持一定的距离。除必要的以手互相持握外，身体的其他部位都要保持大约一拳左右的间隔。男士不能借机对女士又拉又抱，女士则不宜主动贴向男士。双方都不应当在跳舞时贴面、贴胸、贴腹，有意粘在一起。除交谈之外，在跳舞时切勿长时间地紧盯着舞伴的双眼。万一碰到了双方身体的其他部位，应立即为自己的不慎向对方表示道歉。

如果舞会有乐队演奏，一曲舞毕，跳舞者应首先面向乐队立正鼓掌，以示感谢后，方可离去。

【特别训练】

对于销售人员来说，参加舞会时，不仅要尽情娱乐，更要展开广泛的交际活动。在舞会遇到老朋友、老客户时，除了要邀请对方或与其同伴共舞一曲之外，还要在休息的时间与对方找个地方叙叙旧，致以必要的问候，加强感情沟通，进行信息交流。一定不要抽烟，乱扔果皮，不要大声喧哗，不要在场内来回走动，更不要拉住朋友长谈不止。

在舞会上结交新朋友、新客户，通常可以采取三种方法。一是主动把自己介绍给对方，二是请主人或其他与双方熟悉的人士代为介绍，三是通过邀请舞伴的方式直接或间接地认识对方。在舞会上结识新朋友后，可略作交谈，一般不宜立刻展开长时间的深谈。谈话内容应以赞扬对方的舞技、表扬乐队的演奏、谈论舞会的环境等为主，也可以进行简短的自我介绍。但是，在交谈时不宜打探对方的个人隐私、贬低他人或自我吹嘘。

出席舞会，在时间上一般没有严格的要求，比较自由灵活，稍微晚一点儿参加是允许的，也可以中途退场。但是参加朋友的私人舞会或者正式的大型舞会，最好能准时到达。

那么，什么时间离开舞会比较合适呢？一般来说，朋友的私人舞会最好是坚持到舞会结束后再离去，这是对朋友的尊重和支持。至于其他舞会，不要只跳一支曲子，可视具体情况觉得尽兴就可以了。

第三节　与客户的私下应酬礼仪

销售人员与客户有目的的娱乐活动往往是商谈的前哨战场，通过这些私人交际，可以建立良好的私人关系和友好的工作关系。现代商场中与客户进行私人交往的形式，一般有陪客户打高尔夫球、保龄球、同客户一起参加健身等娱乐活动。

一、高尔夫应酬礼仪

【导入案例】

销售人员小孟是一名高尔夫初学者，迄今为止只打过两场球，还是陪同经理与客户一同玩的。在此之前，小孟的朋友为他讲解了诸如注意打球速度等高尔夫礼仪。第三次陪同客户和经理打球，在打到第9洞时（正对着会所），由于小孟头一次打了个实打实的成绩——超标准杆两杆的6杆，一时得意忘形，竟然拉起手拉车就走上了果岭，在果岭上轧出一道两三米长的车印。直到经理发现示意他下来，小孟才赶紧连人带车离开了果岭。这时，一位在会所里目睹了整个过程的球场职业教练冲小孟走来，开始大声斥责小孟，让经理和客户都很尴尬。小孟回到会所后，极力向那位教练解释这是他第三次上场，还没有了解高尔夫规则礼仪的全部内容，并连连道歉。教练后来勉强接受了小孟的道歉。

自此之后，小孟很是下了一番工夫来认真学习高尔夫的礼仪规则。

【要点总结】

在中国，麻将曾经一度是应酬的方式之一，但是随着高尔夫运动的出现和发展，这些要应酬的人们也终于从麻将桌上解放出来，同时也告别了烟熏缭绕的环境。高尔夫让人们在谈生意的同时还能健康身心，因而成为销售人员与客户的主要应酬方式之一。

高尔夫运动不同于其他体育运动，除了有着一套严格的打球规则外，还有一套完整的礼仪规范约束着上场的球手，无论是打球时的礼让规则、尊重同伴和对手规则，还是打球时呵护草地、果岭、沙坑等，都无一不体现着时时尊重他人、处处关爱同行、举止有礼、诚实豁达的绅士精神。因此高尔夫也被称为“绅士运动”。

销售人员在陪同客户玩高尔夫球时要注意以下礼仪规则：

1. 场所选择

邀请客户打高尔夫时，要留意客户的实力、喜好等。调查客户的实力、输赢时的反应、气质，以便己方可以组成相应的组员。选择球场时要注意到交通的便利，最好选择客户住址附近的球场。迎接时可用自用车或计程车，比约定时间早5 ~ 10分钟到达客户的家或办公室。如果在球场会合，则应先行在大厅等候。

2. 熟知上场礼仪

除了打球技巧，掌握一些高尔夫会所的基本规矩和常识是十分必要的。

（1）打球时的穿着。打高尔夫球对着装有特别的规定，所以，无论是在国内还是国外，如果是第一次去某个球场打球，最好打电话询问下会所对球员服装是否有特殊规定。一般会员制俱乐部通常要求上身穿着有领有袖的T恤衫，不允许球员穿圆领汗衫、吊带背心、牛仔系列服装、超短裙等过于休闲的服装上场。有些俱乐部还规定不允许穿任何式样的短裤上场，有些则对短裤的样式和长度有所规定，所以棉质的休闲长裤是最合适的选择。至于高尔夫球鞋，最好是特制的胶钉球鞋，这样有利于保护草坪。

（2）预订发球时间并准时到达。打高尔夫球一般都需要提前预订打球时间，所以你至少应在预订的发球时间之前 30 分钟抵达会所，并在 10 分钟之前到达出发站等候工作人员，通知开球。

（3）关闭手机。球场上应尽量避免携带手机，除非你是在等一个很重要的电话，否则建议你在高尔夫会所里关掉手机，将其锁进衣帽间。如果必须携带，上场之前要关掉铃声，以免影响他人。

（4）保持球场清洁。任何时候都应切记保持球场清洁，将烟头等杂物扔到球场在发球区或其他地方设置的垃圾筐内。若场上找不到垃圾筐，就请收集在事先准备好的废物袋中，打球完毕后带回会所处理掉。一个真正的绅士，绝对不会留下任何垃圾在运动区域。

3. 打球时礼仪

以下几点，是高尔夫球场上应遵守的基本礼仪：

（1）击球或挥杆前，应先确定近旁无人站立或远处无人立于球可能击到之处，并检视地上是否有石块、小卵石、树枝等，以免挥杆触及飞起而伤及他人。

（2）客户击球时，不可在其后方徘徊，或盯着看打击路线，也不要高声喧哗妨碍客户。

（3）前组球员未走出落球距离之外时，后组不得击球，并在快接近前面组队时，应将速度放慢下来。

（4）当你前组球友把使用过的球道、果岭、沙坑回复原状，而不至于影响你的击球时，你将会快乐而顺畅地打完 18 洞。

（5）击出之球不易找到时，应立即做手势让后组球员先行通过。找球时间未达 5 分钟时，即应做此手势，等后组球员通过并远离落球距离后，才可继续击球。

除了以上几点外，还有很多细节需要销售人员多多学习并在球场上细心揣摩体会。高尔夫礼仪，使人们的情操受到了熏陶。当你在打球礼让他人的时候，当你在击球后小心翼翼地修复击球时损坏了的草坪的时候，你是在为别人着想，这时你也许没有意识到，你的举动拉近了你与客户心中的距离。

【特别训练】

打高尔夫球时销售人员要注意：

（1）遵守既定的规则和礼节，不能超出礼数令客户反感。对方打球的时候，不能在一旁自顾自地练习，或喋喋不休地说个不停，让客户耳根子不得清静。客户打出好球，应称赞几句；打坏了，要安慰他“没有关系，慢慢来”。

（2）自己打完一球后，不能懒散地在一边踱来踱去，或与他人闲聊，应站于客户身旁，对他的球表示关注。

（3）切忌打球时谈及交易。客户打球兴趣正浓，而你偏偏不知趣地谈起生意，会令客户感到心烦，肯定不会有什么好脸色给你，那么你的生意也就有危险了。

二、健身房应酬礼仪

【导入案例】

一位有五年保险经验的保险代理人，一直保持极佳业绩，拥有好几百位客户，而且客户还在以更快的速度递增，客户很信任她，常为她介绍其他保险客户。当别人问及为什么客户会对她信任时，她说：“我与客户经常交流，他们有困难时，我会主动积极地尽我所能地提供帮助。我与客户建立了很好的私人友情，经常与他们一起去郊游、爬山、打保龄球、健身等，我们的关系非常融洽。而这些好朋友还会为我介绍更多的朋友加入我们这个团体，他们大多也已经成为我的客户。”

【要点总结】

时下越来越多的人开始恋上健身房，甚至连销售人员应酬客户也开始步入健身房。出入健身房就要懂得其中的礼仪规范。

1. 注意着装得当

去健身房，如果你既想穿着舒适，又想保持潮人本色，就要多花一点心思在运动服饰上。

上身选择一件透气好、时尚的T恤会让你看起来与众不同。T恤的面料很重要，最好是棉质的，而且要合身，太宽松或者太紧都不好。T恤的颜色应尽量避免白色。

对于女性来说，运动时穿紧身裤是个不错的选择；男性则最好选择刚刚盖过膝盖的棉质短裤，长运动裤也可以。

除了运动鞋外，不要穿任何其他鞋子，因为运动鞋可以保护你的脚。袜子最好选择白色棉袜，或者是与白色相近的袜子，有颜色或者有图案的袜子都不适合健身房。

2. 把器械归位

无论任何时候，当你使用完哑铃、杠铃、壶铃时，一定要细心地将这些器材放回原位。记住，其他的俱乐部成员是来这里锻炼身体的，并不是来这里“寻宝”。你一时的不注意，将给其他人带来诸多不便。

3. 不要霸占着任何器械

健身房是公共社区，所有东西都是共享的。你可以按照计划有效地进行组数锻炼，锻炼—休息—锻炼，不停重复这三点一线的动作，这样既可以让身体得到恢复，又可以让其他人也能从你使用的器械上得益。

4. 不要打扰其他人

帮助别人是美德，但在健身房这种专业人士聚集的场合就要注意了。在你帮助别人前，请确保你在那方面有足够的知识。举例来说，当你要为一个正在练习举重的健身者提供帮助时，你不能仅仅只懂得简单的举重动作，也要懂得如何处理砝码。这一点尤其重要。如果你不够专业，你的帮助将毫无意义，而且对于举重者来说也是件危险的事。

提意见也是如此。如果你想给别人提意见，应该在你发现那个人的做法会伤害到身体时给出意见。记住，在健身房里，你不是学识最渊博的人。如果你确实觉得实在想提出自己的想法，那么请用建议的方式来提出你的意见：首先要礼貌地肯定他们正确的健身技巧，然后再对错误的技巧提出你的看法。

5. 擦掉器械上的汗水

为了让自己和其他人更加舒服地健身，运动完后请用健身房提供的消毒剂把器材上的汗水擦拭干净。同时，在使用前，你也可以先垫上自己带的毛巾，避免身体和机械直接接触。

最后要注意的是，当你休息时，不要坐在器械上，因为其他人可能需要使用它。

【特别训练】

健身房不是社交俱乐部，销售人员陪同客户来这里并不是来交谈而是来健身的。因此，与客户交谈应该简短，而且限制在组群锻炼的中场休息时间内，如此才不至于打断客户的锻炼。

三、娱乐场所应酬礼仪

【导入案例】

销售员小吴和同事小李陪同几位客户参加舞会，其优美的舞姿惊艳全场。场上两位男士同时向小吴发出了邀请，小吴礼貌地婉言谢绝："对不起两位，我想休息一下。"等这支舞曲结束后她又应邀与其他人共舞。一般而言，如果是两位男士一前一后走过来邀请，则可以"先来后到"为顺序，接受先到者的邀请，同时诚恳地对后面的人说：很抱歉，下一次吧。并要尽量兑现自己的承诺。但是当一位女士面对两位或者两位以上的邀请者时，最能顾全他们面子的做法，就是全部委婉地谢绝。

【要点总结】

1. 音乐茶座、KTV 礼仪

音乐茶座、KTV 等娱乐场所和正规的影剧院、音乐厅相比，气氛更为轻松、和谐，自娱的成分较重。为此，进出者尤应注意自身的文明和礼貌。

（1）要尊重演员的劳动。当演员演唱的节目不合自己的心意或者表演中发生失误时，要充分给予谅解，不能起哄、喝倒彩、吹口哨或发出嘘声。当听到满意的节目时，要安静地进行欣赏，不能狂呼乱叫，用脚踏拍或高声附唱，也不要与人抢点节目，更不能要求演员唱趣味低级的歌曲。在达不到自己的要求时，如做出有失检点或公然侮辱演员的事，更是有损于自身人格和形象的行为，应当自制。

（2）要遵守社会公德。不论出入何种音乐茶座，都要讲究礼仪，语言文明，举止得体。对演员或服务员不能有丝毫挑逗和戏弄的行为。要自觉维护公共秩序和卫生。喝咖啡等饮料和吃点心时，要注意坐姿和吃相，不能勾肩搭背或做出狼吞虎咽的样子，也不要摇动椅子，甚至不顾体面地将脚搁在桌子上。

（3）不能当麦霸。自己无论唱得多好，也不能独霸麦克风。不要只点自己喜欢的歌曲，一定要让大家都有机会，而且在别人唱时，要认真欣赏。别人唱时，切不可抢过麦克风。最后，别人唱完应该给予掌声鼓励。

2. 酒吧礼仪

酒吧是休闲之所，但是不能随心所欲。在酒吧里，需要注意的事项有：

（1）酒吧不是大摆宴席的场所。如果你打算私下请客户，那最好是去酒楼、饭店，那里天南地北各种佳肴一应俱全。而酒吧通常只供应饮料和平常糕点，吃，在酒吧只是一种娱乐的辅助。

（2）若向酒吧里的歌手点歌，你应该叫来服务员，让他向歌手转告你的意见。给歌手小费，也不可直截了当，应该把钱夹在纸里，最好藏在一束鲜花中送到歌手面前。把钱塞给歌手或扔到台上都是不礼貌的行为。

（3）由于酒吧特定的氛围，特别强调与异性交往的礼节，应注意举止端庄大方，言语彬彬有礼。在酒吧里跳舞，以请同来的女伴为宜。酒吧舞池不同于特别举办的舞会，它不是以社交为目的，一般不请不相识的人共舞。在国外，女性一般是不单独去酒吧的。

（4）仿西式的酒吧，柜台前都设有不带背的单腿皮凳，顾客可以坐在柜台前喝酒。这是一种方便的设施，是为那些没有时间久留的人准备的。如果坐在上面喝酒说笑，影响服务员的工作，那样就不好了。

3. 舞厅礼仪

（1）参加舞会，女子可以化淡妆，穿得漂亮些。男子也应适当讲究，一般穿西服，显得大方、文雅。头发要梳整齐。口腔和身上无蒜味、酒气，洒些香水是适宜的。

（2）国外正式的舞会，第一个舞曲，都是由高位开始，主人夫妇、主宾夫妇首先共舞，第二场主宾夫妇交换共舞，第三场才开始自由邀舞。

（3）邀舞一般都是男士邀请女士共舞。邀人跳舞时应彬彬有礼，姿态端庄。走至女方面前，微笑点头，以右手掌心向上往舞池示意，并说："可以和你跳个舞吗？"对方同意后即可共同步入舞池。如果对方婉言谢绝，也不必介意，更不应勉强。女士被人邀请是对自己的尊重，一般不应拒绝。

【特别训练】

如果与客户去听音乐会，最好穿着比较正式的服装，男士们穿西装、打领带，女士们穿典雅含蓄的套装。

音乐场所提供的服务具有明显的时效性，只要演奏厅的大门关上，哪怕是迟到一分钟，也必须在外面等候恰当的时机才能入内，有时甚至要等到中场休息。

照相时不能使用闪光灯，以免打扰演奏者的尽情发挥。一旦有这种情况出现，演奏者有权利选择退场罢演。

谁都不想在听音乐会时被某些观众带来的孩子们吵闹声或吃食物声等扰乱，

而安静倾听也是音乐会最起码的礼仪，这不仅表示对演奏者和其他观众的尊重，也间接表达了自己的修养。所以，在音乐会中发出噪音是很不礼貌的。因此欣赏音乐会的同时，最好是和看电影一样将手机暂时关闭，尽量减少在演奏进行中交头接耳地交谈与走动，以及发出其他不必要的声音。

欣赏交响乐作品或组曲时，不要在乐章之间鼓掌，因为对于篇幅较长的作品而言，一个段落的结束，只表明情绪或速度的变换，并不是完全的停止。如果拿不准何时鼓掌，就跟着别人鼓掌。全部作品结束时要鼓掌，这是显示您具有欣赏力的时候，演奏者有可能因热烈的掌声而返场并加演曲目。

第七章

走出国门：涉外销售礼仪

第一节　涉外礼仪基础

【导入案例】

某外贸企业的销售人员小何，应邀到一位日本客户家共进晚餐。进餐时，客户的父亲夹菜到小何面前，小何立刻伸出筷子去夹，谁知客户父亲立即火冒三丈地拍掉了小何的筷子，怒气冲冲地回了房间，客户的母亲也相继离开了饭桌。小何顿时手足无措，她知道肯定是自己刚才的举动有问题，但她又不知道是什么原因。原来在日本筷子对筷子夹菜，那是和夹骨灰、接骨头的意思相同，是一件极为禁忌的事。

【要点总结】

一、涉外礼仪原则

涉外礼仪是指企业或个人在对外交往和涉外工作中，在维护国家、企业及个人形象的前提下，所执行的向外商表示尊重、友好与礼貌的各种礼节、仪式及其惯用形式。虽然在对外交往中各式各样的礼仪纷繁复杂，但万变不离其宗，只要掌握一些基本原则，就能理解规范背后的含义，在行动中会更加文雅大方、彬彬有礼。

1. 不卑不亢原则

不卑不亢，是涉外礼仪的一项基本原则。它的主要要求是：每一个人在参与涉外交往时，都必须意识到自己在外商眼里，代表着自己的国家，代表着自己的民族，代表着自己所在企业。因此，言行应当从容得体，堂堂正正。在外商面前既不应该表现得畏惧自卑、低三下四，也不应该表现得自大狂傲、放肆嚣张。

中国人待人接物一般讲究含蓄和委婉，还特别客套、热情，而西方人则一般较外向且讲究实事求是。因此在涉外交往中，我们还要把握好热情友好的分寸，使对方感到亲切、自然，否则，事与愿违，过犹不及。

2. 入乡随俗原则

入乡随俗，是国际交往中的一条很重要的礼仪原则。出国或在国内接触外商，都要尊重对方的风俗习惯与礼节。由于不同国家的社会制度差异、文化习俗有别，思维方式与理解角度也往往差别较大。因此，每到一个国家或接待来自某一国的客人，都要事先了解该国的礼俗，即使相当熟悉的友人，也应注意基本礼仪。在交往中相互尊重，谨慎从事，不能不拘小节或超过限度。如美国人有三大忌：一是忌有人问他年龄，二是忌问他所买东西的价钱，三是忌在见面时说“你长胖了”。这是因为：前两忌是个人私事，不喜欢他人干涉；后一忌是美国有“瘦富胖穷”的观念。

3. 信守时间原则

涉外交往中，取信于人，既是显示自我良好表现，也是奠定交往对象彼此之间的良好关系的基石。信守时间，遵守约会，就是取信于人的一项基本要求。

要遵守信守时间的原则，重要的是要做好以下几点：

（1）在有关时间的问题上，不可以吞吞吐吐、含含糊糊、模棱两可。

（2）与外商交往的时间一旦约定，即约会一经订立，就应千方百计予以遵守，而不宜随便加以变动或取消。

（3）对于双方之间约会的时间唯有正点到场方为得体，早到与晚到，都是不正确的做法。

（4）在约会期间不允许早退。

（5）万一失约，务必向约会对象尽早通报，解释缘由，并为此向对方致歉，绝不可以对此得过且过，或者索性避而不谈，显得若无其事。

4. 女士优先原则

“Ladies first”即女士第一或女士优先，这是国际礼仪中很重要的原则。

女士优先的核心是要求男士在任何场合、任何情况下，都要从各个方面尊重、照顾、帮助、保护妇女。在社交场合遵从女士第一的原则，可以显示男子气质与绅士风度。

男女同行时，男子应走靠外的一侧。不能并行时，男士应让女士先行一步。在开门、下车、上楼或进入无人领路的场所、遇到障碍和危险时，男士应走在女士前面。乘坐计程车或其他轿车时，应让女士先上车；下车一般是男士先下，然后照顾女士下车。在门口、楼梯口、电梯口及通道走廊遇到女士，男士应侧身站立一旁，让其先行。在需要开门的场合，男士应为女士开门。

在社交聚会场合，男士看到女士进门，应起身以示礼貌；当客人见到男女主人时，应先与女主人打招呼。

就餐时，进入餐厅入座的顺序是，侍者引道，女士随后，男士“压阵”。一旦坐下，女士就不必再起身与别人打招呼，而男士则需起身与他人打招呼。点菜时，应先把菜单递给女士。女士在接受男士的礼让时，不能过分腼腆与羞怯，应面带笑容道谢。

5. 维护个人隐私原则

在国外，人们普遍是讲究崇尚个性、尊重个性的，其一大基本做法就是主张个人隐私不容干涉。个人隐私，泛指一个人不想告之于人或不愿对外公开的个人情况，在许多国家里，它受到法律的保护。因此，在与外商交谈中应回避涉及个人隐私的任何话题。具体来说，就是要做到“五不问”：一不问年龄，二不问婚否，三不问去向，四不问收入，五不问住址。

二、涉外礼仪要求

从涉外营销交往的角度来看，涉外礼仪的基本要求是尊重为本，尊重既是礼仪之本，也是待人接物之道的根基所在。不管是“坐”“请坐”“请上坐”也好，“茶”“上茶”“上好茶”也好，关键是要通过这种形式，向别人传递出尊重对方的信息。尊重在国际交往中有四个方面的要求。

1. 自尊自爱

一个人在国际交往中，不讲自尊，就不可能得到别人的尊重。只有自己尊重自己，别人才会把你当回事。有的人站没站相，坐没坐相，往客户对面一坐，不管对方是熟人还是生人、是同性还是异性，就先把腿伸出去，顺手把裤管往上一拉，露出一条“飞毛腿”。这样不顾礼仪，在国际交往中，在比较重要的场合，怎么会得到别人的尊重呢？所以销售人员首先要尊重自己。

2. 尊重自己的职业

工作分工不同，“闻道有先后，术业有专攻”。在任何国家、任何社会，真正被人家尊重的人，是有实力的人，是学有所长的人，是专业方面有本事的人。所以要爱岗敬业，这样的人才会赢得尊重，各国皆然。

3. 尊重自己的企业

在国际交往中，我们有责任、有义务维护企业的尊严和形象。

4. 尊重交往对象

销售人员不仅要自尊，而且要对交往对象表示尊重。尊重上级是一种天职，尊重同事是一种本分，尊重下级是一种美德，尊重客户是一种常识，尊重所有人是一种教养。这五个方面，涉及我们人际交往的方方面面，务必全方位地尊重他人，不能失礼于人。

【特别训练】

正式的国际交往中，依照国际惯例，将多人进行并排排列时，最基本的规则是右高左低，即以右为上，以左为下；以右为尊，以左为卑。大到政治磋商、商务往来、文化交流，小到私人接触、社交应酬，但凡有必要确定具体位置的主次尊卑时，“以右为尊”都是普遍适用的。

第二节　涉外接待礼仪

【导入案例】

某外贸公司设宴招待一位国外客户共进晚餐。席间，外商对宴会中的一道汤特别喜欢，一连喝了几碗。当他问这是什么汤的时候，陪同招待的一位销售人员直言不讳地告诉他，这是蛇汤。客户听后马上色变，胃口大伤，不得不离席而去。本来是一次友好的晚餐，却出现了这样的结局。

【要点总结】

有朋自远方来，理应热情接待。销售人员能否善始善终地迎送外国朋友，是国际商务活动成败的关键。外商来自不同的国家，其文化背景和民族传统均与我国不同，所以销售人员在涉外接待的表现方式上应有所区别，多加注意。毕竟，怠慢一位外商，可能就意味着失去一次签约的机会。那么销售人员怎样才能做好外商的接待工作呢？

一、迎送

迎送礼仪在整个接待礼仪里占有十分重要的位置。

首先，销售人员应根据外商的身份和地位来组织相应的迎送礼仪。比如，来访的是一位与企业有多年合作关系的大客户，那么，在迎送规格上就可以稍高一些，如由董事长、总经理或高于客人身份的人员出场迎送，同时迎送者的身材最好与客人相当（对那些业务往来不多而存有纠纷的客人，也不例外），以避免造成不良的印象，给企业带来不利的影响。

其次，要准确掌握来宾的时间安排，这是安排好迎送活动的重要环节。迎客时不宜过早，也不宜太迟。太早到迎接现场，客人未到，等候时间长，会浪费迎接人员的时间和精力；太迟到迎接现场，客人已到达，弄得手忙脚乱，容易出差错。更重要的是，客人等主人，这是很失礼的行为。天气情况、交通情况等因素也要考虑在内。当天气变化，飞机有可能延误时，有关人员必须和机场、码头、车站等保持联系。客人较多，应事先将车、住房都准备好，以便客人到达时，及时将房门钥匙等发至每人手中。如客人身份较高，应事先在机场、码头或车站等安排贵宾休息室，并备饮料。

来宾到达时，主要迎接人员应热情走上前去，与客人握手、拥抱，互敬问候。再将欢迎的人介绍给来宾，可由负责人来介绍，也可由主要的迎宾人员介绍，然后双方握手。客人初到，一时比较拘谨，主人应该主动与客人寒暄。迎接客人时，应注意语言上的习惯。按中国人的老习惯，在这种场合通常道一声“辛苦”。说这样的话，有的西方人听起来会感觉莫名其妙，他们会想：怎么搞的，我们刚踏上中国国土，就问我们累不累，是不是想压缩我们在中国的活动项目呢？在这种情景下，最好使用大家都听得懂、不至于产生歧义的问候语，如“欢迎你们来到××”“很高兴见到你”等。

送客时，基本环节与迎客时相仿，告别时，应待客人乘坐的飞机离开后，送客人员方可离去。

迎送工作事关重大，周到细致的迎送礼仪，能巩固来宾此行的整体印象，并留下美好回忆。因此，销售人员要在接待的整个过程中始终如一、尽善尽美地坚持礼貌待客，不能因迎送工作烦琐辛苦而流露出倦意、怠慢，更不能以营销活动的最后成败来选择工作态度。

二、称呼

在与国外客户的交往中，因为国情、民族、宗教、文化背景的不同，称呼就显得千差万别。销售人员一要掌握一般性规律，二要注意国别差异。

在交往中，常见的称呼除“先生”“小姐（称呼未婚女士）”“女士（称呼已婚女士）”外，还有两种方法，一是称呼职务，二是对地位较高的称呼“阁下”。但在美国、墨西哥、德国等国没有称呼“阁下”的习惯。另外，由于教授、法官、律师、医生、博士等职业在社会中很受尊重，可以以此直接作为称呼。

同称呼密切相关的是姓名，由于各国的习惯不同，各国的姓名也有差异。在英国、美国、加拿大、澳大利亚、新西兰等讲英语的国家里，姓名一般有两个部分构成，通常名字在前，姓氏在后。对于关系密切的，不论辈分可以直呼其名而不称姓。

俄罗斯人的姓名有本名、父名和姓氏三个部分。妇女的姓名婚前使用父姓，婚后用夫姓，本名和父名通常不变。

日本人的姓名排列和我们一样，不同的是姓名字数较多。日本妇女婚前使用父姓，婚后使用夫姓，本名不变。

三、宴请

在涉外营销交往中，宴请是最常见的交际活动形式，通过宴请可以与外商增进了解和信任，从而加强合作。因此，每一个涉外销售人员的行为举止都应该细心周到，合乎礼仪。

1. 熟知中外宴请礼俗

中外宴请礼俗各异，主要有以下几点不同：

（1）在我国，人们宴请的时候往往注重菜肴及饭菜的丰盛程度，而且热情地劝酒、劝菜；而在国外，宴请的时候，人们一般只备一两道菜，注重的是宴会上的交谈。

（2）在我国，主人宴请的时候，通常是由主人付款；而在国外，可由主人付款，也可各分担一半，或者是主人请客，大家各自掏钱，因为他们认为主人为朋友创造了一次联谊会的机会，尽了主人的服务，而朋友参加了聚会，也表示了对主人的尊重。

（3）在我国，请客吃饭的时候，即使饭菜十分丰富，主人也常常说些谦逊的话，如“今天没准备什么好吃的，请大家随便吃点”等；而在国外，主人就是简单地准备一两道菜，也常常表明自己是如何努力，如何重视，并引以为豪。

（4）在我国，主人请客人点菜的时候，客人往往担心，怕多花主人的钱而少点菜，或者是不点名贵菜；而在国外，客人会毫不客气地点菜，喜欢吃什么就点什么，客人所点的饭菜、饮料各异，不强求一致。

2. 明确宴请形式

涉外营销宴请活动多种多样，应根据客户的不同安排不同的形式。目前国际通用的宴请形式很多，有宴会、招待会、茶会、工作餐等。宴会又有国宴、正式宴会、便宴、家宴之分；按举行的时间又有早宴、午宴、晚宴之分。具体采用什么形式，主要根据邀请对象、活动目的以及经费开支等多种因素而定。但切忌形式不明确，搞得不伦不类，使得主客不悦。因为，一种形式有一种标准、一种要求、一种目的。所以，为了达到宴请的目的，事先一定要把宴请目的、名义、对象、范围、形式商量好。既要达到目的，也不要浪费，能简化的尽量简化，提倡多举办冷餐会和酒会代替宴会。

（1）宴会。正式宴会通常以午宴和晚宴为主，而晚宴是最为正式隆重的；便宴为非正式宴会，通常为午宴或晚宴。可在饭店或主人家里举行，宴会形式简便，不排座位，菜肴可多可少，可不备菜单。

（2）招待会。招待会有冷餐会、酒会之分。冷餐会也称自助餐，通常在较大的宴会厅举行，出席人数较多，设餐台和酒台，不排座位，食品以冷食为主，也可适当加一两道热菜。进餐时，客人自取餐具和食品，可站立，可边食边谈，可自由走动。酒水由服务员端送，也可自取。视情况可在宴会厅适当的地方摆些圆桌、坐椅，供主宾或年纪较大的人使用。招待会可在室内，也可在室外举行。酒会，又称鸡尾酒会，以各种饮料为主，由服务员端送小吃。

（3）茶会。除茶和其他饮料外，主人可备些小吃或点心招待客人。茶会上所用的茶具比较讲究，通常用陶瓷器皿的茶具，不用玻璃器皿。

（4）工作餐。工作餐是企业界常见的宴请形式，特别是一边用餐一边谈问题。有的工作餐在会议桌上进行，工作餐可排座位，也可自由入座，目的在于方便交谈，通常不邀请夫人参加。

3. 选择宴请时间和地点

一般来说，宴请的时间应适合主客双方。销售人员要注意不能选择对方的重大节假日、有重要活动或有禁忌的日子和时间。例如，对信奉基督教的人士不要选 13 号，更不要选 13 号、星期五。伊斯兰教在斋月内白天禁食，宴请宜在日落后举行。

宴请地点的选择，根据宴请形式一般应安排在宾馆或主人家内举行。其余则按活动性质、规模大小、形式、主人意愿及时间而定，但要能容纳全体人员。

宴会厅外最好有休息厅（又称等候厅），供宴会前简短交谈用，待主宾到达后一起进宴会厅入席。

4. 发请柬

各种宴请活动，事前均应发请柬正式邀请。这样既是礼貌，也对客人起提醒、备忘之用。请柬上应注明时间、地点、单位名称或主人的姓名等。若所选的地点不易找到，应在发出请柬时详细向客人说明。

正式宴会最好能在发请柬之前就排好席次，并在请柬上注上席次号。在座次上安排客人坐上首，由主人陪同；一般以主人右方为尊，也可根据宾客的身份、地位做适当安排。

为了及时落实出席情况，以安排或调整席位，最好在请柬发出之后用电话询问能不能出席。切忌不发正式邀请，双方都含含糊糊。

参加宴请，应由本人出席，如因事不能出席，事前应告知主办人，表示歉意，如非特殊原因和特殊关照，切忌安排他人代为出席。

5. 安排菜单

成功的宴请必须事先了解外商的特点、爱好，尤其注意客人的饮食忌讳，要根据客人的爱好、忌讳安排菜单。外商不爱吃的东西主要三类：一是触犯个人禁忌的菜肴，二是触犯民族禁忌的菜肴，三是触犯宗教禁忌的菜肴。宴请前最好先弄清楚，千万不可疏忽大意。

6. 讲究宴会礼节

（1）收到宴会请柬，必须及时回复，用书面或电话回复都可以，如不能应邀，应说明理由，并表示歉意。

（2）参加宴会要根据主人的要求穿着服装。

（3）如属小型宴请，必须准时抵达，迟到不得超过15分钟，到达后应向主人表示歉意。

（4）进餐前，必须事先了解酒店的桌子和席位，并核对座位上是否是自己的名字。入席以后应该与同席的人打招呼、握手、换名片或者自我介绍。宴席上，当主人或主宾讲话或祝酒时，其他人员应暂停进餐和交谈，并全神贯注地听讲话，以示尊重。

（5）要正确使用餐具。在中国，通常请外国人吃中餐，以“中国餐西吃”为主，摆碗筷时，不要忘记放刀叉。刀叉的使用是右手持刀，左手持叉，将食物切成小块，用叉送入口中。

（6）进餐时，不要狼吞虎咽，要量肚取菜，细嚼慢咽；当嘴里有食物时，不要和别人说话；用餐动作要文雅，当吃鸡或龙虾时，经主人示意，可以用手撕着吃，否则得用刀叉把肉割下来，切成小块吃；切带骨头或硬壳的肉时，叉子一定要把肉叉牢，刀紧贴叉边下切，以免滑开，切时注意不要用力过猛，不要让刀叉、汤匙碰撞盘子发出响声；不要劝酒，中外饮酒习俗有差异，对外商可以敬酒，不宜劝酒，尤其是不能劝女宾干杯；喝汤的时候切忌出声；在宴会上，上鸡、水果、龙虾时，有时会送上一小盅水，水上漂着玫瑰花瓣或柠檬片，那是供洗手用的，切不要将其当作饮料。

（7）如果要抽烟，必须征求主人的意见，只有主人尤其是在场的女士们不介意时方可抽烟。

（8）喝茶或喝咖啡的时候，桌了上如果有白糖和牛奶，可以自取。

宴会结束时，主人如果向客人赠送小纪念品，应该表示谢意，并说几句感谢的话。宴会结束后，应向主人道谢，日后写信或打电话再次表示谢意。

四、参观

邀请外商参观自己的企业，既是为了扩大影响、推销产品，同时也是相互切磋的好机会。销售人员应认真选择参观项目，要照顾到外商的兴趣、专业及接待条件。工商企业人士，一般希望参观与自己行业有关的项目。参观前除了了解环境、布置、卫生外，还应做出详细计划，其中包括项目安排。例如，参观前有无口头介绍，参观中间有无休息，参观后有无座谈，参观中是步行还是坐车，等等。参观时陪同的解说员或导游要熟悉情况，介绍时要突出重点，策略得当，可以先介绍后参观，也可以边介绍边参观。参观生产企业时，在场的生产人员可以向客人致意，但不要影响自己的工作，更不要围观。回答外商的提问，要简明扼要，不卑不亢；参观时陪同人员不宜前呼后拥，也不宜为了安全搞清场。参观项目的基本情况尽可能事先印成书面材料发给客人，以便他们在参观前就对参观的项目有大概的印象，这样可节约讲解时间。如果参观点距驻地较远，应考虑就地用餐和休息。

在国外参观的时候，要尊重所在国的风俗习惯、公共道德和秩序。如，进入佛教、伊斯兰教教堂时要脱鞋；参观博物馆的时候，说话要轻；排队购票时不争先恐后；更重要的是，不在参观游览场所乱写乱画。当参加或参观了一个项目后，不要忘记向陪同人员、解说员告别，如要留言或签名应告诉对方，或向解说人员赠送小礼品和纪念品，以示谢意，这在外国是很流行的做法。

五、礼品赠送

某外贸公司生产的挂毯、丝织品出口许多国家，近年来一直想开辟中东市场。为表示友好，公司销售员精心挑选了一些质量上乘的五爪龙图挂毯，作为礼品送给了一中东客户。没想到该客户看到挂毯后非常气愤，当即表示不与该企业合作，并立即下了逐客令。

该外贸公司在这里犯了一个错误：本是用心良苦，想通过赠送客户有意义的礼品来增进友谊，促成合作，却忽略了涉外礼品馈赠中的禁忌问题。在这个案例中，该客户所在国家有一风俗，认为龙有凶吉之分，区别就在龙爪上，五爪为凶，四爪为吉。所以，在涉外交往中，必须多了解一些更为具体的礼仪事项。

1. 礼品的挑选

挑选赠送给外商的礼品时，要注意以下问题。

（1）礼品要具有民族性。有人曾说：“最有民族特色的东西，往往就是最好的。”向外商赠送礼品，其实也一样。中国人司空见惯的风筝、二胡、笛子、剪纸、筷子、图章、书画和茶叶，一旦到了外国人手里，往往会备受青睐，身价倍增。

（2）礼品要具有纪念性。在涉外交往中，送礼依然要讲究“礼轻情义重”。

有时，“江南无所有，聊赠一枝梅”，往往更受对方的欢迎。因为在许多国家里，都不时兴赠送过于贵重的礼品。反之，则可能会让受礼者产生受贿之感。

（3）礼品要具有针对性。挑选礼品应当因人、因事而异。因人而异，指的是选择礼品时，务必要充分了解对方的性格、爱好、修养与品位，尽量使礼品受到对方的欢迎。因事而异，则指的是在不同的情况下，向对方所赠送的礼品应当有所不同。比方说，在国务活动中，宜向国宾赠送鲜花、艺术品。出席家宴时，宜向女主人赠送鲜花、土特产和工艺品，或是向主人的孩子赠送糖果、玩具。探视病人时，则宜向对方赠送鲜花、水果、书刊、CD 等。

（4）礼品要具有差异性。向外商赠送礼品，是绝对不能有悖对方的风俗习惯的，因此务必要将此视为送礼之时的头等大事，即涉外礼品的差异性问题。要解决好这一问题，就要通过对对方所在国风俗习惯的了解，在挑选礼品时，主动回避对方有可能存在的下述六个方面的禁忌。一是与礼品品种有关的禁忌，二是与礼品色彩有关的禁忌，三是与礼品图案有关的禁忌，四是与礼品形状有关的禁忌，五是与礼品数目有关的禁忌，六是与礼品包装有关的禁忌。这六个方面的禁忌，也称“择礼六忌”。

2. 礼品的包装

正式场合赠送外商的礼品最好加以包装，否则就会被视为随意应付受礼人，甚至还会导致礼品“贬值”。包装所用一切材料都要尽量择优而用。此外，包装上的色彩、图案、形状乃至缎带结法等都要与尊重对方的风俗习惯联系在一起考虑。

3. 礼品的赠送时机

向外商赠送礼品需要选择时机，在节日、对方庆典和纪念日时送礼会显得比较自然。在欢迎或送别会上，也是赠送商务礼品的较好时机。

4. 礼品的赠送地点

赠送礼品的具体地点要注意公私有别。一般而论，公务交往中赠送的礼品应该在公务场合赠送，如办公室、写字楼、会见厅；在谈判之余，商务交往之外或私人交往中赠送的礼品，则应在私人居所赠送，而不宜在公共场合赠送。

另外还需注意的是：赠送礼品时，除非某个人的情况特殊，否则不能当众只给某一个人礼物，而对其他人毫无表示；也不可以给某个人的礼物显然与同时送给其他人的礼物有很大区别，这样会给人厚此薄彼的印象。送礼前一定要撕掉上面的价格标签。

六、涉外会谈

在涉外营销交往中，话题的选择是很重要的。我们在选择话题时，必须注意把握以下礼仪：

1. 选择外商喜闻乐道的话题

不管是哪一个国家，哪一个民族的人，都会对体育比赛、文艺演出、电视电影、旅游度假、风景名胜、烹饪小吃等话题感兴趣。在正式场合或非正式场合，谈谈这方面的情况，都是轻松愉快和普遍能够接受的。若条件许可，最好事先研究一下对方的兴趣爱好，这样比较容易获取谈话的话题。

2. 要回避外商忌讳的话题

同外商交往，要注意他们对某些话的忌讳。下列话通常是不适宜谈论的：一是过分的关心和劝诫，二是个人的私生活，三是令人不快的事物，四是随意评论别人。

3. 要避谈自己不熟悉的话题

在涉外活动中，必须坚持“知之为知之，不知为不知”。假如碰到外宾恰好谈起我们不熟悉的话题时，应当洗耳恭听，虚心请教。必要时可以如实相告，虚心请教。这样做不会贬低自己，只会赢得他人的尊重。如果非要一知半解、故弄玄虚、不懂装懂地继续谈论，这样非但不会带来好处，反而会给别人留下华而不实的印象。若是班门弄斧，一旦遇上行家认真起来，自己却一问三不知，那就丢人了。

4. 言谈中要注意方式

谈话是很重要的事情，在听外商谈话的时候，可适当点头或做些手势，要多与对方目光交流。提问是展开谈话或转换话题的好办法，但对外商不愿回答的问题不要究根问底。如发现对方有不好的言论，要具体分析，如果是自己的问题要表示歉意。

如果是误解，要及时解释，消除误会。如果对方属蓄意挑衅，则应据理力争，不卑不亢，但不要过分纠缠，要做到有理、有利、有节。

有一次，某外贸公司销售人员和一位外商谈话的时候，对方不住地点头，销售人员以为对方都听懂了。后来才知道，对方的习惯是点头表示不同意，摇头表示同意。

所以，销售人员要掌握客户谈话的习惯，这样才能驾轻就熟，应付自如。

【特别训练】

销售人员在参加涉外自助餐时，要注意以下礼仪问题。

1. 取菜适量

取菜要适量而止；盘中食物吃完后再取；取食时按凉菜（冷盘）—热菜（主菜）—点心—水果的次序分盘适量取用，一次取食一盘，忌堆得高高一盘或一次拿多盘。

2. 自觉排队

取食客人较多时，按顺序排队取食，或等人稍少时再取食，忌逆人流取食。

七、小费

【导入案例】

小史是一家外贸企业的销售员，在国外与客户谈生意时，不可回避的西方文化摆在了他的面前，其中小费就是一例。他在国外招待客户的同时，总是不会忘记付给服务人员一定金额的小费。因为他明白，如果疏忽了这一点，有可能被客户或相关人员看低身份甚至人格。

【要点总结】

时下，国内外很多开放城市的服务业都十分讲究给服务员付小费。这已经成了一种礼仪。一般而言，付小费应当注意以下几点礼仪要求：

1. 要按规矩办事

在欧美的大部分国家，付小费已经成为一种约定俗成的规矩，其基本原则是：对为你服务的门童、行李搬运工、客房服务员、餐馆领位员、旅行团导游、司机以及客房清洁工，都应该给付一定数额的小费。小费的计算方法分为 3 种：一是按账单金额的 10% ~ 15%计算，二是按件数计算，三是按服务次数计算。在欧洲，所有酒店或饭店在结账时都要收取 10% ~ 15%的小费，或称服务费。除此之外，客人还要给服务员一些额外的小费（约 5%）。如果是住旅店，除所有正常消费之外，还应该在临走时给服务员一定数额的小费。

2. 应注意场合和方式

在酒店或旅馆等地方，如果需要付小费，应该把小费放到茶盘、酒杯底下，或在感谢服务人员时直接交给他们。有时候，也可以只将找回的整钱拿走，把零钱留下当小费。对于代表官方接待的人员，由于不允许付小费，可以酌情赠送一些纪念品。

3. 给付数额要适当

支付小费金额过少，会被视为吝啬鬼；支付小费金额过多，会被视为有意炫耀，所以应注意支付适当的小费金额。一般而言，如果按比例付小费，金额约在消费总额的 10% ~20%之间。如果按定额付小费，则可咨询有关人员按“约定俗成”的金额付现金。

另外，付小费时要向对方表达出应有的尊重和谢意，并注意私下悄然相送，切忌在大庭广众公开进行。

【特别训练】

不同的国家、不同的地区，付小费的做法和数额是大不相同的。因此，如果销售人员要去国外一个新地方，最好提前了解一下那里付小费的方式和付费数额，做到入境随俗，酌情给付。

（1）在日本，虽然没有付小费的传统，但客人在进入酒店大门时，可以向女接待员付一定数额的小费，而对其他人员则可不必。

（2）在泰国，客人或多或少都需要付一定数额的小费。

（3）在新加坡，付小费是被明令禁止的，因为付小费意味着服务质量差。

（4）在瑞士，酒店、饭店是不公开收取小费的，但司机可以按明文规定收取车费 10%的小费。

（5）在法国，凡是服务性行业都可以收取不低于价款 10%的小费，而且财政税收也将小费计算在内。对出租车司机、博物馆解说员等付 2 法郎的小费足以。

（6）在英国，机场或酒店行李搬运工的小费一般是每件 30 便士左右。

（7）在意大利，收小费是半公开的。当你遇到“拒收”的示意时，最好趁着服务员送账单之时递上小费。

（8）在北非和中东地区，收取小费是理所当然的事。因为从事服务性活动的大多是老人和孩子，小费是他们的全部收入。如果客人不付或忘记付小费，他们会追上去索要的。

（9）在美国和加拿大，对搬运行李的酒店服务员，可以按每件行李 1 美元给付小费；对客房服务员，每天可付 2 美元左右的小费。如果是在美国的餐馆就餐，千万要记得餐后加付 15% 的小费，因为他们的账单与世界上大多数国家不同，一般不把服务费算在内。如果你没办法确定账单里到底包不包括服务费，可以问清楚后再决定付或不付。

（10）在墨西哥，人们通常把付小费和收小费视为一种感谢与感激的行为。

第三节　涉外商务礼仪

【导入案例】

焦女士是某公司销售部经理，她聪明漂亮，待人热情，工作出色。

有一次，公司派焦女士和另外几名同事前往东南亚某国洽谈业务。他们到达目的地后，受到了东道主的热烈欢迎。在为他们举行的欢迎宴会上，主人亲自为每一位来自中国的嘉宾递上一杯当地特产的饮料，以示敬意。轮到主人向焦女士递送饮料之时，一直是“左撇子”的焦女士自然而然地抬起自己的左手去接饮料。见此情景，主人神色骤变，重重地将饮料放回桌上，扬长而去，导致宾主不欢而散，最终合同也没有签成。

这是因为在东南亚诸国，人们认为左手是不干净的，握手时若伸出左手或以左手递东西给对方，对方会认为你是蔑视他，或是对他怀有恶意。因此握手或递交东西时，必须使用右手或是用双手为妥。

【要点总结】

大千世界习俗之繁不胜枚举，各个国家、各个民族、各个地区，风俗习惯各有不同。比如在我国，人们习惯用点头表示同意、认可，摇头表示否定、反对。但在斯里兰卡、印度、尼泊尔等国，人们却以摇头表示同意，点头表示不同意。印度人表示赞同时，总是先把头往左或右轻轻地斜一下，然后立刻恢复原状，令人以为是“不要”或“不愿意”，其实是表示“知道了”或“好的”。

各个国家都有自己特殊的礼仪习俗，下面简单介绍几个国家的风俗习惯，以便销售人员在与这些国家客户的往来工作中加以注意。

一、与美国客户往来礼仪

美国是一个多民族的移民国家，主要信奉基督教和天主教。美国的国庆节也称“独立节”是7月4日。和美国人做生意，要注意美国的商务礼俗和美国社会的一些习俗。

1. 服饰礼仪

美国人穿衣以宽大舒适为原则，自己爱穿什么就穿什么。但正式场合，美国人就比较讲究礼节了。男穿西装，女着套裙，鞋要擦亮，手指甲要清洁。

2. 见面礼仪

美国人随和友善，容易接近，不拘泥于正统礼节，多数美国人不爱用“先生”“夫人”“小姐”“女士”之类的称呼，他们喜欢别人直接叫自己的名字，并视为这是亲切友好的表示。美国人很少用正式的头衔来称呼别人。正式头衔一般只用于法官、军官、医生、教授、宗教界领袖等人物。

美国人在社交场合与客人握手的规矩：男士握女士的手要斯文，不可用力。如果女士无握手之意，男士不要主动伸手，除非女士主动。握手时不能用双手。

3. 交谈礼仪

美国人热情开朗，不拘小节，有幽默感。美国人讲话中礼貌用语多，他们对好听的话从不吝啬，常令听者心舒意畅。在美国，“请原谅”“请”“谢谢”“对不起”一类的语言随处可闻，不绝于耳。人们日常交谈，不喜欢涉及个人私事，有些问题甚至是他们所忌谈的，如询问年龄、婚姻状况、收入多少、宗教信仰、竞选中投谁的票等都是非常冒昧和失礼的。

美国人还十分讲究个人空间，和美国人谈话时，不可站得太近，一般应保持120 ~ 150厘米的距离，最少也不得小于50厘米。

4. 宴请礼仪

就总体而言，美国人忌油腻，喜食“生”“冷”“淡”的食物，不讲究形式与排场，而强调营养搭配。最喜食牛肉、鸡肉、鱼肉和火鸡肉，不吃狗肉、猫肉、蛇肉和鸽肉及各种动物的五趾和内脏等。与美国人一同进餐时，注意不要发出声响，不要替他人夹菜，不吸烟，不劝酒。

美国商界流行早餐与午餐约会谈判，多安排在饭店、俱乐部进行，由所在公司支付费用。当你答应参加对方举办的宴会时，一定要准时赴宴，如果因特殊情况不能准时赴约，一定要打电话通知主人，并说明理由，或者告诉主人什么时间可以去。赴宴时，当女士步入客厅时，男士应该站起来，直到女士找到了位子你才可坐下。

关系密切的客户会被邀请到家中赴宴，家宴大多经济实惠，不摆阔气，不拘泥形式。通常的家宴是一张长桌子上摆着一大盘沙拉、一大盘烤鸡或烤肉、各种凉菜、一盘炒饭、一盘面包片以及甜食、水果、冷饮、酒类等。宾主围桌而坐，主人说一声“请”，每个人端起一个盘子，取食自己所喜欢的菜饭，吃完后随意添加，边吃边谈，无拘无束。

如果应邀去家中作客或参加宴会，最好给主人带上一些小礼品，如化妆品、儿童玩具、本国特产或烟酒之类。对家中的摆设，主人喜欢听到赞赏的语言，而不愿听到询问价格的话。

5. 馈赠礼仪

美国人也有礼尚往来的习惯，但他们忌讳接受过于贵重的礼物，一是美国人不看重礼品自身的价值，二是法律禁止送礼过于贵重。一般而言，具有民族特色的工艺品、艺术品、名酒等是美国人喜欢的礼物。

此外，涉外销售人员还要注意，同美国人进行商务洽谈，必须清楚地将自己的观点告诉对方，不能接受对方的条件应直截了当地告诉对方，不要含糊其辞。

二、与加拿大客户往来礼仪

加拿大位于北美洲北部，素有“枫叶之国”“万湖之国”的美称。加拿大人主要是欧洲移民的后裔，其中以英裔和法裔居多，因此英语和法语同为官方语言。加拿大人主要信奉天主教和基督教。加拿大的国庆节是7月1日。

由于美国文化对加拿大影响很深，所以加拿大人生活习性是英、法、美三国人的综合体，他们既有英国人的含蓄，又有法国人的开朗，还有美国人的无拘无束的特点。他们热情好客，待人诚恳，谦逊友善，乐于助人。性格多属开朗型，与他们交往会让人觉得自然，没有压力。但是，加拿大商人的竞争意识非常强烈。

1. 服饰礼仪

按照加拿大商务礼俗，一些商务往来的正式场合，男士要穿整套深色西装，女士则应该穿有品位的衣裙，化淡妆。服装颜色不宜太显眼，款式不能过于奇异。

2. 见面礼仪

加拿大人比较随和，容易接近，讲礼貌但又不拘泥于正统的烦琐礼节。在社交场合与客人相见时行握手礼，并说些“幸会”之类的客套话。在称呼上，喜欢直呼其名，以示亲近和友善。

3. 交谈礼仪

一般而言，加拿大人喜欢别人赞美他的衣服、手表或向他请教一些关于加拿大的风俗习惯、游览胜地方面的问题，这样双方一开始就会找到共同语言。

加拿大商人崇尚办事立竿见影。与加拿大客户谈判时，切忌绕圈子、讲套话。谈判时应注意如下方面：

（1）切忌把加拿大和美国进行比较，尤其是拿美国的优越方面与他们相比，加拿大人会认为这是一种不友好的行为。

（2）切忌询问加拿大客户的政治倾向、工资待遇、年龄以及买东西的价钱等诸如此类的事情，他们认为这些都属于个人的私事。

（3）切忌对加拿大客户说“你长胖了”“你长得胖”等语言。由于加拿大商人很少锻炼身体，所以偏胖，说这样的话自然带有贬义。

4. 宴请礼仪

加拿大人性格开朗，重实惠，自由观念较强，行动上比较随便，不太注重礼节。但他们在生活起居方面比较讲究，住房要求整洁、舒适，卫生设备齐全。在生活习俗上受宗教的影响也较大。他们通常都很忌讳“13”这个数。在他们举行的宴会上，一般都是双数的席次，忌讳单数。他们喜欢过圣诞节。节日中，火鸡和丁香是他们不可缺少的菜肴，节日活动的内容则与欧洲其他国家相似。

在饮食上，加拿大人讲究菜肴的营养和质量，喜食甜酸、清淡食品，以面食、大米为主食，副食喜欢吃烧烤的牛排、羊排、鸡排、沙丁鱼等，爱喝原汁原味的清汤。平常喜欢喝白兰地、香槟酒等，习惯在用餐后喝咖啡和吃水果。另外要注意，加拿大人忌吃虾酱、鱼露、腐乳、臭豆腐等有怪味和腥味的食物；忌食动物内脏和脚爪。

加拿大人热情好客，喜欢在家中宴请客人。如果应邀去加拿大人家里做客，可以事先送去或随身携带一束鲜花给女主人。但不要送白色的百合花，在加拿大，白色的百合花是人们参加葬礼时用来悼念死者的。还忌讳黑色和紫色。

5. 馈赠礼仪

在商务活动中赠送礼品，最好选具有民族特色的、比较精致的工艺美术品，但礼品不可太贵重，否则会被误认为你在行贿。切忌送带有本公司广告标志的物品，他们会误认为不是通过送物品表达友谊，而是在做广告。

最后有一点需要提醒涉外销售人员注意，以上讲述的只是和加拿大客户往来的基本商务礼仪，在具体和加拿大客户做生意时，还要灵活机动，因人种而变换手法，否则难免要吃亏。例如，和英国后裔商谈时，从进入商谈到决定价格这段时间，是很艰苦的。一会儿卡死在这个问题上，一会儿又卡死在那个问题上。就这样，慢慢地走向目的地，所以，商谈很费时间。但是，一旦签订了契约，就稳如泰山了，这一点是可以放心的。法国后裔则恰恰相反，他们非常和蔼可亲，容易接近，对客人很亲切，犹如款待远道而来的客人，无微不至。但是，一旦坐下来正式进行商谈时，就判若两人，讲话慢吞吞的，难以捉摸。所以，要谈出一个结果来，是很费劲的。签订了契约之后，也仍旧会有些许的不安。

三、与德国客户往来礼仪

德国位于欧洲的中部，其居民绝大部分是德意志人，主要信奉基督教和天主教。大多数德国人具有勤俭耐劳、遵守纪律的品德，同时有矜持、喜爱音乐的特点。

1. 服饰礼仪

德国人对工作一丝不苟，在社交场合也举止庄重，讲究风度。他们不注重时装的花哨时髦和衣冠楚楚，但很注重衣冠的整洁，即使是观看文艺演出，男士也要穿礼服，女士也要穿长裙。

与德国人相处时，几乎见不到他们皱眉头等漫不经心的动作，因为他们把这些动作视为对客人的不尊重，是缺乏友情和教养的表现。

2. 见面礼仪

德国人比较注重礼节形式。在社交场合与客人见面或告别时，一般行握手礼，在握手时惯于坦然注视对方，以示友好。在与客人打交道时，总乐于对方称呼他们的头衔，但他们并不喜欢听恭维话。在与不熟悉的客人谈话时，通常称 Sie（您），书写时 S 要大写。在双方同意的基础上，才能用较亲密的 du（你），并以名字相称。但在年轻人和革新派之间一般用 du，表示他们不拘礼节的作风。

3. 交谈礼仪

德国人的时间观念很强。因此，一旦约定谈判时间，迟到或过早抵达都被视为不礼貌。他们在谈判时态度明朗，谈判准备工作充分、具体，开始谈判就直入主题，不喜欢无边际地闲聊。所以与德国客户谈生意，一定要准备充足。

谈生意时尽量说德语，或携同译员同往。德国客户多半会说一些英语，但使用德语会令对方高兴。

4. 宴请礼仪

德国人十分讲究饮食。在肉类方面，德国人最爱吃猪肉，其次是牛肉。以猪肉制成的各种香肠，令德国人百吃不厌。他们注重摄取维生素，也吃些蔬菜，但比起对肉类的兴趣来，那可就差多了。

德国人用餐讲究餐具，宴请宾客时，桌上要摆满酒杯、刀叉、盘碟。德国人习惯喝不同的酒要使用不同的酒杯，吃鱼的刀叉不能用来吃肉和奶酪等。

被邀请到德国人家中做客是一种殊荣，应按时到达，早到或迟到都是不礼貌的。男客应带鲜花，在门厅里解开包装纸，见到女主人就献上花。不要送带有浪漫色彩的红玫瑰，切忌送 13 之数与偶数的花。在接受任何款待后几天内应送去表示感谢的短柬。

5. 馈赠礼仪

按照德国送礼的习俗，若送剑、餐具，则请对方回一个硬币给你。以免所送的礼物伤害你们之间的友谊。送高质量的物品，即使礼物很小，对方也会喜欢。德国人对礼品的包装很讲究，但忌用白色、黑色或咖啡色的包装纸装礼品，更不要使用丝带作外包装。此外，在德国，送上一束包好的花，是不礼貌的。

德国人工作严肃认真，信守合同，讲究信誉，所以在同德国人接触时要特别认真，不得马虎从事。

四、与法国客户往来礼仪

法国位于欧洲西部，是西欧最大的国家。法国人主要信奉天主教，其次是新教、东正教和伊斯兰教。法国的国庆节是 7 月 14 日。

1. 服饰礼仪

法国人对穿戴较为讲究，其服饰以华美精致时尚而享誉世界。在正式场合，法国男士穿西装，女士穿套裙或连衣裙，讲究质地。法国人强调服饰的整体感觉，发型、鞋子、手表、眼镜要与自己的着装协调一致。与法国人进行商务洽谈，应该在选择服饰方面多花些时间和精力，剪裁得当的服饰配之以保守的色彩比较合适。如果法国客户看到你戴着漂亮的法国围巾或法式首饰，他们会非常高兴的。

2. 见面礼仪

法国人在社交场合与客人见面时，一般惯用握手礼，并且喜欢在每次见面和分别时都握手。但对社会地位较高的人一般不主动伸手。

法国人还有行接吻礼的习俗，不过规矩很严格，在朋友、亲戚、同事之间贴脸或面颊，长辈对小辈则亲额头。在一定的社会阶层中，“吻手礼”也颇为流行。不过施吻手礼时，嘴不应接触到女士的手；不能吻戴手套的手；不能在公共场合吻手；更不得吻少女的手。

法国人忌直呼其名，用××先生、夫人或女士来称呼别人，除非对方允许，才可以直呼他们的名字。和法国客户建立友好关系，需要做长时间的努力，一旦建立友好关系，互惠互利，就会发现法国人其实是容易共事的合作伙伴。

被法国客户邀请到家里做客是难得的，即使已相识很久。若有这类邀请的话，给女主人送上鲜花（不要送玫瑰花或菊花）或巧克力之类小礼品是受欢迎的。

3. 交谈礼仪

法国人爽朗、热情、幽默、诙谐，喜欢交谈，特别爱好音乐、舞蹈方面的话题，但要回避个人问题和政治、金钱之类的话题。法国人天性浪漫，即使明天要奔赴战场，今天还要参加跳舞晚会，大家欢乐一番。尽管天性喜欢玩乐，但法国人在贸易谈判中却立场极为坚定，都具有戴高乐式的依靠坚定的“不”字以谋取利益的高超本领，并坚持在谈判中使用法语。

法国人偏爱横向式谈判，喜欢先为协议勾画出一个轮廓，然后再达成原则协议，最后确定协议上的各个方面。

4. 宴请礼仪

法国人非常讲究吃，就餐是法国人的一大快事，一般喜欢晚宴，不喜欢午餐会谈。他们讲究菜肴的色、香、味、形，操作上很重视掌握火候。在法国菜中有个突出的特点，尤为偏重于菜品的鲜嫩程度。因为他们一般都喜欢吃略带生口、极为鲜嫩的美味佳肴。在主食上，爱吃米饭或面食；点心上，爱吃奶酪；在肉食上，爱吃猪肉、羊肉、牛肉，喜食鱼、虾、鸡等，不吃肥肉、动物内脏、无鳞鱼和带刺骨的鱼。法国盛产酒，法国人也特别善饮，几乎餐餐离不开酒，而且讲究在餐桌上要以不同品种的酒水搭配不同的菜肴，如吃肉要喝红葡萄酒，吃鱼要饮白葡萄酒等。除酒水之外，法国人平时还爱喝生水和咖啡。

法国人用餐时讲究饮不碰杯，食无声响。用餐时，两手允许放在餐桌上，但却不许将两肘支在桌子上。在放下刀叉时，他们习惯于将其一半放在碟子上一半放在餐桌上。聊天是用餐时非常重要的内容，但不要提及工作上的事，除非主人开了头。

若应邀到法国人家里进晚餐，应先叫花店送些鲜花过去，或随身带上一束鲜花。切记不要送菊花、玫瑰花和康乃馨，因为在法国（或其他法语区），菊花代表哀伤，玫瑰花表示爱情，康乃馨则被视为不祥。也千万别送黄色的花，因为这象征夫妻间的不忠贞。法国人将鸢尾科的鸢尾花（欧洲人把鸢尾花叫作“百合花”）作为自己民族的国花。

5. 馈赠礼仪

在法国，男人向女士赠送香水，有过分亲热和“不轨企图之嫌”。也别送刀、剑、餐具之类，若送了，意味着双方会割断关系。送花通常要送单数，但别逢不吉利的“13”。香槟酒、白兰地、香水、糖果等是礼品的首选。在法国，一些有艺术性和美感的礼品，如唱片、画或一些书籍（如传记、历史、评论及名人回忆录）等也很受欢迎。

对法国人来说，除非关系比较融洽，一般不互相送礼。倘若你与客户初见面就送礼，会被他们认为是不善交际的，甚至还会认为你行为粗鲁。

此外，法国人忌讳黄色，对墨绿色也极为反感。他们视孔雀为祸鸟；认为仙鹤是蠢汉和淫妇的象征。认为核桃、杜鹃花、纸花也是不吉利的。他们很忌讳“13”这个数字，认为“13”“星期五”都是不吉利的，他们不住13号房间，不在13日这天外出旅行，不坐13号座位，更不准13个人共进晚餐。

法国人把对老年妇女称为“老太太”视为一种污辱的语言。忌讳别人打听他们的政治倾向、工资待遇以及个人的私事。否则，他们会产生疑心。

商务活动在圣诞节及复活节前后两周不宜往访。7月15日至9月15日为当地人的度假期。

五、与中东地区客户往来礼仪

中东地区的国家包括约旦、埃及、阿联酋、沙特、叙利亚、伊朗、伊拉克、利比亚、苏丹、也门和科威特等。这些国家大多皈依伊斯兰教，有着自己的特殊教规习俗。同他们交往，应遵循他们的礼仪习惯。

1. 服饰礼仪

与阿拉伯人见面着装要正式，绝对不要穿短裤、无袖衬衫及露膝短裙。最简明的原则就是：最好你不要暴露得比对方多。

2. 见面礼仪

阿拉伯人见面时总是显得非常热情，笑得非常可爱，而且习惯于拥抱。男人间的拥抱至少左右各一次，但不能搂得紧。通常是先握手，再拥抱，然后再握手，这是极为亲密的表现。

在社交场合中，阿拉伯人与人距离较近，谈话双方间的距离应该近到彼此可以闻到对方的体味。保持在这个距离之外与阿拉伯人谈话，他会觉得彼此的关系是很疏远的。正是因为距离近，阿拉伯人非常强调使用香水，让对方闻到自己身上的气味而不是身上的香水味是失礼的。比较传统的阿拉伯人还在待客时使用香水。阿拉伯人认为，男人之间手牵着手走路是相互友好和尊重的表示。

3. 交谈礼仪

同阿拉伯人应酬，必须安排尽可能多的时间，闲聊是阿拉伯人的强项，从来不要指望与阿拉伯人有直接切入主题的谈话。不论社交、处理公务、解决问题还是商务会谈，阿拉伯人都要先从不相干的事情说起。因此，他们不喜欢和你一见面就谈业务，一见面就谈生意是非常不礼貌的事，他们希望能花点儿时间同你谈社会问题和其他问题。

想和阿拉伯人做生意，最好初次见面时不要提及，需要在一起闲聊过几次之后，才在谈话中稍稍流露出一点这方面的意思，让对方有个心理准备，经过几次接触后再切入正题，这样效果才会好。

谈话结束时，你要礼貌地感谢阿拉伯人的款待，询问你能否在另外的时间再来看他。这就表现出你对阿拉伯人的社会习俗很了解，你和他再次会面时，他就比较愿意同你谈生意。谈业务时，你最好表示需要得到他的帮助，而非给他一个发财的机会。

4. 宴请礼仪

阿拉伯人使用伊斯兰教历，所以与之交往时要进行换算，以免搞错日期。伊斯兰教历 9 月是阿拉伯人的斋月，每逢此月，教徒们白天禁食，午后闭门，“不理朝政”。一年一度的斋月中，商务活动照常进行，但商务宴请却必须在日落之后，并且每天商务活动要暂停五次，以作祈祷。伊斯兰教规定每天要做五次祈祷，祈祷时间，哪怕再重要的事情也要放下。星期六到星期三为工作日。星期四、星期五为休息、祷告日，有时只有星期五为休息祈祷日。

阿拉伯人大部分是穆斯林，他们不吃猪肉，禁止养猪，不能谈狗，更不能送带有动物形象的礼物。在他们看来，动物形象会带来厄运。

进餐时，不能饮酒，也不要备酒招待客人。这是阿拉伯国家所禁止的。

吃饭、喝茶不能使用左手，也不能把左手放在桌子上，只能用右手。他们认为左手是不洁净的。

谈公事前要请他们喝咖啡、薄荷茶。在中东，办公和应酬期间喝茶或咖啡以不超过三杯为宜。如已喝足，可将杯子转动一下交给主人，意即“够了，谢谢”。

到阿拉伯人家做客，一般见不到女主人，他们的招待活动也大都只有男人参加。所以你不能问女主人的身体状况，即使见到也不能过分热情，不要去握手。

5. 馈赠礼仪

初次见面不能赠送礼物，阿拉伯人会视其为行贿；不能送酒、女人照片和雕塑，这些是为教规所禁止的；不能送带有动物或星状图案的礼物，因为星为以色列国徽标记。

一般来说，笔，尤其是钢笔，是送阿拉伯人礼物的首选。因为他们觉得用钢笔写出的阿拉伯数字比其他笔写出来的更流畅好看。此外，还可以送办公室用得上的东西，以及其他知识性、艺术性的东西，如中国的景泰蓝、瓷器、磁带唱片、文具、清凉油等都是阿拉伯人喜爱的礼品。

到阿拉伯人家中做客，可给孩子送礼，不可给主人妻子送礼品。

【特别训练】

涉外交往中，在与外商谈话时表情要自然，语言和气亲切，表达得体。谈话时可适当做些手势，但动作不要过大，更不要手舞足蹈，用手指点别人。谈话时的距离要适中，太远太近均不适合，不要拖拖拉拉、拍拍打打。

参加别人谈话要先打招呼，别人在单独谈话时，不要凑前旁听；有事需与某人谈话，可待别人谈完；有人主动与自己说话，应乐于交谈；发现有人欲与自己谈话，可主动询问；第三者参与谈话，应以握手、点头或微笑表示欢迎；若谈话中有急事需离开，应向对方打招呼，表示歉意。

谈话时若超过三人，应不时与在场的其他人攀谈几句，不要同个别人只谈双方知道的事情，而冷落他人。如果所谈的问题不便让其他人知道，可另约机会。

在交际场合，自己讲话要给别人发表意见的机会；同时，在别人讲话时，也应适时发表个人的看法。对于对方谈到的不便谈论的问题，不应轻易表态，可转移话题。要善于聆听对方讲话，不要轻易打断，不提与谈话内容无关的问题。在相互交谈时，目光应注视对方，以示专心。

参考文献

[1] 陈光谊．现代实用社交礼仪 [M]．北京：清华大学出版社，2009.

[2] 惠献波．营销礼仪 [M]．成都：西南财经大学出版社，2010.

[3] 李欣，司福亭．现代交际礼仪 [M]．北京：北京交通大学出版社，2009.

[4] 张岩松．现代交际礼仪 [M]．北京：中国社会科学出版社，2006.

[5] 董方雷．从销售新人到销售冠军 [M]．北京：人民邮电出版社，2004.

[6] 范云峰．客户开发营销 [M]．北京：中国经济出版社，2003.

[7] 吴良勤，贺云，孟庆荣．营销礼仪 [M]．北京：清华大学出版社，2000.

[8] 张洪山．营销礼仪十讲 [M]．呼和浩特：内蒙古人民出版社，2009.

[9] 陈莞．成功推销的秘密 [M]．北京：经济管理出版社，2003.

[10] 李津．销售商务礼仪：数千万销售人员正在实践的销售行为准则 [M]．北京：同心出版社，2004.

[11] 王志艳．营销礼仪有讲究 [M]．北京：中国言实出版社，2007.

[12] 周朝霞．营销礼仪 [M]．北京：中国人民大学出版社，2006.

[13] 刘小清．现代营销礼仪 [M]．大连：东北财经大学出版社，2006.

[14] 未来之舟．营销礼仪手册 [M]．北京：海洋出版社，2005.

[15] 肖建中．推销员十项全能训练 [M]．北京：北京大学出版社，2005.

[16] 邓刚．冠军业务员的销售秘诀 [M]．北京：北京工业大学出版社，2003.

[17] 林毅．拜访策略 [M]．北京：北京工业大学出版社，2004.

[18] 丁磊．如何做一个能说会道的推销员 [M]．北京：海洋出版社，2005.

[19] 张本心．60 分钟金牌直销员 [M]．北京：机械工业出版社，2005.

[20] 潘其俊．顶尖销售员培训实务：献给营销精英的 66 堂课 [M]．广州：广东经济出版社，2004.

[21] 李建军，俞慧霞．与客户有效沟通的 N 个技巧 [M]．北京：中国纺织出版社，2006.

[22] 原一平．原一平给推销员的十一个忠告 [M]．李津，译．北京：同心出版社，2004.

[23] 金巍．百分百销售十二步 [M]．北京：民主与建设出版社，2005.

[24] 历练．业务员工具书 [M]．北京：企业管理出版社，2004.

[25] 邹华英，方华明．销售要有好礼仪 [M]．北京：人民邮电出版社，2010.

[26] 邱训荣．推销技巧 [M]．南京：东南大学出版社，2004.

[27] 东方智．推销员必备全书 [M]．北京：民主与建设出版社，2004.

[28] 张与弛．中国推销员最容易犯的 101 个错误 [M]．北京：中国商业出版社，2008.

[29] 李震．下一分钟实现销售 [M]．北京：中国铁道出版社，2006.

[30] 邓媛媛．世界上最伟大的推销员 [M]．北京：人民邮电出版社，2010.

[31] 张宇浩．推销员定律 [M]．北京：企业管理出版社，2005.

[32] 马福存．世界上最伟大的推销员 [M]．北京：中国纺织出版社，2009.

[33] 李建峰，董媛．社交礼仪实务 [M]．北京：北京理工大学出版社，2010.

[34] 金正昆．商务礼仪教程 [M]．北京：中国人民大学出版社，2005.

[35] 徐觅．现代商务礼仪教程 [M]．北京：北京邮电大学出版社，2008.

[36] 王刚．瞬间抓住人心的 66 个关键 [M]．北京：中国三峡出版社，2004.

[37] 张秋筠．商务礼仪教程 [M]．北京：中国商务出版社，2007.

[38] 王慧敏，吴志樵，周永红．商务礼仪教程 [M]．北京：中国发展出版社，2008.

[39] 李桂娟．现代礼仪 [M]．成都：电子科技大学出版社，2010.

[40] 韩红月．每天学点礼仪学 [M]．北京：新世界出版社，2009.

[41] 刘恩宝．现代礼仪大全 [M]．呼和浩特：内蒙古人民出版社，2009.

[42] 姜立新．现代礼仪教程 [M]．北京：北京工业大学出版社，2009.

[43] 吴蕴慧，徐静．现代礼仪实务 [M]．上海：上海交通大学出版社，2008.

[44] 孟昭春．成交高于一切：大客户销售十八招 [M]．北京：机械工业出版社，2010.

[45] 千舒，陈秋玲．服务礼仪的 N 个细节 [M]．北京：海潮出版社，2005.

[46] 韩琳．现代生活礼仪 [M]．延吉：延边人民出版社，2006.

[47] 张春红．商务礼仪现用现查 [M]．沈阳：沈阳出版社，2002.

[48] 王云峰. 礼仪全书 [M]. 哈尔滨：黑龙江美术出版社，2009.
[49] 张岩松，李桂英. 现代商务礼仪 [M]. 北京：清华大学出版社，2009.
[50] 马飞. 商务礼仪规范手册 [M]. 北京：金城出版社，2009.
[51] 林左辉. 销售要懂心理学 [M]. 北京：海潮出版社，2010.
[52] 刘克芹. 社交礼仪 [M]. 北京：经济科学出版社，2010.